Jens Förster

Unser Autopilot

Jens Förster

Unser Autopilot

Wie wir Wünsche verwirklichen und Ziele erreichen können

Von der Motivationspsychologie lernen

Deutsche Verlags-Anstalt

Hinweis: Die persönlichen Anekdoten dienen der Veranschaulichung und sind nicht als biografische Begebenheiten zu verstehen, die exakt so geschehen sind. Namen von lebenden Personen und Orten wurden häufig geändert.

Das für dieses Buch verwendete FSC®-zertifizierte Papier *Munken Premium Cream* liefert Arctic Paper Munkedals AB, Schweden.

1. Auflage

Typografie und Satz: DVA/Brigitte Müller
Gesetzt aus der Sabon
Druck und Bindung: GGP Media GmbH, Pößneck
Printed in Germany
ISBN 978-3-421-04425-9

www.dva.de

Und wenn ich
manchmal durchaus besorgt
zu dem Schluss komme:
»Ich bin anders«,
dann sagt ihr:
»Anders ist ein schöner Name.«

Für Manon, Frank und Manfred

INHALT

EINLEITUNG

Die Legende vom geklauten Igel

Meine Kindheit in Lübbecke war vor allem eines: ereignislos. Es würde zu lange dauern, die Dinge aufzuzählen, die es dort, damals in den sechziger Jahren, *nicht* gab. Späteren Generationen mag die Reichweite der Beschränkungen deutlich werden, wenn ich exemplarisch Vergnügungsparks, Internet und Gameboy aufzähle: Alles das gab es nämlich nicht, und selbst einen Fernseher bekamen wir erst, als ich acht Jahre alt war. Auch die Kinderbespaßung – etwa in Form von Hüpfburgen, Malen im Museum und Kinderschminkaktionen auf dem Marktplatz – steckte buchstäblich noch in den Kinderschuhen. Verschärfend kam in Ostwestfalen-Lippe das notorisch schlechte Wetter hinzu, das kindlichen Outdoor-Aktivitäten wie Verstecken, Fußballspielen oder Sandburgenbauen oft im Wege stand.

Bücher hingegen gab es auch in »Petrus' Pisspott«, wie dieser Landstrich auf Plattdeutsch gern und treffend genannt wird. Lesen war schlichtweg die einzige Rettung vor dem frühzeitigen Hirntod, und man war kein Genie, wenn man mit fünf Jahren lesen konnte. Bereits als kleiner Junge verschlang ich ein Buch nach dem anderen, und meine Mutter hatte einiges zu tun, die Leihbestände aus den Büchereien nach Hause und wieder zurück zu tragen. Am liebsten las ich damals *Mecki*-Bücher. Das waren Vorläufer deutscher Comics, in denen ein gütig dreinschauender Igel von allerlei Abenteuern mit seinen Freunden berichtete. Abenteuer! Allein das Wort versetzte mich in andere Welten. Berge, Dschungel, Meere und fliegende Teppiche – bei *Mecki* gab es all das, wovon ich träumte.

Allerdings war es nicht ganz einfach, an die *Mecki*-Bücher heranzukommen. Es gab sie weder in der Kirchenbücherei noch in der Stadtbibliothek. In den Sechzigern hielten viele

Erwachsene Comics für Schund, und man musste ewig quengeln, um ein Fix-und-Foxi-Heft oder ein Mecki-Buch in Händen halten oder gar sein Eigen nennen zu dürfen. Ich besaß *Mecki bei Harun al Rashid* und *Mecki bei Frau Holle* und hatte einige andere Titel der Reihe bei Freunden gelesen. Ich kannte sie auswendig. Ich war verrückt nach ihnen. Wenn ich wieder einmal eine Mecki-Geschichte vor mich herbetete, reagierte meine Mutter häufig genervt: »Lies lieber was Anständiges!« Aber ich mochte die Bilder so gerne und die Tatsache, dass die Geschichten von einem Igel erzählt wurden. Mit fünf Jahren glaubte ich zwar längst nicht mehr an den Weihnachtsmann, aber an der Echtheit von Meckis Abenteuern gab es für mich keinen Zweifel.

An jenem Tag, der so ereignislos nicht enden sollte, begleitete ich meine Mutter in die Stadt. Ich liebte Einkaufen, vor allem dann, wenn wir einen Abstecher in den Bücherladen, zu »Dreyschläger« machten. Kaum hatte meine Mutter es ausgesprochen, leuchteten meine Augen: »Dreyschläger!« Für mich war die Buchhandlung das, was für heutige Kinder vermutlich eine Eintrittskarte ins Euro-Disneyland ist.

Als ich den Laden betrat, fiel er mir sofort ins Auge: Mecki. Herr Dreyschläger hatte einen Ständer mit allen bisher erschienenen Mecki-Büchern aufgebaut. Schon von weitem zu sehen war: *Mecki im Schlaraffenland. Ein märchenhafter Reisebericht, aufgeschrieben von ihm selbst.* Ich bekam große Augen. Wie konnte ein einziger Buchhändler so viele Mecki-Bücher auf einmal haben? Wie reich musste ein Mann sein, dem so viele Bücher gehörten! Und wie glücklich würde ich sein, wenn es mir gelang, meiner Mutter auch nur eines aus den Rippen zu leiern. Am liebsten wollte ich sie natürlich alle.

Meine Mutter parkte den Kinderwagen mit meinem dicken Bruder Uli direkt neben einem Bücherstapel, der an der Treppe zu einer weiteren Ebene stand, und steuerte die Kinderbuchabteilung an. Während ich gebannt vor dem Mecki-Ständer stehen blieb, kam meine Mutter mit einem Exemplar *Slawische Märchen* zurück. »Guck mal, das ist etwas ganz Besonderes, Jens!« – »Kann ich *Mecki*, bitte?«, fragte ich unter Aufwendung allen Charmes, der mir zur Verfügung stand. Ich hatte blonde Locken und blaue Augen – ein eindeutiger Vorteil, wenn man Kind ist. Heute schien aber selbst der schräg nach oben gerichtete Dackelblick nichts zu bringen, nicht einmal wenn ich dazu meine Wimpern in Bewegung setzte. Mama lächelte.

»Aber Schatz, du magst doch Märchen so gerne, und schau mal, hier sind auch Bilder drin, ganz wunderschöne Bilder!«

»Ich möchte aber bitte ein Mecki-Buch!«

»Die sind nicht gut für dich, Jens! Schau, wir nehmen jetzt die Märchen, und ich verspreche dir, sie werden dir gefallen!«

Mir wurde klar, dass sie es ernst meinen könnte. Darum wurde ich deutlicher: »Mama, ehrlich, ich will jetzt das Mecki-Buch und nicht die blöden Märchen!« »Ichwillichwillichwill!«, fuhr sie mich an, »dann gibt es heute eben mal gar nichts!« Stellte das Buch zurück und wollte gehen. Ich war außer mir, meine Augen füllten sich mit Tränen.

In diesem Moment betrat die Kindergärtnerin, Frau Bauersfeld, das Geschäft. Meine Mutter begrüßte sie, und die beiden kamen miteinander ins Gespräch. Ich schluckte meine Tränen runter, sah traurig auf den Stapel *Mecki*-Bücher, Ulis Kinderwagen – und in Sekundenschnelle war es geschehen. Schwups griff ich nach dem *Schlaraffenland*, hangelte mich am Kinderwagen hoch und stopfte den Band unter Ulis Fußdecke. Der beschwerte sich zwar, spuckte um sich und zappelte, aber als ich ihn unter dem Kinn streichelte und ihm ein Küsschen gab, beruhigte er sich. Mein Herz pochte. Natürlich wusste ich, dass man nicht klauen durfte, aber in dem Moment konnte ich einfach nicht anders.

Irgendwann verließen wir den Laden und gingen nach Hause. Auf halbem Wege, als wir schon in die Gasstraße abbogen, strampelte Uli das *Mecki*-Buch aus der Karre. Da lag es, das

Schlaraffenland, vor uns auf dem Boden. Meine Mutter war sprachlos. Enttäuscht und entgeistert schaute sie mich an und hob das Buch mit spitzen Fingern aus dem Straßendreck. Dann schimpfte sie. Schimpfte und schimpfte. Schließlich nahm sie mich harsch bei der Hand und schleifte mich zurück zu »Dreyschläger«. Ich musste das Buch Herrn Dreyschläger persönlich zurückgeben, musste ihm laut und deutlich ins Gesicht sagen, dass ich das Buch gestohlen hatte, und ihm hoch und heilig versprechen, dass ich das nie wieder tun würde. Herr Dreyschläger hörte sich alles geduldig an und lächelte dann sanft: »Ich denke, wir sollten die Bücher vor allem woanders hinstellen, nicht in Augenhöhe der Kinder«, sagte er, »das ist nicht das erste Mal. Die Kinder sind einfach verrückt danach.« Aber meine Mutter war untröstlich. Sie schlug das Angebot des Buchhändlers, das Buch als Geschenk anzunehmen, entschieden aus, zahlte, ließ mich wissen, dass es »bis zur Steinzeit« keine weiteren Mecki-Bücher geben würde, und gab, was das Schlimmste war, das Heiligtum wütend meinem dicken Bruder, der es juchzend auf dem Weg nach Hause ansabberte und in kleine Stücke riss. Ich weinte aus Scham, Ärger und Wut, hatte aber meine Lektion fürs Leben gelernt. Nie wieder würde ich etwas einfach so nehmen. Wenn ich wieder einmal etwas ganz doll wollen würde, würde ich mich in Zukunft umso mehr beherrschen bzw. versuchen, es auf andere Weise zu bekommen.

Solche Kindheitserfahrungen aus Ostwestfalen-Lippe sind weder besonders spannend, noch sind sie auf bestimmte Landstriche beschränkt; sie können aber psychologisch sehr wohl bedeutsam sein. Zumindest für einen Wissenschaftler wie mich, der sich mit der Psychologie des alltäglichen Lebens beschäftigt. Was ich als Kind nicht konnte, aber heute ebenso gut beherrsche wie die meisten von uns, ist ein weitreichendes Phänomen: Wir üben *Selbstkontrolle* aus. Mit anderen Worten: Wir widerstehen unmittelbaren Verlockungen, halten unsere Impulse im Zaum und verfolgen wichtigere Ziele. Und zwar meistens ohne viel nachzudenken, ganz unbewusst und automatisch. Schauen wir uns das, was uns so selbstverständlich erscheint, einmal genauer an – denn tatsächlich ist es ein kleines psychologisches Wunder.

Kleines Wunder Selbstkontrolle

Psychologisch gesprochen befinden wir uns in vielen Situationen unseres Lebens in einem Zielkonflikt. Denn häufig widerspricht ein Ziel (*Mecki* haben wollen) einem anderen (anständig zu bleiben). Das eine motiviert uns, etwas zu tun (das Buch zu nehmen), das andere motiviert uns, es bleiben zu lassen (auf das Buch zu verzichten). Interessanterweise ist dabei das Ziel, das letztendlich unser Handeln bestimmt, oft relativ schwammig. So stehlen wir zum Beispiel nicht, weil wir weiterhin ein anständiges Mitglied unserer Gesellschaft bleiben wollen. Selbst dann nicht, wenn wir hungrig oder durstig sind, gerade kein Geld bei uns haben und die Gelegenheit, den Orangensaft aus dem Kühlregal des Supermarkts mitgehen zu lassen oder uns bei den Erdbeeren aus Nachbars Garten zu bedienen, günstig ist. Auch hier wirkt das Prinzip der Selbstkontrolle, das genauso und jenseits krimineller Verhaltensweisen dann greift, wenn es uns gelingt, den süßen Verlockungen der Bäckereien, den deftigen Düften der Fleischereien und den Süßwaren an der Supermarktkasse nicht sofort nachzugeben. Selbstkontrolle bedeutet auch, dass wir die ungesunden Dickmacher nur in Maßen kaufen und zu uns nehmen, selbst wenn sie uns gut schmecken und wir sie uns leisten können. Wir beherrschen uns, weil andere hehre Ziel wichtiger sind: unsere Gesundheit, unsere Figur, unser Selbstbewusstsein, das unter anderem dann sinkt, wenn wir uns selbst nicht mögen. Selbstkontrolle, also die Fähigkeit, sich gegen eine Verführung oder gegen ein unmittelbares Ziel zu entscheiden, ermöglicht es uns beispielsweise auch weiterzulernen, wenn es uns schwer fällt oder wir keine Lust mehr haben. Wir reißen uns zusammen, arbeiten, büffeln, strengen uns an, um zu einem späteren Zeitpunkt die Ernte einzufahren.

Selbstkontrolle ist ein Spezialgebiet innerhalb der modernen Motivationspsychologie und beschäftigt sich damit, wie wir eigentlich so unerhört routiniert unseren Alltag meistern und unsere Ziele erreichen – und warum wir manchmal so kläglich daran scheitern. Sie ist nicht nur deshalb ein so faszinierendes Phänomen, sondern auch weil es sich dabei um eine typisch menschliche Fähigkeit handelt. Alle anderen Lebewesen kennen keine Selbstkontrolle, noch haben sie »hehre« Ziele. Während wir Menschen uns nach letzteren ausrichten können, folgen Tiere allein ihren Impulsen, Trieben und Gefühlen; genau deshalb sind wir ihnen überlegen. Aber auch wir müssen Selbstkontrolle erst lernen. Sie ist – wie wir gesehen haben – bei Kindern bis zum Alter von vier, fünf Jahren noch nicht sehr gut entwickelt. Und selbst dann, wenn wir uns als Erwachsene im Prinzip selbst kontrollieren können, beherrschen die einen diese Kunst besser als die anderen. Und manchmal, das kennen wir sicherlich alle, bricht das System der Selbstkontrolle auch ganz zusammen. Dann reißen wir uns nicht länger am Riemen, sondern geben den Versuchungen des Alltags einfach nach: schauen lieber fern, als uns noch einmal in unsere Lehrbücher zu vertiefen, nehmen lieber ein Bad, als den kranken Onkel anzurufen, und schlingen die fettige Pizza herunter, obwohl sie uns letztendlich nicht gut tut.

Das Prinzip der Selbstkontrolle greift dann, wenn wir uns ein Ziel setzen und dieses mit einem anderen im Konflikt steht. Daher ist es sinnvoll, sich zunächst einmal mit grundlegenden Fragen auseinanderzusetzen: Was motiviert uns eigentlich, bestimmte Ziele zu verfolgen? Welche Ziele bleiben Tagträume, und welche gehen wir tatsächlich an? Wie schätzen wir ab, welche Ziele realistisch sind? Was oder wer entscheidet eigentlich, welche Ziele uns wichtig sind und welche nicht? Was tun wir, wenn sich beim Verfolgen unserer Ziele Hindernisse auftun? Warum resignieren wir manchmal? Und machen trotzdem weiter? Wann lassen wir uns verführen, und wann opfern wir das unmittelbare Vergnügen einem hehren Ziel? All diese Fragen sind Teil einer umfangreichen Forschung, von der ich Ihnen hier berichten möchte. Diese Forschung, die momentan vor allem von der Sozialpsychologie ausgeht, befasst sich neben dem speziellen Fall der Selbstkontrolle ganz allgemein mit menschlicher *Selbstregulation* und ist bisher nur einem Fachpublikum bekannt.

Unter dem Fachbegriff Selbstregulation fassen Sozialpsychologen mittlerweile all das zusammen, was mit dem Setzen von Zielen, der Zielverfolgung, dem Überwinden von Hindernissen, dem Erreichen eines Zieles und seiner anschließenden Bewertung als Erfolg oder Misserfolg zu tun hat. Neben den klassischen Themen der Motivationspsychologie beschäftigt sich Selbstregulation außerdem mit der Selbstmotivation, dem Verarbeiten von negativen Erlebnissen und wie man sich nicht vom eigentlichen Ziel ablenken lässt.

Die Selbstregulationsforschung ist so alt wie die Psychologie, aber erst in den letzten zehn Jahren erfuhr sie einen wahren Boom. Das lag zum einen an einer Explosion neuer und bahnbrechender Theorien und Befunde. Zum anderen daran, dass das Unbewusste Einzug in dieses Fachgebiet hielt – auch dies eine kleine Revolution. Bis dato war der Begriff der Selbstregulation für bewusste psychologische Prozesse reserviert gewesen und beschrieb vor allem Handlungen, die aufgrund eines anstrengenden Willensakts zustande gekommen waren. Heutzutage aber stehen sogenannte automatische oder unbewusste Prozesse im Zentrum sozialpsychologischer Forschung – ein Indiz dafür, wie häufig wir unser Leben, einschließlich schwieriger Situationen, ohne viel Nachdenken managen. So fällt es uns als Erwachsenen nicht mehr schwer, Bücher oder anderes nicht einfach mitgehen zu lassen, auch wenn wir sie noch so sehr begehren. Selbst größeren Versuchungen widerstehen wir routiniert, ohne viel Willenskraft aufzuwenden oder lange zu überlegen. Selbstregulation beschreibt heute also beides, bewusste *und* unbewusste Zielverfolgung.

Ich habe aus dieser Forschung gelernt, dass Menschen zum Erfolg prädestiniert sind. Auch Sie. Denn Sie bringen einen faszinierenden mentalen Apparat mit, der es Ihnen ermöglicht, Ihre persönlichen Ziele anzugehen und das Leben zu meistern. Dabei können wir uns auf viele unbewusst ablaufende Prozesse verlassen, die nicht nur unser Denken, sondern vor allem auch unser Handeln bestimmen. Haben wir uns einmal Ziele gesetzt, so hilft uns unser Unbewusstes häufig dabei, diese zu erreichen, und zwar ohne dass wir es bemerken. Denn wir Menschen besitzen so etwas wie einen Autopiloten.

Vielleicht haben Sie in Amerika oder anderswo so ein Ding schon mal beim Autofahren benutzt: Es sorgt dafür, dass man auf den meilenlangen schnurgeraden Highways die Geschwindigkeit beibehält, es piept, sobald ein Auto vor einem auftaucht, und faucht, wenn man droht – weil man nach stundenlanger öder Fahrt eingenickt war –, in einen Graben zu fahren. Autopiloten sorgen auch bei Schiffen und Flugzeugen für Sicherheit. Der Vorteil dieser Systeme ist, dass sie komplizierte Berechnungen durchführen können, für die ein Autofahrer oder Pilot keine Zeit oder keine Energie zur Verfügung hat. Taucht ein Hindernis auf, kann der Autopilot blitzschnell gegenregulieren, denn er erkennt unvorhergesehene Probleme oft schneller als das menschliche Auge. Wer einen Autopiloten nutzt, kann sich neben der Navigation zugleich anderen Aufgaben widmen, er kann den Funk nutzen, Order geben, er kann sogar fernsehen und sich Momente erlauben, in denen er unkonzentriert ist. In vielen Ländern enthalten Autos sogar bereits automatische Vollbremssysteme, die etwa bei zu dichtem Auffahren automatisch den Bremsvorgang einleiten. Und nicht zuletzt spart der Autopilot Energie, indem er die vorhandenen Ressourcen (Benzin, Strom, Öl) immer optimal nutzt.

Ein solcher Autopilot wohnt auch unserem psychischen System inne, so dass wir uns über viele Abläufe gar keine Gedanken machen müssen – und manche Aufgaben wie im Schlaf bewältigen: Wir spülen unser Geschirr, ohne viel nachzudenken, kämmen uns mit schlafwandlerischer Sicherheit die Haare und steigen automatisch in den richtigen Bus. Ebenso automatisch kontrollieren wir viele unserer Impulse. Und so mag der erste wärmende Sonnenstrahl im Frühling zwar unseren Hund dazu verlocken, sich ein Stündchen in den Garten zu legen; wir aber sind beherrscht genug, weiter unserer Arbeit nachzugehen, allenfalls begleitet von einigen wehmütigen Blicken nach draußen und dem freudigen Gedanken daran, nach Feierabend mit einem Freund in den Biergarten zu gehen. Während ein Tier seinem Impuls sofort nachgibt und sehr darunter leiden würde, wenn es dies nicht könnte, sind wir imstande, unsere Bedürfnisbefriedigung fast mühelos auf einen späteren Zeitpunkt zu verschieben. Selbstregulation ist deshalb so effizient, weil wir für sie häufig keine mentale Energie aufwenden müssen.

Wenn ich für die menschliche Selbstregulation das Bild eines Autopiloten bemühe, nehme ich, anders als manche meiner Kollegen, die eigentliche Bedeutung von *autos* (griechisch: selbst) sehr ernst. Ein Autopilot ist für mich in diesem Zusammenhang keine simple automatische Steuerungsanlage, die einem Roboter gleich einen vorprogrammierten Kurs fährt oder gar den Piloten, das Selbst, ablöst. Nein, ich beziehe das Selbst des Autopiloten-Besitzers mit ein, der mitverantwortlich für die Programmierung ist und ihn gegebenenfalls auch ausschalten kann. Jedem sein eigener Autopilot, auch wenn der Aufbau oder, sagen wir besser, die Hardware häufig der anderer Personen sehr ähnlich ist.

Wenn unsere Seele Geschichte schreibt

Tag für Tag navigieren wir erfolgreich durch den Alltag. Wir kochen, kaufen ein, fahren zur Arbeit, erledigen dieses und jenes, und zwar ohne alles gründlich vorbedacht zu haben. Wie im Schlaf mixen wir unseren Kindern morgens das Müsli, entscheiden uns beim Einkaufen spontan und treffsicher für ein Produkt.

Unser Autopilot ermöglicht uns eine höchst effiziente Zielerreichung. Weil viele Aspekte der Zielverfolgung dabei unbewusst ablaufen, bemerken wir häufig gar nicht mehr, welche ungeheure Leistung wir tagtäglich vollbringen. Selbst Misserfolge stecken wir oft schnell weg.

Vor allem unser Gedächtnis bewährt sich als konstruktiver Bewerter und Umbewerter unserer Geschicke und Missgeschicke und wirkt damit im Unbewussten motivierend. Weil wir Hedonisten sind – mit anderen Worten, weil wir gerne positiv über uns denken –, verändert unser Gedächtnis häufig klammheimlich und ohne unser Zutun unsere Erinnerungen und sogar unsere Biografien – freilich zu unseren Gunsten. Natürlich ärgert uns ein Computercrash, aber genauso schnell haben wir ihn häufig auch wieder vergessen. Selbst das miese Bewerbungsgespräch, bei dem wir den Job nicht bekommen haben, streichen wir irgendwann aus unserem Gedächtnis, denken immer weniger an den geliebten Menschen, der uns vor die Tür gesetzt hat, ja wir entlieben uns sogar. Und die schlechten Noten im Sport? Gehören doch längst der Vergangenheit an. Und wenn wir uns doch erinnern, so erscheint uns manches Ereignis, das man als peinlich verbuchen könnte, im Nachhinein in einem vorteilhaften Licht: Der Liebhaber war nicht der Rede wert, außerdem waren wir gar nicht so verliebt – und an den Sportnoten war sowieso der grässliche Sport-»Pädagoge« schuld. Je länger ein Ereignis zurückliegt, umso selbstwertdienlicher sind unsere Erinnerungen. Unser Autopilot filtert, selektiert, und hübscht unser Selbst gerne etwas auf, denn so wie jede Fluglinie einen meist angeflogenen Flughafen hat, steuert auch unsere Psyche vor allem auf ein Ziel zu: dass wir uns wertvoll fühlen. Ich werde auf diese Form der Selbstregulation in Prinzip 2 zurückkommen und Ihnen in Prinzip10 verraten, was es mit dem »wertvoll« auf sich hat.

Die Tatsache, dass wir imstande sind, negative Ereignisse generell gut wegzustecken und Hindernisse zu bewältigen, ist nicht trivial. Im Gegenteil, es ist wichtig für unsere Motivation, denn wenn wir dauernd an unsere Misserfolge denken würden, bekämen wir vor lauter Grübeln und Angst vor weiteren Fehlern kaum noch etwas auf die Reihe. Unser Autopilot scheint negative Erinnerung weitgehend zu umschiffen. Ebenso erfolgreich manövriert er uns bravourös an paradiesischen Schlangen und lockenden Sirenen vorbei und unterstützt so unsere Selbstkontrolle. Wir wollen schlank sein und gesund leben und bleiben angesichts der Quarksahneschnitte beim Konditor oft standhaft. Wir wollen langfristige Beziehungen und lassen uns deshalb nicht mit dem erstbesten attraktiven Menschen ein. Wir suchen nach friedfertigen und konstruktiven Lösungsmöglichkeiten, und zwar selbst dann, wenn aggressives Verhalten die einfachere oder gar lustvollere Option wäre. Was passiert da psychologisch? Und wie können wir die Arbeit, die unsere Psyche da leistet, wertschätzen und unterstützen? Um dies zu erforschen, sind insbesondere Situationen interessant, in denen wir uns nicht beherrschen können und unsere Ziele nicht erreichen.

Auto- oder Bruchpilot?

Die Tatsache, dass wir generell gut im Leben klarkommen, heißt nicht, dass wir völlig frei von Fehlern sind. Natürlich gelingt es uns nicht immer, unsere Ziele zu erreichen. Manchmal schaffen wir es nicht, ein negatives Erlebnis schlichtweg aus dem Gedächtnis zu streichen, manchmal grübeln wir viel zu viel, lassen uns ablenken, nehmen uns etwas vor – und dabei bleibt es dann. Wie oft begegne ich Studenten, die mir strahlend versichern, sie würden ihren Aufsatz pünktlich abgeben, und wie oft treffe ich sie zum vereinbarten Zeitpunkt wieder, kleinlaut und mit einer ansehnlichen Menge von Entschuldigungen im Gepäck, weil sie doch nicht rechtzeitig fertig geworden sind.

Abgesehen von unserer jeweiligen Persönlichkeit haben wir alle unsere schwachen Momente und machen Fehler. Manchmal essen wir eine ganze Tüte Gummibärchen auf einmal leer oder nehmen die Zigarette, die uns der sympathisch lächelnde Herr anbietet, einfach an. Brabbeln bei einem One-Night-Stand Liebesschwüre – und schämen uns hinterher in durchwühlten Kissen. Warum ist es so, dass uns gelegentlich ein falsches Wort heraus- oder sogar die Hand ausrutscht? Warum grübeln wir über ein Problem oder einen Verflossenen ewig nach und kommen manchmal nicht zu Potte? Wenn wir tatsächlich unbewusst unsere Ziele erreichen, wenn wir quasi einfach nur unseren Autopiloten anstellen müssen, um da anzukommen, wo wir hinwollen, warum benehmen wir uns dann manchmal daneben? Warum haben wir uns nicht immer im Griff? Warum kriegen wir den Hintern manchmal nicht hoch, und warum fliegen uns manche Lösungen nicht zu, so wie man es von der Software eines perfekten Autopiloten erwarten könnte?

Nun, weil auch eine Software Fehler haben kann und wir sie nicht immer effizient einsetzen. Da unser Autopilot – wenn wir zum Beispiel Hunger haben – zunächst in der Umgebung nach relevanten Zielobjekten sucht, kann es z.B. passieren, dass er zunächst auf die leckeren fetten Chips zusteuert und erst ein anderes, intelligenteres Unterprogramm aktivieren muss, das für uns auf die Suche nach gesünderen Nahrungsmitteln geht. Oder wir müssen unseren Verstand einsetzen und den Autopiloten für einen Moment ausschalten. Die meisten Fehler durch Autopiloten beim Fliegen, heißt es, geschehen durch seinen falschen Einsatz. Immerhin kann der Pilot bestimmen, wann er den Kurs selbst übernehmen will, denn natürlich können wir Menschen neben unserem Autopiloten auf unser Bewusstsein zurückgreifen, das uns eine unglaubliche Flexibilität und Gestaltungsmöglichkeit eröffnet. Selbstverständlich können wir uns über unbewusste Automatismen hinwegsetzen, unseren Autopiloten umprogrammieren, ihn zeitweilig ausschalten und frei entscheiden, was wir tun. Können neue Wege beschreiten, unseren Kurs ändern und uns völlig anders verhalten, als man es von uns erwartet. Beides, unser Unbewusstes wie unser Bewusstsein, können wir dazu nutzen, erfolgreich unser Leben zu leben, privat, im Beruf, als Mensch in einer Beziehung oder allein. Wir müssen nur wissen, wie das alles funktioniert.

Bemühen wir einen anderen Vergleich, denn die psychische Selbstregulation ähnelt in vielen Aspekten der körperlichen. So regulieren sich viele unserer Körperfunktionen von selbst: Wir atmen immer die richtige Menge Luft ein, unser Herz arbeitet in gedankenloser, aber fester Treue, unsere normale Körpertemperatur stellt sich von selbst ein. Aber anhand des Vergleichs wird auch klar, dass selbst ein generell gut funktionierendes System manchmal gehörig aus den Fugen geraten kann. Weder Körper noch Geist sind gegen jeden Angriff gefeit. Und häufig bemerken wir erst, wenn wir krank sind und unser Körper nicht mehr so gut funktioniert, wie gut es uns doch geht, solange wir gesund sind.

Für den reibungslosen Ablauf der körperlichen Selbstregulation spielen zwei Faktoren eine wichtige Rolle: Da ist zum einen die jeweilige Konstitution, das Immunsystem, die genetische Vorbedingung, die gut oder schlecht sein können, alles Dinge, die *im Menschen selbst* angelegt sind. Und da sind zum anderen die Stressoren, beispielsweise eine Bakterie oder ein Virus, die unsere gut funktionierenden Kreisläufe *von außen* stören können. Zu den äußeren Einflüssen gehören auch solche, die die Arbeit und die Entstehung der Aggressoren mittelbar begünstigen oder uns auf andere Art beeinträchtigen. So schwächt Kälte zum Beispiel unser Immunsystem so, dass es keine Viren mehr abwehren kann. Oder begünstigt eine unsaubere Umgebung das Entstehen von Bakterien. Oder trägt eine Dosis radioaktiver Strahlung zum Wachsen von Krebszellen bei. Kurz, in dem Moment, wo unsere Gesundheit zusammenbricht (oder aber beibehalten wird), sind häufig zwei Einheiten beteiligt: Vorgänge in uns selbst und solche von außen.

Das gilt auch für die psychische Selbstregulierung. Neben unterschiedlichen persönlichen Stärken und Schwächen sind manche Umgebungen eher in der Lage, unser Potenzial zu wecken, als andere. Das haben wir alle schon selbst erlebt: Während wir bei manchen Lehrern hoch motiviert und mit viel Spaß bei der Sache waren, klappte es bei anderen weniger gut. An einer Arbeitsstelle konnten wir Berge versetzen, während sich bei anderen Jobs unheilvolle Berge vor uns auftürmten. Generell beobachten wir, dass uns an manchen Tagen alles leicht von der Hand geht, während wir an anderen nicht vom Fleck zu kommen scheinen. Aber lassen sich die Situationen konkret benennen, die der Selbstregulation förderlich sind?

Mit einer Analyse der situativen Faktoren, also derjenigen, die von außen kommen, begeben wir uns auf sozialpsychologisches Terrain. Sie erscheinen uns deshalb besonders interessant, weil wir sie – anders als eine genetische Veranlagung oder eine erziehungsbedingt starke Prägung – ändern können. Mit anderen Worten: Wir sind flexibel, ja, wir können bei der mentalen Selbstregulation unser eigener Arzt und mehr noch unser eigener Gestalter sein und individuelle Programme für unseren Autopiloten schreiben. Dazu müssen wir aber wissen, wie wir die im Menschen verankerte Fähigkeit zur Veränderung für uns nutzen können. Wir müssen herausfinden, welche Faktoren in unserer Umgebung uns bei der Zielerreichung zuträglich sind und bei welchen wir eingreifen müssen, damit sie uns bei der Erreichung unseres Ziels nicht mehr im Wege stehen. Und wir müssen die Faktoren unserer Persönlichkeit analysieren, damit wir wissen, wie wir die jeweiligen Stärken unserer Psyche nutzen.

Ich werde versuchen, im Laufe des Buchs auf beide Fragestellungen einzugehen. Denn wie der Urvater der Sozialpsychologie, Kurt Lewin, schon in den zwanziger Jahren richtig argumentierte: Menschliche Motivation (und damit Selbstregulation) ist nur dann zu verstehen, wenn wir beides, die Persönlichkeit und die Situation, untersuchen.

Anders als manche Motivationstrainer, die vieles aus dem Bauch heraus machen, oder die wachsende Menge an Selbsthilfeliteratur möchte ich Sie an der reichhaltigen Wissenschaft teilhaben lassen, die bisher noch nicht in einer für viele verständlichen Form zusammengefasst wurde. Ich werde versuchen zu ergründen, *wie* wir Menschen unser Leben meistern und *was* uns tatsächlich zu Meistern unseres Verhaltens macht. Vom Beginn der Zielsetzung über die Verfolgung, das Erreichen und die Bewertung des Resultats regieren verschiedene psychologische Prinzipien, von denen ich berichten möchte. So wie die Selbstregulation des Körpers kein Mirakel mehr ist – weil wir beispielsweise wissen, welche Faktoren für einen gut funktionierenden Stoffwechsel verantwortlich sind –, kann auch die sozialpsychologische Forschung mittlerweile mit einem guten Verständnis über motivationale Faktoren aufwarten. Ich bin davon überzeugt, dass Sie sich mit diesem Wissen Ihr eigenes Selbstmotivationsprogramm gestalten können. Je mehr man von allgemeinen innerpsychischen Vorgängen versteht, desto besser kann man sie auf sich und auch auf andere anwenden. Ähnlich wie ein Koch aus dem Verständnis der allgemeinen Vorgänge beim Kochen eigene, völlig neue Rezepte kreieren kann, können Sie sich mit Hilfe des Verständnisses allgemeiner innerpsychischer Prozesse selbst neu erfinden – oder auch entscheiden, so zu bleiben, wie Sie sind. Und Sie können mit diesem Wissen andere motivieren und Ihr Umfeld so verändern, dass Sie (noch) besser durch den Alltag navigieren.

Alles, was ich Ihnen hier berichten werde, beruht auf wissenschaftlicher Forschung und nicht auf einer bloßen Meinung, die ich zu diesem Thema habe. Und so müssen wir es auch hinnehmen, dass sie manchmal recht unangenehme Ergebnisse zu Tage fördert. So werde ich zum Beispiel zeigen, dass an manchen sogenannten Willensakten kein freier Wille beteiligt ist. Ich werde Ihnen beweisen, dass Selbstbetrug gesund sein kann und dass wir uns gegen bestimmte Einflüsse von außen nicht wehren können, selbst wenn wir mittlerweile verstehen, wie sie zustande kommen. Ich werde die Rolle des positiven Denkens und des

Lobs für die Motivation durch wissenschaftliche Experimente belegen, auf der anderen Seite jedoch zeigen, wie wirksam negatives Feedback in bestimmten Situationen sein kann. Und ich werde vorführen, wie manches Lob die eigene Motivation abschwächt. Ich werde versuchen, Ihnen diese Forschung so gut wie möglich näher zu bringen, und will dies so tun, wie ich es in meinem Buch über Vorurteile, der *Kleinen Einführung in das Schubladendenken,* getan habe: möglichst verständlich, ohne dabei zu stark zu vereinfachen, und anhand vieler Beispiele.

In den nächsten Kapiteln stelle ich Ihnen nun die zehn Prinzipien der Selbstregulation vor, die mir am relevantesten erscheinen. Diese Prinzipien sind nicht voneinander zu trennen – denn genauso wenig wie sich die Selbstregulation des Körpers allein durch die Funktion des Herzens beschreiben lässt, basiert Selbstregulation auf einem einzigen Faktor. Legen wir los![*]

* Der ein oder andere Fachkollege mag eines streichen oder hinzufügen wollen, aber für sie ist dieses Buch auch nicht bestimmt. Sie seien auf meine wissenschaftlichen Veröffentlichungen verwiesen.

PRINZIP 1

Stabilität und Veränderung: Auf gutem Weg oder besserem Abweg?

Von der unbewussten Liebe zu Käsebroten und automatischem Suppenlöffeln. Warum das Stabile an unserer Persönlichkeit ihre Veränderbarkeit ist. Wie wir uns unser Selbst (eigentlich nur) vorstellen. Von Moden, Trends und anderen Wellen, auf denen wir mitschwimmen – und was daran gut sein kann. Warum wir alle entsetzlich schüchtern sind, und warum wir uns nicht blind auf unseren Geschmack verlassen können. Warum unsere Zufriedenheit mit dem eigenen Leben steigt, wenn wir in einem BMW sitzen, und warum Coke besser ist als Pepsi (oder war Pepsi besser als Coke?).

Um sich selbst motivieren zu können, muss man sich gut kennen. Und wer sich selbst gut kennenlernen will, dem kann ich nur einen längeren Aufenthalt in einem anderen Land empfehlen. Wichtiger noch als die Tatsache, dass sich für mich durch die Semester, die ich in Frankreich, den USA und den Niederlanden verbracht habe, in beruflicher Hinsicht viele Türen geöffnet haben, sind mir die vielen Einsichten, die ich währenddessen über die Veränderbarkeit meiner Persönlichkeit gewonnen habe. Erst in einer Umgebung, in der andere, unvorhergesehene Regeln und Kräfte von außen auf einen einwirken, wird einem klar, wie willkürlich Gesellschaften Gewohnheiten und soziale Normen festlegen und wie schnell man sich an sie anpasst. Und welchen unveränderbaren Kern man hat.

Belustigend – manchmal auch gruselig – sind jene unmerklichen Veränderungen von Verhaltensweisen, die man früher als Teil seiner Persönlichkeit betrachtet hat. Um nur ein Beispiel zu nennen: Jemand, der wie ich von Bremen nach Amsterdam gezogen ist, wird schnell bemerken, dass die Niederländer – für uns ungewohnt – viel freizügiger über sich selbst reden und auch über Persönliches wie Sex, Verdauung und Krankheiten* gerne Auskunft geben. Und er wird sich dessen bewusst werden, wie spießig die Deutschen, er selbst eingeschlossen, häufig mit diesen Themen umgehen. Bis er irgendwann selbst die Scham vor dem Allzumenschlichen verliert – was dann wiederum zurück in Deutschland zu durchaus peinlichen Situationen führen kann.

Meistens schleichen sich allerdings viel weniger spektakuläre Verhaltensweisen ein, die außer einem selbst, wenn sie einem denn überhaupt auffallen, niemand erstaunlich finden wird. Nach einem Jahr in den Niederlanden wurde mir eines Morgens plötzlich klar, was ich seit einiger Zeit Tag für Tag Unerhörtes tat: Ich schmierte mir Käsebrote für die Arbeit! Ich legte das Messer aus der Hand. Und musste laut auflachen. Brote schmieren – das hatte ich seit zwanzig Jahren nicht mehr getan! Tatsächlich war ich mir bis zu diesem Zeitpunkt meiner Verhaltensänderung gar nicht bewusst gewesen. Nun stand ich plötzlich wie neben mir: Da schmierte tatsächlich ein Professor im Armani-Anzug Butterbrote. In meiner Küche. Wenn man mich früher gefragt hätte, ob ich irgendwann einmal zum Stullenesser mutieren würde, ich hätte mein Gegenüber mit großem Unverständnis angeschaut. Das erinnerte mich viel zu sehr an meine Zeit als Fabrikarbeiter, zu der Leberwurstbrote unwei-

* Auch der lockere Umgang mit Tabuwörtern in den Niederlanden ist sicherlich bemerkenswert. So ist das in Deutschland unfeine F-Wort hier fester Bestandteil der Alltagssprache. Einen Pedanten, also einen, der sich nur allzu genau an die Vorschriften hält, nennt man z. B. einen »Mierenneuker«. Übersetzt heißt das nichts anderes als Ameisenf…. Und eine überaus beliebte Talkshow heißt »Spuiten en slikken« (übersetzt: Spritzen und schlucken), wo allen Ernstes dem Titel verwandte Themen mit Prominenten besprochen werden.

gerlich dazugehören, und die damit verbundene Ästhetik von Tupperdosen und Thermosflaschen ist wirklich nicht die meine. Zu Beginn meiner Arbeit in Amsterdam fand ich dann auch die Verliebtheit der Niederländer in ihre selbst geschmierten Brote, gelinde gesagt, befremdlich.* Belegte Brote! Das hörte sich für mich so an, als ob Loriot sich eine Schlemmerschnitte bestellt hätte!

Doch langsam wurde mir bewusst, wie es dazu gekommen war, dass ich mich unmerklich an diese niederländische Gepflogenheit angepasst hatte. Wenn es nämlich irgendwo ein zertifiziertes Zentrum für europäische Brotfetischisten gibt, dann in den Niederlanden. Butterbrote sind hier ein Grundnahrungsmittel. Das niederländische Mittagessen besteht aus belegten Broten und einem Glas Buttermilch. Alle meine Kollegen bringen sich Brote mit. Und selbst die Königin, so habe ich gehört, packt jeden Mittag um zwölf eine Klappstulle aus einer ihrer tausend Handtaschen und mümmelt, vorher noch den freudigen Ruf: »Lekker broodjes!« ausstoßend, ihr königliches Sandwich. Dank dieser Vorliebe sind die Cafeterien und Mensen im Unibereich nicht sonderlich gut auf die Bedürfnisse eines Deutschen, der mittags am liebsten ein warmes Biogericht zu sich nehmen würde, eingestellt. Denn auch für Liebhaber des Bioessens gibt es nur Brote, die sich zwar »luxe broodjes« oder »broodje gezond« nennen, sich aber von einem normalen Käsebrot allein durch ein welkes Blatt Rucola und den Preis unterscheiden.

Irgendwann muss mir wohl der Gedanke gekommen sein, mir morgens ein Brot mehr zu schmieren, als ich gewöhnlich zum

* Ein Vorurteil? Vor kurzem traf ich eine Kollegin, die ein selbst geschmiertes Brot auf dem Noordermarkt aß, da, wo es samstags die köstlichsten Dinge zu kaufen gibt. Einige meiner Kollegen essen ihre Schnitten selbst beim Fahrradfahren und, ja, sogar während (!) des mittäglichen Tischtennisspielens im Flur!

Frühstück esse, und es einzupacken. Da das alle so machen, war mir nichts Besonderes aufgefallen. Und erst lange Zeit nachdem ich mein Verhalten diesbezüglich geändert hatte, wurde mir auch bewusst warum. Es hatte offensichtlich ein unbewusster Integrationserfolg stattgefunden. Das, was ich zunächst als Unsitte wahrgenommen hatte, muss nach einiger Zeit nicht mehr ganz so fremd auf mich gewirkt haben und kurzerhand auch bei mir zu einer festen Gewohnheit geworden sein. Heute sind Pergamentpapier und saure Gurken nicht länger ungeliebte Erinnerungshülsen meiner Kindheit. Das Beispiel zeigt jedoch auch, dass die Persönlichkeit eines Menschen nichts vollkommen Stabiles ist. Selbst eingefleischte Stullenhasser können konvertieren. Insofern lautet die einfache Antwort auf die Frage: Wer bin ich? Ich bin Veränderung! So wie wir alle.

Alles Bio oder was?

Viele Menschen vermuten, dass unsere Motivation, bestimmte Dinge zu tun, allein in unserer Persönlichkeit angelegt ist. Motive, Ziele und Interessen, so denken sie, entwickeln sich allein aus unseren stabilen Vorlieben und Talenten. Wenn man beispielsweise etwas gut kann, dann tut man es eben auch gerne. So erklärte sich den Nachbarn meiner Eltern in den Sechzigern auch in ganz einfacher Weise, warum ich der Musiker in der Familie war und jahrelang meine Geige (und damit meine Brüder) traktierte, während meine Brüder Uli und Henk lieber Fußball spielten und einen Ball nach dem anderen zerschossen: Die einen waren als »richtige Jungs« auf die Welt gekommen mit allem, was dazugehört, und ich war eben ein »bisschen anders«. Man war also für das Eine geboren und hatte für das Andere kein Talent, so die Schlussfolgerung.

Vermutlich hat mein Bruder Uli tatsächlich einen anderen Gencocktail mitgekriegt als ich. Und wahrscheinlich produzierte der Körper meines Bruders Henk wirklich mehr von dem männlichen Hormon Testosteron als meiner und allgemein üblich. Oder unsere Gehirne waren ganz einfach sehr anders. Es gibt viele unterschiedliche biologische Erklärungsmöglichkeiten dafür, warum sich eine Persönlichkeit eher in die eine Richtung entwickelt und eine zweite in eine andere. Aber ich gehe hier ein wenig darüber hinweg, weil ich Sie ja mit der sozialpsychologischen Forschung vertraut machen will, die neben der Anerkennung von biologischen Faktoren für die Persönlichkeitsentwicklung insbesondere die Rolle von sozialen Faktoren betont. Sozialpsychologen vertreten die Auffassung, dass Menschen überaus offen für momentane Veränderungen innerhalb einer Situation sind und dass die Persönlichkeit eines Menschen veränderbar und somit auch sozialisierbar ist. So kommt es in den besten Familien vor, dass manche Kinder Mutter- und andere Vatersöhnchen (oder -töchterchen) sind. Als Folge von solchen meist recht willkürlichen Zuweisungen richten sich Kinder an den unterschiedlichen Interessen des jeweiligen Elternteils aus. Während mein Vater bei Uli und Henk deren sportliche Aktivitäten förderte, unterstützte meine Mutter, an deren Rockzipfel ich gerne hing, meine musische Begabung.*

Selbst Genforscher haben es aufgegeben, Gene als alleinige Quellen der Persönlichkeit zu sehen. Vielmehr besagen ihre Theorien inzwischen, dass sich die Veranlagungen, die man hat, im Laufe der Erziehung entwickeln und verändern.**

* Andere, auch soziale Erklärungsvariante: Nachdem meine Eltern beim ersten Sohn gesehen hatten, wohin das Üben auf der Geige führt, beschlossen sie, alle anderen Kinder in weniger nervtötenden Bereichen zu fördern.

** Nehmen wir einmal die Kreativität. Angeboren oder nicht? Stellen Sie sich vor, Sie haben zwei extrem kreative Elternteile, eine Nobelpreisträgerin und einen Künstler. Wie hoch ist die Wahrscheinlichkeit, dass das Kind der beiden kreativ wird? Gerade einmal 3 %. Nachzulesen bei einem der besten Kreativitätsforscher unserer Zunft, Dean Simonton.

Allerdings sind bestimmte Eigenschaften, Verhaltensweisen und Einstellungen stabiler als andere. So glaube ich zum Beispiel nicht, dass ich meine negative Einstellung gegenüber Faschisten, Kampfhunden oder Möhrensuppe je ablegen werde. Bestimmte Aspekte unserer Persönlichkeit sind sozusagen der feste Kern, der unveränderbar scheint und uns unterscheidbar von anderen macht: So hegen wir unterschiedliche Vorlieben und Abneigungen, so bewegen uns unterschiedliche Dinge, so verfolgen wir unterschiedliche Ziele und setzen unterschiedliche Schwerpunkte im Leben und passen uns nicht gleich einem Chamäleon der Umwelt an. Die Sozialpsychologie lehrt uns jedoch, dass der Anteil stabiler Persönlichkeitsaspekte gerne überschätzt wird. Mit anderen Worten: Der unveränderbare Kern unserer Persönlichkeit ist relativ klein. Was veränderbar und was stabil ist, ist individuell verschieden. Jemand, der aus Überzeugung Schwarz trägt und dem dies extrem wichtig ist, mag sich weniger von Modefarben beeinflussen lassen als jemand, der offen für alle möglichen Trends ist; jemand, dem an der Zugehörigkeit zu einer bestimmten Partei extrem viel liegt, wird weniger oft zum Wechselwähler, und jemand, der schon seit 30 Jahren für Schalke gesungen hat, jubelt nicht von heute auf morgen in der Dortmunder Kurve. Im Prinzip sind jedoch Veränderungen in jedem dieser Fälle möglich.

Wenn man Persönlichkeit als etwas Festes, aber dennoch Veränderbares im Gegensatz zu etwas rein biologisch Bedingtem oder rein Statischem versteht, dann sind Sozialpsychologen immer auch Persönlichkeitspsychologen. Uns interessiert vor allem, wie sich Interessen und Ziele in einem sozialen Umfeld herausbilden. Wie gesagt, das Credo der Sozialpsychologen lautet: Menschen können sich verändern. Aus einem Saulus kann sehr wohl ein Paulus werden, aus einem optimistischen Menschen ein Griesgram, und ein unsportlicher Mensch kann mit vierzig plötzlich daran Gefallen finden, Berge zu besteigen oder einen Marathon zu laufen.

Ich persönlich gehe sogar noch einen Schritt weiter, indem ich behaupte, dass die Veränderbarkeit naturgemäß zur Grundausstattung des Menschen gehört. Unsere überaus ausgeprägte Fähigkeit zur Veränderung ist die Basis psychischer Selbstregulation und erhebt uns über alle anderen Lebewesen. Betrachtet man die Menschheitsgeschichte, so haben uns gerade unsere Flexibilität und die Tatsache, dass sich unsere Interessen und Ziele immer wieder verändert haben, einen entscheidenden Überlebensvorteil verschafft. Schon unsere Steinzeit-Vorfahren waren, selbst wenn sie jahrelang an einem Fluss gelebt hatten, notfalls imstande, in den Bergen zu überleben, wenn sie aus ihrem eigentlichen Lebensbereich vertrieben worden waren. Ja, es bestand sogar die Möglichkeit, dass sie irgendwann zu richtigen Bergmenschen wurden, die die Berge dem Wasser vorzogen. Schmetterlinge sind dazu nicht in der Lage, habe ich mir sagen lassen. Wenn sie auf gelbe Blüten stehen und plötzlich nur noch lila Blumen blühen, taumeln sie lieber sterbend vor Hunger auf den Herbstboden, als sich am Riemen zu reißen und der lila Blume wenigstens mal eine Chance zu geben. Bevor wir Menschen aussterben, passen wir uns lieber an. Unsere Flexibilität ermöglicht es uns zu lernen.*

* Dies ist allerdings nicht immer so. Ich las gerade einen Artikel im *Spiegel* über die Hungersnot in Somalia, wo täglich Menschen an Hunger sterben. Ein Teil des Hungers soll, so der Artikel, durch kulturell begründete Speisevorschriften verursacht sein. In der dortigen Gesellschaft bilden Fischer die unterste soziale Schicht; Fisch zu essen ist für die meisten Somalier eine ekelerregende und sogar denkbar unmögliche Angelegenheit. Seit Jahren versuchen Ärzte alles, diese somalische Einstellung zu ändern, und scheinen schier daran zu verzweifeln. Denn: Obwohl ihnen der Hungertod droht, verweigern die meisten Menschen dort Fisch, der in ausreichender Menge vorhanden ist. Dieses Beispiel zeigt einen besonders starken Fall von mangelnder Flexibilität aufgrund sozialer Normen – mit verheerenden Folgen.

Wer war ich noch gleich? Vom Sitz des Selbsts im Kopf

Lernen geschieht vor allem im Kopf. Und auch unser Selbst sitzt im Kopf bzw. ist ein Teil unseres Gedächtnisses. So wie wir in unserem Gedächtnis verankert haben, dass Paris die Hauptstadt von Frankreich ist, haben wir auch abgespeichert, dass wir (also ich, Jens) in einer bestimmten Stadt (Amsterdam) wohnen. So wie wir abgespeichert haben, dass Franzosen gerne Rotwein mögen, haben wir auch abgespeichert, was wir (ich, Jens) gerne mögen (Bratwurst). So wie wir abgespeichert haben, dass Franzosen gerne essen gehen, werden auch Verhaltensweisen und Ziele über uns selbst im Gedächtnis repräsentiert (ich, Jens, gehe auch gerne essen). In der Sozialpsychologie betrachten wir dieses Selbst genauso als Wissensstruktur wie Wissen, das wir über andere Personen, Situationen oder Objekte in unserem Gedächtnis verankert haben – ja, wir nehmen sogar an, dass die größte Wissensstruktur, die wir abgespeichert haben, das Wissen über uns selbst ist.

Einen sehr, sehr kleinen Ausschnitt meines Selbst sehen Sie im folgenden Schaubild.

Allerdings bedeutet Wissen in diesem Zusammenhang nicht, dass wir mit unseren Annahmen über uns immer richtig liegen. Wenn jemand glaubt, er sei schüchtern, dann muss das nicht zwangsläufig so sein; wenn jemand denkt, er könne keinem Menschen etwas zuleide tun, heißt das nicht automatisch auch, dass er einem anderen Menschen gegenüber nicht aggressiv auftreten kann; wenn jemand meint, dass er keine Vorurteile hat, so muss dies nicht unbedingt der Realität entsprechen. Unter »Wissen« fassen wir in der Sozialpsychologie alle möglichen Annahmen über uns und andere zusammen, unabhängig davon, ob sie falsch oder richtig sind; es beinhaltet, wenn Sie so wollen, auch »Pseudo«-Wissen.

Generell ist es im sozialen Kontext schwierig zu beurteilen, wann etwas richtig ist und wann nicht. Denn, was bedeutet

Ausschnitt aus einem assoziativen Netzwerk zum Selbst. Das Ich ist zentral, alle Aktivierung startet von dort. Assoziationen, die näher am Ich sind, sind stärker mit ihm verbunden als solche, die weiter entfernt liegen. Je näher Assoziationen beieinander liegen, umso stärker aktivieren sie sich gegenseitig.

beispielsweise schon so etwas wie »ich bin schüchtern«? Was bedeutet es im Vergleich wozu? Und wer definiert überhaupt, was uns ausmacht und wer wir sind? Wir oder die anderen? Was davon setzt sich in unserem Kopf fest? Es ist ja offensichtlich, dass jeder von uns sich in bestimmten Situationen zurückhaltender verhalten wird als in anderen. Wie aber lässt sich überprüfen, ob ein Mensch, der von sich sagt: Ich bin schüchtern, es auch wirklich ist? Untersuchungen haben ergeben, dass die überwiegende Mehrheit aller Menschen von sich behauptet, sie seien schüchtern. Dagegen würde uns derzeit wohl niemand als Gesellschaft der Schüchternen bezeichnen wollen. Ist »schüchtern« vielleicht einfach ein Teil einer Vorstellung von sich selbst oder dessen, wie man befürchtet zu sein? Auch wenn wir die Frage selbst zunächst zurückstellen, so wird doch deutlich, dass wir unabhängig davon, ob das Bild, das wir von uns selbst haben, richtig ist oder nicht, gewisse Vorstellungen oder Theorien von uns haben, die im Gedächtnis über uns selbst abgespeichert sind und letztendlich unser Selbst darstellen.*

Begreift man das Selbst eines Menschen als Wissensstruktur, dann ist es nicht weiter erstaunlich, dass wir über uns – genauso wie über andere – etwas lernen, verlernen oder vergessen können. Lernen kann als Veränderung einer Wissensstruktur verstanden werden. So kann ein Biologe Jahrzehnte lang geglaubt haben, Dinosaurier seien Reptilien – um dann in einem überzeugenden Artikel eines Kollegen zu lesen, dass Dinosaurier tatsächlich Vögel waren. Diese Information wird einen entscheidenden Einfluss auf seine Wissensstruktur haben.

Und genauso können wir neue Verhaltensweisen oder soziale Regeln oder Umgangsformen annehmen, neue Vorlieben und Interessen und letztendlich ein neues Selbstbild entwickeln. Denken wir zum Beispiel, wir seien schüchtern, und hören zum wiederholten Male von anderen, wir wirkten alles andere als zurückhaltend, dann können wir diese feste Annahme über uns revidieren. Erleben wir auf Dauer selbst, wie wir immer offener auf andere zugehen, können wir unser Selbstwissen auch ohne

* Den Leser und die Leserin des *Schubladendenkens* mag das an die Definition des Stereotyps erinnern. Und, ja, wenn Sie so wollen, so können Sie den Begriff etwas ausweiten. Wir haben ein gewisses »Stereotyp« oder Pseudowissen über uns selbst im Gedächtnis. Manches ist richtig, manches ist falsch, und die Überprüfbarkeit der Richtigkeit der Annahmen über uns ist teilweise durchaus schwierig. In der Sozialpsychologie jedoch verwenden wir den Begriff Stereotyp eher für Wissen, das wir über Mitglieder verschiedener Gruppen haben.

die Hilfe anderer »updaten«. Und natürlich können wir uns auch dafür entscheiden, unser Schüchternsein anzugehen – je erfolgreicher wir dabei sind, umso eher verändert sich das Bild, das wir von uns selbst haben.

Die Tatsache, dass unser Selbst im Prinzip das Gedächtnis von uns selbst ist, erklärt, warum wir uns verändern, aber auch warum bestimmte Angewohnheiten relativ resistent gegenüber Veränderungen sind. Der stabile Teil unseres Gedächtnisses, das *Langzeitgedächtnis*, hilft uns unter anderem dabei, uns daran zu erinnern, wie wir heißen, wo unsere Eltern wohnen etc. Und wenn wir immer wieder hören oder selbst der Meinung sind, dass wir schön, dumm, intelligent, technisch begabt oder schusselig sind, dann sind solche Annahmen über uns selbst besonders stark im Langzeitgedächtnis verankert. Je öfter wir an etwas erinnert werden und je öfter wir an etwas denken, umso stärker ist diese Gedächtnisspur, und umso weniger vergessen wir sie.

Starke Gedächtnisspuren werden häufig aktiviert. Man kann sie sich wie eine voll aufgeladene Batterie vorstellen. Und wenn wir etwa gefragt werden (oder uns selbst fragen): »Wie fahren Sie denn so Auto?«, rufen wir das im Gedächtnis ab, was wir am stärksten aktiviert haben. Haben wir eine starke Spur abgespeichert, nämlich dass wir sehr gute Autofahrer sind, weil viele das von uns sagen und weil wir uns seit Jahren dafür halten, lautet die Antwort: »Ich fahre eigentlich ganz gut!« Man könnte die gesamte Sammlung an starken Gedächtnisspuren als Persönlichkeit oder, besser, als Selbstkonzept eines Menschen bezeichnen. Starke Gedächtnisspuren sind stabil, sie zu verändern oder gar aufzugeben ist gar nicht so einfach.

In meiner *Kleinen Einführung in das Schubladendenken* habe ich vor allem auf den negativen Aspekt dieser Form von (Pseudo-)Wissen hingewiesen: Fest verankerte Stereotype, Wissensstrukturen in Bezug auf andere, lassen sich leider nur sehr mühsam verändern. Ich habe dort unter anderem beschrieben, wie Menschen, die seit Jahren davon überzeugt waren, Marokkaner seien faul, diese Assoziation verlernt haben, indem sie immer wieder mit einer anderen Assoziation konfrontiert wurden, nämlich der, »Marokkaner sind fleißig«. Mit dem Ergebnis, dass sich die Ansicht der Versuchsteilnehmer gegenüber dieser Minderheit tatsächlich positiv verändert hat. Dieses Experiment verdeutlicht, dass selbst festgefahrene Assoziationen wie Stereotype prinzipiell verändert werden können. Es zeigt jedoch auch, wie aufwändig so ein Prozess ist: Immerhin 400 Trainingseinheiten waren nötig, um eine Veränderung zu bewirken!

Ähnlich verhält es sich auch mit der Veränderung von Assoziationen unseres Selbstkonzepts. Das ständige Meckern unseres neuen Lovers, wir könnten nicht Auto fahren, kann unsere Selbsteinschätzung diesbezüglich nachhaltig verändern – bis dahin, dass wir irgendwann einmal sogar die Lust daran verlieren, selbst wenn wir vorher glaubten, an uns sei ein Schumi verloren gegangen.

Werden bestimmte Gedächtnisspuren nicht mehr aktiviert, werden sie so schwach, dass wir kaum noch Zugang zu ihnen haben oder Teile unseres Selbsts irgendwann vergessen. Wer hat nicht schon erlebt, dass bestimmte Menschen, Freunde oder Bekannte, die wir eine Zeit lang als Teil unseres Selbst betrachteten, aus unserem Gedächtnis verschwunden sind? Genauso verlernen wir bestimmte Fähigkeiten, wenn wir sie nicht mehr trainieren: Sprachen, die wir einmal beherrscht haben, aber kaum noch sprechen, Musikstücke, die wir als Kinder auf unseren Instrumenten vorgetragen haben, aber mittlerweile in unseren Kellern und Dachböden in dem Maße vergilben, wie sie in unserem »Dachstübchen« verblassen. Verändern sich Fähigkeiten, verändert sich auch unser Selbstbild. Jemand, der vergisst, dass er eigentlich einmal relativ musikalisch war, wird sich irgendwann nicht mehr für musikalisch halten.

Kurzum: Begreift man das Selbst eines Menschen als Gedächtnisstruktur, kann man erklären, warum wir feste, relativ stabile Vorstellungen von uns haben, die jedoch veränderbar sind, indem wir dazulernen oder vergessen. Es erklärt sogar, warum das Wiedererlernen einer jahrelang brachliegenden Fähigkeit gelingen kann. Haben wir zwanzig Jahre nicht mehr auf unserer Geige gespielt, so ist ein Neuanfang schwer – und dennoch werden wir schneller eine Sonate wieder so spielen können, dass sie nicht in den Ohren schmerzt, als jemand, der erst in fortgeschrittenem Alter damit beginnt, das Instrument überhaupt zu erlernen. Spuren unserer Kindheit bleiben dem Gedächtnis, wenn auch nur schwach, ein Leben lang erhalten. Sie liegen da wie eine alte, vergilbte Gebrauchsanweisung – und mit etwas Anstrengung können wir sie auch wieder lesen. Das Reaktivieren von etwas Verlerntem ist deshalb einfacher zu bewerkstelligen als das Erlernen einer völlig neuen Fähigkeit.

Direkte und indirekte Beeinflussung

Die 400 Trainingseinheiten, die es zur Veränderung eines Stereotyps bedurfte, klingen so, als spräche ich der Idee von einer relativ unveränderbaren Persönlichkeit das Wort. 400 Einheiten sind jedoch gar nicht so viel, wenn man bedenkt, wie häufig man bestimmten Meinungen oder Verhaltensmustern ausgesetzt sein kann. Sicherlich haben bereits in meinem ersten Monat in Amsterdam 400 Käsebrot essende Niederländer meinen Gedächtnisspeicher mit einer neuen Assoziation (Mittagessen = Käsebrot) versehen. Haben Sie eine neue Arbeitsstelle angetreten, in der man statt »Grüß Gott« »Guten Tag« sagt, bringen Sie es ebenfalls rasend schnell auf 400 Trainingseinheiten (grüßen = Guten Tag). Stürzen sich die Medien auf Manager als neue Feindgruppe, haben Sie die Assoziation »Heuschrecke = Manager« im Nu hundert Mal gehört oder gedacht. In vielen Fällen müssen Sie diese Assoziationen nicht erst bewusst lernen, damit sie sich festsetzen – die simple Konfrontation mit bestimmten Informationen oder Erlebnissen im Alltag reicht aus.

Die Persönlichkeit eines normalen Menschen ist also veränderbar. Aber welches sind die entscheidenden Bedingungen dafür? Und wann verändert sich unser Interesse, unsere Motivation? Wann wenden wir uns neuen Zielen zu?

Natürlich haben die Menschen in unserer Umgebung einen großen Einfluss auf uns. Einer der Gründe, warum ich als Kind eine starke Abneigung gegen Sport entwickelt habe, war ein Lehrer, den wir Sing-Sing-Birkenkötter nannten. Er hasste mich, weil ich keine Lust auf seine perversen Spielchen hatte, etwa Völkerball mit Medizinbällen zu spielen, barfuß über die Aschenbahn zu laufen und den »Zuchthäuslergang« (nach dem Sport nackt und in Reihen aufgestellt unter den kalten Dusche herlaufen – daher Sing-Sing wie das berühmte amerikanische Gefängnis). Er mochte mich nicht, weil ich klein und schmächtig war und damit seiner Meinung nach »unbrauchbar für Leibesertüchtigung«. Er hasste mich noch mehr, als ich ihm deutlich zu verstehen gab, dass ich tatsächlich keinen Bock auf seinen Unterricht hatte und mir die Fünfen, die er mir gab, überhaupt nichts ausmachten. Mit 14 ergatterte ich schließlich ein medizinisches Attest von meinem Hausarzt und war von da an befreit vom Sport. Für mich war klar: Ich bin unsportlich, und das ist auch gut so. Daraus entwickelte sich ein Großteil meines Selbstkonzepts. Ich definierte mich als Intellektueller, dem sein Geist weit wichtiger ist als seine Gesundheit. Ich begann schwarze Zigaretten zu rauchen, trank Pernod und schwere Weine und fand jegliche Form sportlicher Betätigung idiotisch und vor allem die Neigung der Leute, sich für jeden Sport anders zu verkleiden, lächerlich. Im Rückblick finde ich es erstaunlich, wie viel Einfluss ein einzelner unfähiger Lehrer auf mich gehabt hat.

Wenn Sie mich heute sähen, hätten Sie Mühe, dieser Geschichte Glauben zu schenken. Sie würden sagen: »Sie? Sie sind doch alles andere als unsportlich.« Tatsächlich ist meine Figur heute sportlich-muskulös, wandere ich gerne, gehe seit Jahren jeden zweiten Tag ins Fitness-Center, mache dreimal in der Woche das anstrengende Bikram-Yoga und rauche und trinke nicht mehr. Da hat wohl eine Änderung von persönlichen Zielen stattgefunden, vom Saulus zum Paulus sozusagen.

Diesen Sinneswandel verdanke ich jedoch nicht einem einzelnen Menschen, jedenfalls kann ich mich nicht daran erinnern, dass es in dieser Hinsicht jemanden wie Birkenkötter gegeben hätte, der mich motiviert bzw. demotiviert hätte. In diesem Fall haben eher andere, mir nicht völlig bewusste Kräfte gewirkt, etwa soziale Normen, Moden, Trends oder Werte, die in einer Gesellschaft oder innerhalb eines Freundeskreises Einzug halten. Sie sind dazu imstande, uns und unsere Persönlichkeit zu verändern. Wie groß der gesellschaftliche Wertewandel hinsichtlich unserer Gesundheit ist, wird im Nachhinein überdeutlich: Betrat man in den achtziger Jahren an der Uni ein Institut für Psychologie, schlug einem erst einmal eine beeindruckende blaue Dunstwolke entgegen. Fast alle meine Kommilitonen quarzten Gauloises, kaum einer trieb Sport, und fast alle lasen Heine, Goetz und Schopenhauer und liebten Provokationen, schwere Weine, Nackte auf Theaterbühnen und Alice Schwarzer. So zu sein wie ich damals, war nix besonderes, es traf auf eine ganze Gruppe von Menschen zu und entsprach somit der Gruppennorm.

Zwanzig Jahre später haben sich die Zeiten geändert. Fitness-Studios boomen, und ich kenne niemanden aus meinem Umfeld, der kein Abonnement in einer Muckibude hat. Fast niemand raucht mehr, und die wenigen, die es doch tun, müssen das Restaurant dafür verlassen. Zudem gewinnt man schnell den Eindruck, dass, vorsichtig gesprochen, nur noch sehr bestimmte Leute rauchen. Sind es nicht vor allem die Menschen, die über wenig Geld verfügen (mit anderen Worten, diejenigen, für die wir nur den unschönen Begriff der sozialen Unterschicht bereithalten), die eine nach der anderen paffen, und nicht mehr die, die Sartre lesen? Eben diese Beobachtung belegen inzwischen auch wissenschaftliche Daten und reflektieren damit einen Trend, der aus den USA zu uns herübergeschwappt ist. Es sind die weniger Bemittelten, die rauchen, fett essen und sich unter die Sonnenbank legen. Warum das so ist, ist nicht ganz klar. Manche vermuten geringere Intelligenz (glaube ich nicht), manche, dass sich bestimmte Gruppennormen entwickelt haben, um sich von anderen abzusetzen: Wir »sind cool und das zeigen wir, indem wir rauchen« gegen die »mit ihrem lächerlichen Pilates und Yoga«. Meine unüberprüfte Vermutung ist die, dass man schlichtweg Geld für bestimmte Methoden der Entspannung braucht: eine Flasche Fusel und eine Packung Zigaretten kann sich jeder leisten, während die Mitgliedschaft in einem Golfclub schon mal so viel betragen kann wie zwei Monatseinkommen eines Hartz-IV-Empfängers. Das Resultat solcher strukturellen Unterschiede sind letztlich unterschiedliche Gruppennormen. Während Rauchen und Trinken in einer Gruppe akzeptiert werden, gilt es in der anderen als »asozial«.* Ob Sie selbst diesen Gesundheits- oder Fitnesstrend gut finden oder nicht, ob Sie gar eine große Ausnahme sind von der Regel** – beides ist hier nicht von Belang. Ich will an dieser Stelle lediglich illustrieren, wie sich Interessen und Ziele im Allgemeinen, aber auch im persönlichen Umfeld ändern können und wie gesellschaftliche Trends, neben Einzelpersonen wie Lehrern, Eltern und Freunden, Einfluss auf unsere Ziele und Motivation haben. Der Wandel der sozialen Norm »Intellektuelle rauchen« zu »Wer raucht, ist ein Loser, hat sich nicht im Griff und verpestet die Umwelt« kann die Einstellung zum Rauchen modifizieren und dazu führen, dass man es künftig lässt. Solche massierten, aber indirekten Einflüsse von veränderten Gruppennormen sind manchmal nachhaltiger als der direkte Versuch der Einflussnahme durch Einzelne, die

* Nicht umsonst taucht die Zigarette als »Hartz-IV-Nagel« in vielen Witzen auf; und die Sonnenbank findet eine Entsprechung im »Asi-Grill«.

** Lieber Helmut Schmidt, falls auch Sie dieses Buch lesen, dann machen Sie sich nichts aus diesem Satz – rauchen Sie einfach weiter.

uns nur allzu oft als Bevormundung vorkommen, gegen die wir uns dann bewusst wehren. Wissen wir nicht, wer uns verändert hat, können wir uns erstens nicht dagegen zur Wehr setzen und gehen zweitens letztlich davon aus, dass wir uns diese Verbesserung in unserem Leben selbst zuzuschreiben haben.

Ein besonders interessantes Phänomen an Gruppennormen ist, dass sich das Verhalten einer gesellschaftlichen Gruppe (z. B. Intellektuelle rauchen) in eine andere (z. B. nur Unterschichtangehörige rauchen noch) verschieben kann: Dem in diesem Beispiel von der Mittel- und Oberschicht ausgehenden Gruppendruck, nicht mehr zu rauchen, wird wenig entgegengesetzt – und bevor man wegen einer so unwichtigen Angewohnheit wie Rauchen von den eigenen Gruppenmitgliedern schief angesehen wird oder gar für ein Mitglied der wenig gemochten Gruppe angesehen wird, hört man lieber auf damit und hat – wie alle anderen auch – immer eine Flasche Wasser im Gepäck.*

Neben einer einzelnen Person kann uns also eine *soziale Norm* beeinflussen, die sich innerhalb einer sozialen oder gesellschaftlichen Gruppe ergeben hat. Besonders die sozialen Normen, die von unserer sozialen Gruppe, unserer Clique oder unserem Freundeskreis, aufgestellt werden, prägen und beeinflussen uns ab der Pubertät – stärker als etwa Eltern und Lehrer. So war mein Desinteresse an Sport zwar durch einen Lehrer ausgelöst worden, wurde aber vor allem durch die Clique, der ich mich innerhalb der Klasse angeschlossen hatte, nachdrücklich unterstützt. Wir Sportnieten lernten lieber Französisch als dafür eine Eins zu bekommen, dass »wir eine Schweinsblase in ein blödes Netz schossen«. Und wir zelebrierten jedes Jahr einen Churchill-

* Ähnliche Phänomene sind aus der Jugendkultur bekannt. Ein Modedesigner hat mir einmal gesagt: »Sobald 40-Jährige solche Frisuren haben wie Justin Bieber, wirst du diese Frisur bei 14-Jährigen nicht mehr sehen.« Bedeutet: Wenn ein ehemals geliebtes Verhalten von einer nicht geliebten Gruppe imitiert wird, lässt man es lieber bleiben.

»I hate sports«-Tag.* Gehört man einer Gruppe an, werden die dazu gehörenden Verhaltensweisen spielend gelernt, ohne dass man sich dessen unbedingt bewusst ist.

Ein Experiment, das ich zusammen mit Kai Epstude in Bremen durchgeführt habe, zeigt, wie wenig es häufig dazu braucht, um Gruppennormen zu lernen. Unter dem Vorwand, es gehe um eine motorische Geschicklichkeitsaufgabe, baten wir deutsche Studenten, Erdnüsse zu pulen, und zeigten ihnen vorher Beispiel-Videos mit anderen Studenten, die dasselbe taten. Der einen Hälfte der Probanden sagten wir, dass die Studenten in den Videos derselben Universität angehörten wie sie selbst, der anderen Hälfte, dass sie von einer anderen Hochschule kämen. Die in den Videos gezeigten Studenten richteten eine kleine Schweinerei beim Verzehr der Nüsse an: Sie krümelten Tisch und Boden voll und ließen die übriggebliebenen Schalen einfach liegen.** Und so verhielten sich auch unsere Versuchspersonen, wenn sie dachten, die Vorbilder wären Teil ihrer Gruppe. Glaubten sie jedoch, die Krümler kämen von einer anderen Universität, dann waren sie besonders reinlich, das heißt, sie taten genau das Gegenteil dessen, was die Leute aus der anderen, ihnen scheinbar fremden Gruppe vorher getan hatten. Diese Effekte waren den Versuchsteilnehmern aber nicht bewusst. Fragten wir sie, ob sie extra dasselbe oder das Gegenteil dessen getan hatten, was in den Beispiel-Videos zu sehen war, wussten sie nicht, worauf wir hinauswollten. Natürlich waren alle Versuchspersonen davon

* An diesem Tag musste man bis zum Abwinken Cola und Erdnussflips in sich reinstopfen und durfte sich nicht bewegen. Jaja, wir fanden das lustig, wir hatten damals noch kein Internet und nur drei bescheuerte Fernsehprogramme. Kann ich etwas dafür, dass ich in Ostwestfalen groß geworden bin?

** Die Schweinerei hielt sich in den gegebenen Grenzen, die so eine wohl nur für einen Ostwestfalen deutlich »unsaubere« Nuss eben produziert. In den Wohnzimmern Ostwestfalen-Lippes waren Erdnüsse jedenfalls schon immer verboten.

überzeugt, sich in ihrem Verhalten nicht beeinflusst haben zu lassen. Sie gaben vor, sie würden Erdnüsse immer in der Weise pulen.

Das spontane Imitieren des Verhaltens einer Gruppe, zu der man gehört, findet also unbewusst statt. Genauso wie man sich oft unbewusst von einer fremden Gruppe absetzt, deren Normen man grundsätzlich nicht teilt. Erstaunlicherweise bedurfte es in diesem Experiment aber keiner 400 Trainingseinheiten, um eine Verhaltensanpassung zu bewirken, sondern lediglich einer einzigen, weil das Verhalten offensichtlich an eine wichtige Gruppe gekoppelt war und deshalb schnell als Norm erkannt wurde. Das Befolgen von Gruppennormen ist uns Rudeltieren offensichtlich so in Fleisch und Blut übergegangen, dass es unser Verhalten im Nu verändern kann. Vermutlich liegt in unserem Gedächtnis eine tausendfach aktivierte Assoziation vor, »was *wir* machen, ist *gut*«, die zu einer prompten, automatischen und effizienten Anpassung unseres Verhaltens führt.

Soziale Normen bestimmen nicht nur, *was wir tun*, sie bestimmen auch, *wer wir sind*. Dies zeigte zumindest die oben angesprochene Untersuchung, in der viele Menschen von sich behaupteten, schüchtern zu sein. Tatsächlich wurden die Versuchsteilnehmer aber danach befragt, welche negativen Eigenschaften sie sich selbst eingestehen würden. Würden Sie in einem solchen Fall etwa zugeben, dass Sie aggressiv, unhöflich, blöd oder faul sind, selbst wenn Sie sich wirklich dafür hielten? Das wäre gegen die Norm Ihrer Gruppe, nehme ich an. Insofern ist eine Aussage wie »Ich bin schüchtern« wunderbar, denn sie hört sich ehrlich an, und darüber hinaus ist Schüchternheit eine der wenigen Eigenschaften, die zwar negativ konnotiert, aber dennoch sozial akzeptiert sind. Politiker verhalten sich ähnlich – wie oft haben wir gelesen, dass ihre schwachen Seiten Perfektionismus und Arbeitswut sind. Na, das tolerieren wir doch gerne!

Aus der Forschung zu Gruppennormen ziehe ich zwei Schlüsse:
1. Man braucht als Mensch nicht unendliche Trainingseinheiten,

um etwas zu lernen. Selbst neue Verhaltensweisen imitiert man, ohne nachzudenken, von Freunden und Gruppenmitgliedern und passt sich ihnen an. 2. Das Programm unseres Autopiloten ist uns nicht allein von außen aufoktroyiert, es kommt auch darauf an, in welchen Kreisen man sich bewegt. Krümeln meine Freunde mit Nüssen im Wohnzimmer herum, laufe ich Gefahr, das auch irgendwann in das eigene Programm zu integrieren.

Selbstregulation: Jenseits von Gut und Böse

Wir rauchen nicht mehr, legen uns weniger in die Sonne, kochen fettärmer: Sind alle Veränderungen immer gleich ein Fortschritt? Für viele meiner Kollegen ist Selbstregulation gleichbedeutend mit Selbstverbesserung. Das ist jedoch eine sehr kühne Behauptung. Denn wer weiß schon genau, was wirklich eine Verbesserung für den Menschen darstellt? Schließlich müssen Veränderungen nicht zwingend positiver Natur sein. Werte verändern sich im sozialen und kulturellen Kontext, und den psychischen Kräften, die uns bei der Veränderung unserer Verhaltensweisen unterstützen, wohnen keine moralischen Standards inne. Jemand, der sich wie ich als Schüler vom Sportunterricht befreien lässt, kann je nach kulturellem Umfeld als »schwieriges Kind, das sich nicht unterordnen kann«, gelten oder als jemand, »der schon in jungen Jahren selbstbestimmt« lebt. Und seine Abkehr vom Sport mag für sein Wohlbefinden Vorteile haben, für seine körperliche Entwicklung jedoch durchaus negative.

Schaut man sich sozialpsychologische Forschung genauer an, so sind Veränderungen zum Schlechten nichts Ungewöhnliches. Ein drastisches Forschungsergebnis der letzten Jahre lautet, dass aus einem vormals friedlichen Menschen durch sozialen Einfluss wie Bücher, Nachrichten, Kontakt mit anderen Menschen, ein traumatisches Ereignis etc. ein aggressiver Mensch oder sogar ein brutaler Terrorist werden kann. Die Offenheit unserer Persönlichkeit gegenüber der Umwelt birgt unweigerlich die Gefahr, sich von schlechten Vorbildern blenden zu lassen und sich in der Folge zum Negativen zu verändern. Wir sind weder mit einem Organ ausgestattet, das uns sagt, wem zu trauen ist und wem nicht, noch sind wir, die wir grundsätzlich zur Vernunft befähigt sind, gegen schlechte Entscheidungen gefeit.

So verbessern sich Gesellschaften keinesfalls fortlaufend. Nehmen wir ein harmloses Beispiel: die Arbeitswelt. Ich sitze – wie die meisten von uns heutzutage – viel zu lange am Computer, weil sich unsere Arbeitsbedingungen drastisch verändert haben und damit einhergehend auch (schleichend) unsere Einstellung zur Arbeit. Der Wettbewerb ist größer geworden, weniger Stellen stehen für mehr gut Ausgebildete bereit, und immer weniger Leute müssen immer mehr Arbeit leisten. Und weil diejenigen, die Arbeit haben, so froh darüber sind, finden sie sich mit diesen Gegebenheiten ab. Längst haben wir diese neuen Normen akzeptiert – jedenfalls sehe ich trotz größer gewordenen Stresses und abnehmendem sozialem Miteinander bei den wenigsten die Neigung, aktiv etwas daran zu ändern. Unter anderem bin ich deshalb in die Niederlande gezogen, weil ich hoffte, dass es dort «gezelliger« zugeht. Und obwohl dies aus mehreren Gründen sicherlich ein Akt der Selbstregulation hin zu einem besseren Leben war, sollte man sich nichts vormachen. Auch hier beherrschen Stress und Konkurrenzkampf zunehmend den Arbeitsalltag.

Wir verändern uns also, mal zum Guten, mal zum Schlechten; mal bewusst, mal unbewusst. Unsere Psyche leistet dabei Gewaltiges, indem sie uns die Anpassung an bestimmte, sich ständig ändernde Verhältnisse erleichtert und uns an unsere Ziele führt. Unbewusste Anpassungsprozesse ersparen uns Nachdenken und die Verschwendung mentaler Energie. Zusätzlich haben wir die Möglichkeit, selbst tätig zu werden und uns oder unsere Situation aktiv zu ändern. In dem Moment, wo es mir zu uncool wird, kann ich aufhören, mir Brote für die

Mittagspause zu schmieren; oder ich kann meine Rechte als Arbeitnehmer geltend machen, in ein anderes Land ziehen und dergleichen mehr. Ich kann auch prinzipiell versuchen, die Welt zu ändern. Warum dies allerdings die wenigsten versuchen, wird in Prinzip 7 genauer behandelt werden.

Aktiv oder passiv Brote schmieren?

Wie wir gesehen haben, gehen viele Veränderungen von Verhaltensweisen mühelos und fast unbewusst vonstatten. An dem Tag, an dem ich entdeckte, dass ich Käsebrote schmierte wie alle anderen Niederländer auch, habe ich mich über mich selbst amüsiert. Die Welt verändert sich, und wir verändern uns mit ihr, *werden* verändert, passen uns an oder *werden angepasst* und funktionieren trotzdem wie am Schnürchen. Auch dies basiert teilweise auf unserem Gedächtnis, das Neues (wie z.B. Käsebroteschmieren) speichert und mehr und mehr mit unserem Selbst verknüpft.

Allerdings haben wir meistens den Eindruck, uns für das, was wir tun, selbst entschieden zu haben. Die Vorstellung, von anderen Menschen und Faktoren beeinflusst zu werden, ist uns unangenehm. Schließlich strebt jeder Mensch nach Freiheit und will Kontrolle über sich und andere haben. Wir wollen die Agenten unseres Handelns sein! Wie aber lässt sich erklären, dass wir offensichtlich manchmal von außen beeinflusst werden und doch überzeugt davon sind, selbst Herr über unsere Taten zu sein?

Daryl Bem hat in seiner Selbstwahrnehmungstheorie die These aufgestellt, dass wir uns manchmal auf eine bestimmte Art und Weise verhalten, ohne uns bewusst dafür entschieden zu haben, und aus diesem Verhalten dann schließen, dass wir es tatsächlich so tun wollten. Um Ihnen ein Beispiel zu geben: Wenn ich auf einem Kongress, ohne groß darüber nachzudenken, eine Suppe löffele, mich dabei angeregt mit Daryl Bem unterhalte und er mich fragt: »Schmeckt's?«, dann schlussfolgere ich aus diesem Verhalten, dass es mir wohl schmecken muss. Ansonsten würde ich die Suppe ja nicht essen. Ich esse sie aber nicht, *weil* sie mir schmeckt; ich habe mich nicht dazu entschlossen, sie zu essen, weil ich Lust auf sie hatte oder sie unbedingt probieren wollte. Nein, irgendein Kellner hat sie vor mich hingestellt, weil sie Teil des Kongressmenüs ist. Ich habe mich unterhalten und sie nebenbei gegessen – das machen hier alle so, es ist die soziale Norm. Den Grund für mein Verhalten schließe ich aus dem *Verhalten* – für das ich mich nicht entschieden habe. Ich nehme mich selbst dabei so wahr, wie es jemand anders tun würde: Wer so viel Suppe in sich reinschaufelt, der *muss* sie auch mögen. Wer sich täglich Käsebrote mit ins Büro nimmt, *muss* sie einfach gerne essen.

Selbst wenn wir verändert *werden*, haben wir doch den Eindruck, uns aktiv zu verändern. Und wenn man partout an der Idee der Persönlichkeit festhalten will, kann man sich sagen: Tief in mir habe ich schon immer Käsebrote gemocht, und jetzt im schönen Amsterdam ist diese Leidenschaft aus mir herausgebrochen. Nach Bem ist das allerdings eher eine Schlussfolgerung und somit lediglich eine schöne Geschichte, an die ich glaube. Manchmal ist der freie Wille eine reine Illusion.

Nudeln, Brausegetränke – alle von Sinnen

Soziale Normen führen zu Voreinstellungen, also Vorlieben, die zu unserem Selbst gehören und schnell ein Eigenleben führen. Wie aber ist es mit unseren Sinneseindrücken oder den Gefühlen, die »mehr aus dem Bauch kommen«? Sind nicht wenigstens sie untrüglich? Sprechen wir doch wieder einmal über Nudeln. Wie ich in meinem letzten Buch bereits verraten habe, hege ich Vorurteile bezüglich deutscher und italienischer Nudeln. Italienische schmecken mir einfach besser! Immer wenn ich vor einem

Nudelregal stehe, greife ich, ohne zu zögern, zu den italienischen und niemals zu den deutschen. Woher kommt diese Vorliebe? Warum glauben wir, dass italienische Nudeln die besseren sind? Man könnte sagen: Italienische Pasta ist einfach besser, basta! Und ich sehe mich dem sofort zustimmen. Tatsächlich glaube ich fest daran; diese Ansicht gehört zu meinem Selbst, *ich* bin davon überzeugt: Italienische Pasta *ist die beste.* Auf den Nudelpackungen in meiner Küche prangen deshalb italienische Namen, Flaggen und Farben. Ich weiß, was ich zu mir nehme. Ein zweifelhaftes Glück, denn in diesem Falle ist meine Voreinstellung untrennbar mit dem Sinneseindruck verschmolzen und verfälscht möglicherweise mein Urteil. Verändert mein Wissen, dass ich italienische Nudeln esse, den Sinneseindruck, oder sind Gefühle und Sinne untrüglich?

Ich habe deshalb mit Freunden spaßeshalber einmal Blindtests durchgeführt. Habe zum Beispiel zwei Weine geöffnet und die angeblichen Weinkenner gefragt, welcher der bessere sei. Findet so ein Test mit verbundenen Augen statt, ist tatsächlich kaum jemand in der Lage, den qualitativ hochwertigeren, teureren zu erschmecken, aber fast alle behaupten, sie könnten es.* Genauso ist es mit Butter. Die teuerste Butter war von einer billigen aus dem Discounter nicht zu unterscheiden. Und in einem Nudelblindtest fand ich die deutschen Nudeln genauso gut wie die italienischen. Demnach scheint unsere Sinneswahrnehmung von Vorurteilen, also stark verankerten Vorlieben, die oftmals

* Im Jahre 2009 gab es einen Aufstand von Weinprüfern, als einige Winzer eine Blindverkostung forderten. Die Weinprüfer sträubten sich, sie meinten, zu einem Wein gehörten auch das Label und Informationen zu seiner Herkunft etc. Hatte da jemand Angst, seinen Job zu verlieren? Interessanterweise konnten einige Tester im Blindversuch nicht einmal Rot- von Weißwein unterscheiden. Glauben Sie nicht? Testen Sie das mal, aber bitte nur an sich und nicht an anderen! Manch ein Weinkenner kann sehr ungemütlich werden, wenn man ihn dergestalt vorführt.

auf gesellschaftlich vermittelten Annahmen beruhen, geleitet zu werden.

Es gibt wissenschaftliche Untersuchungen, die zeigen, dass Versuchspersonen Pepsi nicht von Coke unterscheiden können, wenn sie nicht wissen, was sie trinken. Genauso wenig wie sie die kalorienreduzierte Variante vom Original auseinanderhalten können. Geben Sie es zu! Auch Sie hätten gedacht, dass Sie dazu imstande sind. Genauso wie ich. Ich hasse Cola light. Aber wenn ich einen Blindtest mache, dann habe ich bei zwanzig Selbstversuchen gerade mal eine Trefferquote von zehn. Das sind 50%. Und 50% ist die Zufallswahrscheinlichkeit. Mit anderen Worten: Ich schmecke den Unterschied nicht. Interessanterweise fanden die Wissenschaftler bei einem dieser Cola-Blindtests heraus, dass Pepsi generell für schmackhafter gehalten wurde als Coke. Das galt jedoch nicht, wenn die Versuchsteilnehmer wussten, was sie tranken: Diejenigen die schon immer Coke-Fans waren, zogen Coke vor, während die Pepsi-Fans im Brustton der Überzeugung sagten: »Ist doch klar, das ist Pepsi, die habe ich schon immer lieber gemocht.«

Weitere Cola-Untersuchungen kamen zu dem Befund, dass die Colasorte ein wichtiges Identitätsmerkmal von Gruppen amerikanischer Jugendlicher ist, an denen diese Studien durchgeführt werden. Pepsi-Trinker finden Coke-Trinker spießig, und umgekehrt halten Coke-Trinker Pepsi-Trinker für un-amerikanisch. Einige Schulen und Betriebe identifizieren sich sogar öffentlich mit einer Colasorte; das kann so weit führen, dass einige Fanatiker die andere Sorte gewalttätig diskriminieren, indem sie zum Beispiel die Automaten demolieren. Cola ist also in den U.S.A. ein starkes Symbol für eine bestimmte Identität, und wenn die Mehrheit der Freunde Coke trinkt, schwört man selbst irgendwann auch auf diese Sorte brauner Brause und verachtet die andere (wobei man, ich betone es noch einmal, mit geschlossenen Augen vielleicht zu einem ganz anderen Ergebnis käme).

Es gibt Untersuchungen von Norbert Schwarz und Kollegen, in denen man Autofahrer danach gefragt hat, wie glücklich sie waren, als sie das letzte Mal hinter dem Steuer saßen. Die Probanden erinnerten sich etwa an ihre letzte Fahrt zum Supermarkt oder daran, wie sie ihre Kinder zum Ballett gebracht hatten. Für das Glücksgefühl, so das Resultat, machte es dabei keinen Unterschied, ob sie in einem BMW oder in einer weniger luxuriösen Karosse gefahren waren. Lenkte man die Aufmerksamkeit der Autofahrer jedoch subtil auf die Automarke, indem man sie zunächst bat, diese aufzuschreiben und sich erst dann die letzte Fahrt mit dem Wagen ins Gedächtnis zu rufen, fühlten BMW-Fahrer sich eindeutig glücklicher als diejenigen, die eine alte Möhre besaßen.

Voreinstellungen, man könnte auch sagen: Einbildungen, prägen unsere Vorlieben und beeinflussen, wie diese Studie zeigt, sogar unsere Stimmung. Wir denken, in einem BMW müssten wir uns gut fühlen, und schon fühlen wir uns gut. Halten wir also fest, dass sich soziale Normen, gesellschaftliche Werte und Vorurteile maßgeblich auf unsere Entscheidungen, unser Verhalten und sogar auf unsere Empfindungen und Gefühle auswirken können.

Verändere dich jetzt!

Was wir daran sehen, ist, wie sehr unser gesamtes psychisches System auf Veränderung abzielt, wie empfänglich es für direkten, aber auch indirekten Einfluss ist. Schon eine kleine Veränderung am Etikett, nur ein kleiner Hinweis, der gute oder schlechte Assoziationen weckt, können zu einem völlig anderen Sinneseindruck führen, und die Tatsache, dass Gruppenmitglieder ein bestimmtes Verhalten zeigen, animiert uns zur Nachahmung. Die wenigsten von uns werden auf Anhieb erkennen, welche Chancen ein solches System bietet. Vielmehr ist uns Veränderbarkeit, vor allem wenn sie von außen bewirkt wird, oft nicht geheuer. Veränderung hat einen Beigeschmack von Manipulation – und der Gedanke, wie eine Marionette zu sein, ist uns zuwider. Lieber wollen wir frei sein, eine Persönlichkeit sein, die selbstbewusst von sich behaupten kann: »Ich will einen älteren Mann!« oder »Ich brauche morgens eine Tasse Kaffee.« oder »Ich liebe Obama!« oder »Ich hasse Mallorca.« Aber eine Persönlichkeit, so sehr man sie selbst erschaffen kann, ist immer auch ein soziales Produkt. Viele von uns ertragen jedoch lieber den Vorwurf, auf einer Ansicht zu beharren, als den Anschein zu erwecken, wie ein Fähnlein im Wind zu sein. Dies ist nicht notwendigerweise vernünftig: Das sture Beharren auf bestimmten Ansichten ist unflexibel – und häufig sogar dumm. Im Übrigen ist es oft in demselben Maße auf soziale Einflüsse zurückzuführen wie Veränderung. Selbst der Exot folgt häufig lediglich der Minderheitsgruppe der Exoten oder Rebellen; und auch dies geschieht, ohne dass man den Eindruck hat, einem sozialen Einfluss zum Opfer gefallen zu sein.

Von guten und von schlechten Rudeln

Gewissermaßen »blind« einer sozialen Norm zu folgen mag uns Deutschen wegen unserer unrühmlichen Geschichte im 20. Jahrhundert tatsächlich als besonders gruselig und gefährlich erscheinen. In anderen Kulturen sind soziale Normen viel weniger negativ belegt. In den Niederlanden erlebe ich tagtäglich, dass das in Deutschland so verschrieene Rudelverhalten gar keinen so schlechten Ruf genießt. Bummeln Sie einmal durch Amsterdam und schauen Sie – wie alle anderen deutschen Touristen auch – den Einwohnern der Stadt schamlos in ihre Wohnungen. Sehen die nicht alle gleich aus?

Im letzten Jahr regte ein niederländisches Modemagazin an, vier gleiche Vasen mit jeweils vier gleichen Blumen ins Fenster zu stellen. Allein im Grachtengürtel zählte ich über 25 Fenster, die solchermaßen dekoriert waren. Im Winter 2010 gab es keine Studentin ohne hohe Stiefel, es ist kein Vorurteil, wenn man denkt, dass Niederländer gerne Camping-Urlaub machen, ich kenne kaum jemanden, der ein Hotel vorziehen würde, und wenn man in einem niederländischen Chatroom versucht, um 18 Uhr Kontakte zu knüpfen, sucht man vergebens. Dann sind alle, aber auch alle beim Abendessen. Ich habe den Eindruck, dass in diesem kleinen Land recht unverkrampft mit sozialen Normen umgegangen wird. Weil man stolz darauf ist, Niederländer zu sein, hält man sich gerne an die Regeln.*

Allerdings werden neue Regeln in den Niederlanden gerne miteinander abgesprochen. Ich war ziemlich überrascht, wie häufig hier irgendwelche Nachbarschaftsabstimmungen stattfinden zu Fragen wie: »Sollen wir die Müllsäcke sonntagabends oder montagmorgens rausstellen?« oder »Wollen wir weiterhin Prostituierte in unserem Grachtengürtel dulden, oder verliert das Viertel dann zu sehr an Wert?« Und bevor ich eine Neuerung an der Universität durchsetzen kann, muss ich erst Hinz und Kunz davon überzeugen. Der Vorteil daran: Es entsteht nicht das Gefühl, man müsse sich einem Gruppendruck unterwerfen, sondern handele freiwillig. Man schafft sich die Normen selbst und lebt dann danach; dies ist eine Möglichkeit, einer Fremdbestimmung zu entkommen. Erst gestern habe ich zähneknirschend, aber ohne großen Groll dem netten Zivilbeamten 200,- Euro Strafe gezahlt, weil ich die Abfallsäcke einen Tag früher als abgemacht rausgestellt hatte. Ich habe eingesehen, dass dies ein asoziales Verhalten war, weil ich noch kurz vorher

* Natürlich sind solche Verhaltensweisen nicht »typisch niederländisch«, sie finden sich viel mehr in allen Gesellschaften, in denen soziale Normen das Alltagsleben bestimmen. In deutschen Dörfern, so habe ich mir sagen lassen, fand man in einem Winter in vielen Vorgärten beleuchtete Elche, die im anderen Jahr durch riesige Plastikweihnachtsmänner, die an Häuserfassaden hingen, abgelöst wurden. Danach waren Lampen mit Bewegungsmeldern en vogue.

mit einer Nachbarin darüber gesprochen hatte, wie wichtig es ist, dass unsere Straße schön aussieht.

Niederländer lieben Gruppen, sie mögen es gerne »gezellig«, und so lässt sich auch das merkwürdige Phänomen erklären, warum sich an allen Urlaubsorten der Welt stets Niederländer zusammenfinden, um gemeinsam niederländisches Bier zu trinken und Fritten mit Majo zu essen. Die deutsche Journalistin Annette Birschel führt sogar die alltäglichen Staus vor Amsterdam auf das Rudelverhalten der Niederländer zurück: Weil man so gerne das tut, was alle tun, fährt man eben gerne auch zum selben Zeitpunkt los wie alle anderen und empfindet den Stau als gar nicht so unangenehm – ist doch »gezellig«! Auch in vielen asiatischen Ländern sind Gruppennormen und das Befolgen gesellschaftlicher Regeln etwas ausgesprochen Positives. Oder haben Sie schon einmal in Singapur einen Einheimischen allein in einem Restaurant gesehen? Wenn der indirekte und direkte Einfluss von Normen so stark ist, was ist also dran am Rudelverhalten?

Vom Nutzen des Rudeldaseins

Das Rudeltierdasein ist im Gegensatz zum Einzelgängertum von Vorteil – auch wenn es uns schwer fällt zu begreifen vor dem Hintergrund unserer unheilvollen Geschichte oder des Trends, etwas Besonderes sein zu wollen. Vieles, was unsere Kultur und letztendlich uns als Menschen ausmacht, wäre ohne die Zusammenarbeit von mehreren nicht möglich gewesen; das reicht vom Bau der Pyramiden bis hin zu den neuesten technischen Entwicklungen. Wir sind als Rudeltier geboren, und dementsprechend sind wir daran interessiert, dass alle die Regeln befolgen und wir positiv von unseren Gruppenmitgliedern beurteilt werden. Tun wir etwas, das die Gruppe von uns erwartet, »schwimmen wir mit dem Strom«, befriedigen wir wichtige Bedürfnisse: das

Gefühl, von Gleichgesinnten akzeptiert zu werden, das Gefühl, ein wertvolles Mitglied einer Gruppe oder einer Gesellschaft und damit nicht allein zu sein, das Gefühl, dass die Werte, die man vertritt, eine gewisse Berechtigung haben, weil sie ja von anderen geteilt werden. Insgesamt gibt uns die Übereinstimmung der eigenen Ansichten mit den sozialen Normen ein Gefühl der Sicherheit und Akzeptanz.

Neben Schutz und Anerkennung können wir in der Gruppe noch ein anderes, entgegengesetztes Bedürfnis befriedigen, nämlich im Rahmen der Gruppennormen etwas Besonderes zu sein und unsere Eigenarten auszuleben. Wie die Forschung gezeigt hat, schätzen Gruppenmitglieder Eigenarten und nehmen uns viel mehr als Individuum wahr als Mitglieder einer Außengruppe, vorausgesetzt, wir halten uns im Großen und Ganzen an die sozialen Normen.

So kommt es auch, dass wir denen, die gewissermaßen unsere Alpha-Tiere sind und unsere Gruppennormen offenbar perfekt befolgen, mehr individuelle Freiheiten zugestehen. Ich muss mich nur selbst anschauen. Jetzt, wo ich mich als Professor etabliert habe und damit die soziale Leistungsnorm unserer Gesellschaft zur Genüge erfüllt habe, kann ich mir sehr viel mehr erlauben als zu der Zeit, wo ich auf Jobsuche war. Blaue Haarsträhnen, in Trainingshose zum Meeting erscheinen oder zu spät kommen – alles kein Problem mehr, seit ich Professor bin. Wer sich bisher an die Regeln gehalten hat und nun unweigerlich dazugehört, der darf sich auch mal einen Spleen erlauben. Und so erklärt sich auch, warum Statushöhere manchmal selbst vor Machtmissbrauch nicht haltmachen und dabei oft nur mit einem blauen Auge davonkommen. Was musste Herr Berlusconi sich alles zuschulden kommen lassen, bis er endlich aus seiner Gruppe ausgeschlossen wurde? Untersuchungen zu sozialer Macht von Gerben van Kleef erlauben den Schluss, dass man, solange man unten auf der Karriereleiter steht, möglichst alle wissen lässt, dass man einer von ihnen ist und die Spielregeln beherrscht, während man weiter oben auf der Leiter die Freiheiten, die man hat, (natürlich in Maßen!) entsprechend ausnutzen darf.

Interessant ist, dass die Menschen in vielen unserer Experimente, von denen später noch ausführlicher die Rede sein wird, grundsätzlich mehr oder weniger unbewusst sozialen Normen und Regeln folgen, statt gegen sie anzugehen. Zwar ist es menschlich, etwas Besonderes sein zu wollen, was wir landläufig ja unter »Persönlichkeit« oder »Selbst« verstehen. Aber diese Ausnahmen bewegen sich immer in einem akzeptierten Rahmen. Nur sehr, sehr wenige Menschen (auch die Deutschen nicht) halten es aus, vollkommen anders, und damit isoliert zu sein. Eine unbewusste Anpassung hat zwei Vorteile: Wir passen uns an, werden also gemocht und fühlen uns sicher und merken nicht, dass wir beeinflusst werden. Anders gesagt: Wir halten die Illusion unserer Autonomie aufrecht.

I am what I am?

Kann man nun sagen, dass wir Menschen gar nicht zu unbeeinflussten Urteilen fähig sind? Dass wir nur Spielball anderer sind? Und vollkommen von äußeren Einflüssen regiert werden, so dass drei Buchstaben auf der Kühlerhaube stärker wirken als unser Verstand? So wird diese neue sozialpsychologische Forschung zum Unbewussten von vielen (übrigens auch von vielen Kollegen) verstanden: Wir sind automatische Mitläufer, und diese Forschung zeigt vor allem Urteils*fehler* auf. Warum aber taucht dann gerade diese Forschung in einem Buch auf, das das Geniale der Selbstregulation aufzeigen will?

Zunächst sollten wir festhalten, dass die Beeinflussbarkeit ihre Grenzen hat. So wissen wir aus der Forschung, dass eine Verhaltensänderung schwieriger ist, wenn eine Person ihre Meinungen und Ansichten fest und konsistent im Langzeitgedächtnis verankert hat. Je stärker jemand etwa Nazis oder Rinderzunge hasst, umso schwieriger ist es, ihn davon zu überzeugen, die NPD zu wählen oder Rinderzunge wenigstens einmal zu probieren. Dazu sind die Abneigungen zu stark in unserem Gedächtnis abgespeichert und zu sehr an eine starke Emotion gekoppelt. Sie machen den Kern unserer Persönlichkeit aus.

Zwar esse ich heute – anders als vor zwanzig Jahren – Käsebrote und treibe mehr Sport, aber natürlich sind andere, wichtigere Einstellungen so stabil in mir verankert, dass sie meine Freunde vor allzu vielen Überraschungen bewahren. Dieser Kern meiner Persönlichkeit verleiht meiner Person eine gewisse Vorhersehbarkeit – auch wenn und obwohl ich in den letzten Jahren viel umgezogen bin und den unterschiedlichsten Denk- und Lebensweisen ausgesetzt war. Mein Interesse am Lesen, an Musik, an gesellschaftlichen Themen, meinen Freunden ist seit vielen Jahren gleich geblieben. Viele dieser Vorlieben sind emotional verankert. Sie bereiten mir eine solche Freude und gehören so sehr zu meinem Leben, dass ich nicht auf sie verzichten kann und trotz häufiger Ortswechsel auch gar nicht muss – denn sie ziehen mit um. Auf einen solchen Kern unseres Selbsts wirken sich Einflüsse aus der Umwelt kaum aus.

Neben diesen ausgeprägten Vorlieben oder Meinungen gibt es allerdings jede Menge Ansichten, die uns nicht so wichtig sind oder bei denen wir uns »so dazwischen« bewegen. Käse- oder Marmeladenbrot, Pommes frites oder Bratkartoffeln, Geranien oder Petunien auf dem Balkon, schwarzes Kleid oder roter Rock, Urlaub auf Mallorca oder Rügen – wer bräche für solche Entscheidungen einen Streit vom Zaun? Wenn man keine feste Meinung bezüglich solcher Alternativen hat, lässt man sich viel leichter von der Farbe einer Verpackung, Trends, den Kommentaren des Partners, einer originellen Werbung oder anderen Oberflächlichkeiten verführen. Aber natürlich auch durch neue relevante Informationen wie: »Pommes Frites enthalten krebserregende Stoffe«, »Leute, trinkt mehr Wasser!« oder »Die Folgen der Sonneneinstrahlung wurden lange unterschätzt«.

Das gilt auch für politische Meinungen. Viele von uns sind Wechselwähler, was bedeutet, dass wir keine so starke Meinung gegenüber einer Partei haben, als dass man sie nicht ändern könnte. Eine wechselnde Informationslage, ein neuer, attraktiver Kandidat, eine Stimmung, in der man sich gerade befindet, eine gute Kampagne, die sich verändernde Meinung der eigenen Clique oder andere flexible soziale Faktoren beeinflussen Wechselwähler – bewusst oder unbewusst – viel mehr als Leute, die treu und unermüdlich immer dieselbe Fahne schwenken. Sie wiederum werden durch eine Gruppennorm bei der Stange gehalten.

Generell liegt in der Anpassungsfähigkeit eine große Chance. Vielleicht ist es das, was Wolf Biermann mit seinem berühmten Zitat meinte: »Nur wer sich ändert, bleibt sich treu.« Die Tatsache, dass Veränderbarkeit zu unserem Grundinventar gehört, bedeutet auch, dass wir unser Leben selbst in der Hand haben. Ich kann jederzeit damit aufhören, Sport zu treiben, wenn neueste wissenschaftliche Erkenntnisse zeigen sollten, dass stattdessen tägliche Besäufnisse lebensverlängernd sind, oder mir das Gehampel mit den Gewichten zu sehr auf die Nerven geht. Freunde von mir haben jahrelang keine italienischen Nudeln gekauft, weil sie keine Produkte mehr aus einem Land kaufen wollten, in dem Berlusconi lange regierte. Wir sind Veränderung.

Die Kraft der Veränderung wird grundsätzlich unterschätzt, während die Idee der Persönlichkeit, des unveränderlichen Selbst, tendenziell überschätzt wird. Verhalten, so sagte der Begründer der Sozialpsychologie, Kurt Lewin, ist immer eine Funktion aus Persönlichkeit und Umwelt. Noch fast hundert Jahre später erfüllt uns diese Einsicht mit Grausen – wie gerne würden wir den Einfluss der Umwelt möglichst gering halten und wenn, dann bewusst entscheiden, wann wir uns verändern und wann nicht. Ich werde Ihnen zeigen, wie Sie die bisher gewonnenen Einsichten für sich nutzen können.

Kurz gefasst

Menschen mögen Veranlagungen mitbringen, aber unser Selbst ist weniger stabil, als man annehmen könnte. Das Stabile am Selbst ist das Veränderbare. Und da wir Gruppentiere sind, sind es neben eigenen Erfahrungen vor allem andere Menschen, die uns verändern. Sie können uns durch Feedback oder Anreize motivieren oder demotivieren. Sie können uns wissen lassen, was sie von uns halten, was wir sind und was wir können. Sie können uns durch schlechten Unterricht dazu bringen, das Interesse an einem Fach zu verlieren, sie können uns vermitteln, wie intelligent oder schüchtern wir sind und ob wir Autofahren können oder nicht. Sie können aber auch einen offenen Gruppendruck ausüben. Gesellschaften oder Gruppierungen können soziale Normen festlegen. Sie können zu Stereotypen führen (»Deutsches Bier ist klasse« und »Professoren sind schlau«), die wir übernehmen. Soziale Normen und Stereotype können zudem auch außerhalb des Bewusstseins unser Verhalten bestimmen. Dies ist praktisch, weil das Befolgen sozialer Regeln automatisch unser Bedürfnis nach Zugehörigkeit befriedigt und eine Anpassung an eine soziale Situation erleichtert. Indes führt es notwendigerweise auch zu einer Manipulierbarkeit, die uns beängstigend vorkommen mag. Manipulierbar sind wir vor allem dann, wenn wir keine starke Meinung gegenüber einem Menschen oder einem Produkt haben, und es ist anzunehmen, dass dies in der Mehrzahl der Situationen der Fall ist. Wir dürfen jedoch nicht vergessen, dass wir soziale Normen als Mitglieder einer Gesellschaft mit festlegen und verändern können. Normen können verändert werden und haben erst *danach* eine unbewusste Wirkung auf uns. Und übernommene Einstellungen bestimmen vor allem dann unbewusst unser Verhalten, wenn sie uns sozusagen in Fleisch und Blut übergegangen sind.

Das Selbst kann als Gedächtnissystem aufgefasst werden, in dem unsere Gedanken, Meinungen, Pläne, Ziele, Verhaltensweisen, Emotionen, Einstellungen und wichtige Personen, kurz alles über uns, abgespeichert ist. Manche Gedächtnisinhalte sind uns bewusst, manche weniger. Die in unseren Köpfen abgespeicherten Assoziationsketten können uns, einmal aktiviert, wie ein Autopilot ohne viel Nachdenken durch den Alltag manövrieren. Beim Programmieren sind wir teilweise selbst unmittelbar beteiligt (autos = selbst) oder mittelbar als Mitglied einer Gesellschaft, die einen weiteren entscheidenden Einfluss auf das Programm hat. So ist es durchaus möglich, dass die Gesellschaft an unseren Programmen mitwirkt, sich also in unser eigenes System »hackt«. Bestimmen wir die Normen jedoch aktiv mit, verhalten wir uns unbewusst gemäß *unseren* Normen. So werden wir wieder Gestalter.

Wir können Gedächtnisinhalte hinzulegen und verändern, wir können vergessen, und wir können alte Spuren wieder aktivieren. Die Gedächtnisinhalte, die im Langzeitgedächtnis gespeichert sind und oft und stark aktiviert werden, können wir als Selbstkonzept bezeichnen, manche würden hier auch schlichtweg den Begriff Persönlichkeit gebrauchen. Gemeinhin spricht man davon, dass ein verstorbener Mensch dann nicht mehr existiert, wenn er nicht mehr in irgendeiner Erinnerung oder in irgendeinem Gedächtnis präsent ist. Ein Mensch, der sich nicht mehr an sich erinnert, verliert demnach, noch während er lebt, einen wichtigen Teil seines Selbst.

Vor allem aber sollten Sie nun bereit sein für eine Veränderung. Brauchen Sie jeden Abend ein Glas Wein oder jeden Morgen Nutella? Quatsch. Brauchen Sie Ihre Zigaretten? Quatsch. Sind Sie jemand, der gerne Konflikten aus dem Weg geht, weil er es in der Kindheit nicht anders gelernt hat? Quatsch. Müssen Sie in Ostwestfalen-Lippe wohnen? Niemals. Vergegenwärtigen Sie sich, dass Sie sich Geschichten über sich erzählen und Ihr eigener Autor sind. Was andere über uns erzählen, kann genauso falsch sein wie das, was wir uns über uns selbst erzählen. Machen Sie doch einfach einmal etwas, wovon Sie denken, das würde Sie interessieren, und von dem alle sagen, Sie hätten kein Talent dazu. Oder machen Sie etwas, wovon Sie denken, dass es Sie eigentlich nicht interessiert. Gehen Sie zu einem Fußballspiel in die Eckkneipe oder schauen Sie RTL, besuchen Sie einen russisch-orthodoxen Gottesdienst, kaufen Sie sich eine CD, deren Cover finster aussehende Jugendliche mit Piercings im Gesicht zeigt, oder suchen Sie das Gespräch mit dem merkwürdigen Nachbarn. Sie haben nur ein Leben.

Wenn Sie auf eine größere Veränderung Lust haben, dann lesen Sie zunächst noch etwas weiter. Die Sozialpsychologie kann Ihnen nämlich auch zeigen, *wie* man seine Träume anpackt – und dabei vermeidet, Schiffbruch zu erleiden.

PRINZIP 2

Annähern und Vermeiden: Im Sturzflug drauf zu oder lieber ein bisschen sachter?

IchundIch hat immer Recht. Warum meine Mutter ein fliegendes Leberwurstbrötchen vergessen hat. Von der rosa Brille und wann wir sie wieder absetzen. Wann wir unseren Idealen ziemlich nahe kommen und wann wir unseren Pflichten nachgehen. Von Zö von der Ziegenburg und Mark-Rüdiger, der nichts zu lachen hatte. Von menschlicher Kreativität und analytischem Denken, schnellem, aber schlampigem Verhalten, Lippenstiften und Kondomen. Und wieder mal vom Käse.

Meine Mutter schüttelte den Kopf: »Weißt du, wie lange ich für so ein Paar Schuhe arbeiten muss?« Ihr Blick drückte Unverständnis aus, gepaart mit mütterlicher Sorge. »Und warum müssen sie unbedingt knallgelb sein? Warum machst du uns nur das Leben so schwer?« Jetzt mischte sich gar Traurigkeit in ihre Aufregung. Ich schrie sie an: »Soll ich etwa so rumlaufen wie ihr? So wie alle Leute hier? Die Jacke außen blau und unauffällig und innen fellgefüttert? Die Hosen beige oder hornhautfarben? Die Schuhe braun mit so einer beschissenen Fettnaht? Beige Socken? Soll ich etwa beige Socken anziehen?*« Ich war 16 Jahre alt, wir schrieben das Jahr 1981, und statt einer Antwort schmiss mir meine Mutter weinend und außer sich vor Wut ein Leberwurstbrötchen an den Kopf. Dann verschwand sie in ihrem Zimmer. So wütend habe ich sie selten erlebt.

* Der letzte Schrei waren damals weiße (!) Socken. Liebe Männer, das ist jetzt 30 (!) Jahre her!

Was folgte, war wenig später ein »vernünftiges Gespräch«. »Jens, du kannst irgendwann machen, was du willst, aber solange du deine Beine unter unseren Tisch stellst, können wir von dir ein bisschen mehr Verständnis für uns verlangen. Du fährst morgen sofort nach Bielefeld und bringst die Schuhe zurück. Für das Geld kaufst du dir das Lexikon, das du dir seit Monaten wünschst. Wir leben in Ostwestfalen-Lippe. Und hier laufen die Leute nicht so rum wie Hollywoodstars.«

»Ich will aber nicht aussehen wie Leute in Ostwestfalen-Lippe. Und es ist mir egal, was die über mich denken. Ich ziehe das an, was ich schön finde, und damit basta!«

»Was willst du dir denn beweisen?«

»Nichts.«

»Aber du willst damit doch provozieren!«

»Nein, ich will einfach nicht so scheiße aussehen wie all die anderen hier.«

»Danke.«

»Ich will dich nicht beleidigen, du kannst dich jeden Tag genauso beige und blau anziehen wie alle anderen hier auch. Ich zeige nicht auf dich und sage: Wie sieht die denn aus? Die anderen sind mir egal. Aber sie sollen auch mich in Frieden lassen. Ich will so rumlaufen, wie ich will.«

Dann betrat mein Vater den Raum.

»Du bringst morgen die Schuhe nach Bielefeld zurück. Schließlich will ich auch in Zukunft noch Öl verkaufen. Du wirst das noch nicht verstehen, aber man muss sich anpassen. Man kann nicht einfach das machen, was man will. Meinst du, ich höre mir morgen beim Stammtisch an, mein Herr Sohn ist schwul? Die Schuhe kommen zurück, ich habe schließlich eine Familie zu ernähren. In Lübbecke und nicht in Hollywood.«

Sicherlich haben viele von Ihnen ähnliche Erlebnisse während der Pubertät gehabt. Ob es nun ein Hobby war, eine politische Richtung, die den Eltern missfiel, oder die Tatsache, dass man heimlich rauchte – in diesem Lebensabschnitt will man sich selbst spüren, und das kann man am besten, indem man gegen den Strom schwimmt. Kanarienvogelgelbe Schuhe in Ostwestfalen-Lippe sind da eine gute Lösung.

Interessanterweise haben meine Eltern diese Szene vergessen. Sie erinnern sich weder an das durch die Küche fliegende Leberwurstbrötchen (»Das hat es bei uns nicht gegeben!«) noch an das Geschrei. Lediglich ein konstruktives Gespräch ist ihnen im Gedächtnis geblieben, wie es angeblich im Hause Förster üblich war. Und es kommt noch besser: Während meine Mutter Stein und Bein schwört, dass ich die Schuhe zurückgebracht habe, behaupte ich steif und fest, dass ich den Kampf gewonnen und die Schuhe behalten habe.

Menschen erinnern sich an das, woran sie sich erinnern wollen. Und häufig erinnern sie sich in einem sehr vorteilhaften Licht daran. So meint meine Mutter zum Beispiel, dass es bei uns täglich eine breite Palette von Wurst und Käse zum Abendessen gab – während ich mir sicher bin, dass neben der Leberwurst immer dieselbe Salami auf den Tisch kam, die sommers wie winters Sommerwurst hieß. Vergessen hat meine Mutter auch, dass wir uns jedes Mal nach Sonntagsausflügen zu Tante Emmi übergeben mussten, weil ihr Fleischsalat so fett war. Wie aufopferungsvoll, geduldig und liebenswürdig sie als Mutter und wie toll meine Kindheit war – inklusive der Besuche bei Tante Emmi –, weiß sie hingegen noch sehr genau. In ihrer Erinnerung war sie die erste moderne Frau in Ostwestfalen-Lippe überhaupt, die dieselben Erziehungsprinzipien lebte wie die Mütter von heute. Ich werde mich jetzt nicht mit meiner Mutter anlegen, das werden Sie sicher verstehen, und deshalb belassen wir es an dieser Stelle einfach mal dabei, dass sie recht hat.

Das aufblasbare Selbst

Wie Forschung zeigt, hübschen die meisten Menschen Erinnerungen an sich selbst auf; deshalb erinnern wir uns auch eher an unsere Erfolge als an unsere Misserfolge. Unser autobiografisches Gedächtnis beinhaltet grundsätzlich mehr starke als schwache Momente. Fragt man Versuchsteilnehmer zum Beispiel nach ihren Noten im Abschlusszeugnis, sind Verzerrungen nicht ungewöhnlich. Gerade diejenigen, die längere Zeit keinen Blick mehr in ihre Zeugnisse getan haben, erinnern für gewöhnlich bessere Noten, als sie eigentlich hatten. Dieses Phänomen, nämlich die Vergangenheit in einem vorteilhaften Licht zu sehen, gehört zu der großen Gruppe der »positiven Illusionen«, die so typisch für uns Menschen sind. Befragt man Paare etwa danach, wer von beiden mehr Hausarbeit macht, erhält man häufig Antworten wie die folgende: Er sagt, er bringe den Müll in 70 % aller Fälle runter, während sie behauptet, sie tue es in 50 % aller Fälle. Oder sie glaubt, die Kinder in 80 % aller Fälle zur Schule zu kutschieren, während er meint, er übernehme das in 40 % der Fälle. Selbst bei so banalen Tätigkeiten, »erinnern wir uns besser«, als wir eigentlich sind, und als Paar sind wir sogar mehr als 100 %ig.

Und wenn ein Fehler so einschneidend war, dass wir ihn gar nicht vergessen können? Dann haben wir trotzdem häufig genug eine Entschuldigung zu unseren Gunsten parat. An der Trennung war letztendlich vor allem der Partner schuld, den Unfall hat auf jeden Fall auch der andere mitverursacht, und die Tatsache, dass wir schlecht in einem Fach waren, schieben wir gerne auf die Lehrer (siehe Sing-Sing-Birkenkötter, der mich vermutlich in ziemlich schlechter Erinnerung hat und die Geschichte im Kapitel zuvor als übertriebene Paukerschelte abtun würde). Das Kind, bei dem uns die Hand ausrutschte, war aber auch unausstehlich, der Chef, den wir beleidigt haben, hatte es nicht anders verdient, und wenn wir über ein Kabel stolpern, dann ist es nicht unsere Schuld, sondern die des blöden Hausmeisters. Generell sind Menschen eher geneigt, ihre Erfolge auf die eigenen Talente, Fähigkeiten und Persönlichkeitseigenschaften zurückführen, während sie für ihre Fehler gerne den Zufall, Pech oder die anderen verantwortlich machen.

Schuld sind immer die anderen

Zu diesem Phänomen führte Dale Miller 1976 ein Experiment durch, das in vielen Ländern wiederholt worden ist. Darin mussten sich die Versuchsteilnehmer einem Intelligenztest unterziehen und wurden anschließend über das Ergebnis informiert. Während einigen mitgeteilt wurde, dass sie hervorragend abgeschnitten hätten, sagte man anderen, sie hätten versagt. Die Hälfte dieser Versuchsteilnehmer ließ man zudem wissen, der Test sei neu eingeführt und hinsichtlich seiner Aussagekraft noch kaum überprüft worden. Versagten Versuchspersonen vermeintlich in diesem Test, nahmen sie diese Information gerne zum Anlass, den unausgereiften Test für ihr schlechtes Abschneiden verantwortlich zu machen. Diejenigen, die den Test mit Erfolg bestanden hatten, führten das gute Ergebnis allerdings auf ihre eigenen Fähigkeiten zurück. Miller verglich die Ergebnisse dieser beiden Versuchsgruppen mit denen einer anderen, der man erzählt hatte, der Test sei überdurchschnittlich treffsicher und würde oft verwendet. Wie in der Gruppe, der derselbe Test als neu und unausgegoren beschrieben wurde, erklärten sich diejenigen, die ihn erfolgreich absolviert hatten, ihr Ergebnis mit ihrem Talent. Um es kurz zu machen: Erzielt man ein gutes Testergebnis, schreibt man es sich selbst zu, egal wie gut der Test ist. Aber was ist mit denjenigen, die in einem für gut befundenen Test tatsächlich versagen? Würden sie sich eingestehen, dass sie selbst das schlechte Testergebnis verschuldet hatten? Mitnichten! Sie schoben ihr Versagen auf andere

Faktoren zurück: »Ist eben heute nicht mein Tag.« Dieses klassische Experiment zeigt, wie kreativ Menschen im Wegerklären ihrer Fehler und Misserfolge sind.*

Gesunder Selbstbetrug

Wie wir gesehen haben, zeigen selbst wissenschaftliche Experimente, wie sehr wir dazu neigen, unser Selbstbild aufzublasen, uns vor allem an unsere Triumphe erinnern und sie noch schöner aussehen lassen, als sie eigentlich waren. Für unsere Fehler und Misserfolge dagegen legen wir uns eine Armada aus Erklärungen bereit, die uns dabei hilft, die Verantwortung dafür anderen zuzuschieben. Warum ist das so? Die Antwort ist einfach: Wir Menschen sind zuallererst Hedonisten. In der Psychologie bezeichnen wir jemanden als Hedonisten, der gerne positive Zustände erreicht und negative vermeidet. Der Mensch will vor allem Positives erleben, er will es gut haben, er ist lieber fröhlich als traurig, er will lieber Erfolg als Misserfolg haben, er will angesehen sein und nicht verachtet werden, er will Lust statt Frust. Und da dieses Ziel für uns alle wichtig ist, heißt das beliebteste Ziel unseres Autopiloten: »Schlag immer die Sonnenseite ein! Nimm immer die Ausfahrt zur Sonnenseite des Lebens!« Dieses Bedürfnis, uns gut zu fühlen, verzerrt unsere Erinnerungen und unsere Urteile über uns. Wenn wir die Vergangenheit so rekonstruieren, wie wir sie uns idealerweise wünschen, dann geht es uns auch im Hier und Jetzt gut. Da unser Gedächtnis lückenhaft ist – warum sollen wir diese Lücken dann nicht mit etwas Positivem füllen?

* Falls Sie jetzt denken: »Passiert mir eigentlich selten!«, habe ich Sie vermutlich gerade bei einer positiven Illusion erwischt – natürlich sind Sie wie auch alle anderen Leser davon überzeugt, weniger beeinflussbar zu sein, als ich es hier beschreibe. Das sind im Übrigen auch die Versuchspersonen in unseren Experimenten – die sich dann tatsächlich beeinflussen lassen.

Sich gut zu fühlen ist eine gute Basis für unsere Gesundheit. Denn wie wir aus der Forschung wissen, können Menschen, die andauernd über ihre Misserfolge nachgrübeln und ständig an sich zweifeln, körperlich und geistig krank werden. Magenverstimmungen, Verspannungen und Depressionen sind nur einige mögliche Konsequenzen. Indem es das Peinliche erfolgreich an den Rand drängt und Wünschenswertes recht konstruktiv »hinzudichtet«, trägt unser Gedächtnis wesentlich zur Erhaltung unserer Gesundheit bei. Das hört sich nach reinem Selbstbetrug an, aber im Grunde nutzen wir Menschen lediglich die Unklarheit vieler Situationen für unsere Zwecke: Wer kann schon mit Sicherheit sagen, dass ein Test in einem Einzelfall wirklich das abbildet, was in einer Person steckt? Und wer vermag heute noch genau zu überprüfen, wie viel Wurstsorten bei Försters in den achtziger Jahren auf dem Tisch standen? Im Zweifelsfall entscheidet sich unsere Psyche für uns, den Angeklagten. So blöd sind wir doch nicht, und so armselig haben wir damals doch auf keinen Fall gelebt! Uns Hedonisten ist eine selbstwertdienliche, positive Interpretation lieber als eine fragwürdige Genauigkeit. Und gerade dann, wenn die Fakten uneindeutig sind, tendieren wir dazu, sie zu unseren Gunsten auszulegen. Diese positiven Verzerrungen sind uns selten bewusst. Hier ist unser Autopilot am Werk, der uns, wenn er an einer Weggabelung zwischen Himmel und Hölle steht, lieber Richtung Himmel geleitet.

Ist denn alles nur gelogen?

Aber der Hedonist in uns hat auch einen Widersacher: den nach Wahrheit Suchenden. Neben dem Bedürfnis, gut zu sein, hegt der Mensch nämlich das Bedürfnis, alles genau wissen zu wollen. Würden wir unsere Fehler immer nur wegerklären und uns ins rechte Licht rücken, würden wir letztendlich nichts dazulernen. Aus diesem Grund sind wir in bestimmten Situationen gewillt, uns mit unseren Fehlern auseinanderzusetzen und damit der Wahrheit über uns und unser Verhalten näher zu kommen. Wir werden später sehen, dass man dazu Energie und einen gesunden Selbstwert braucht.

Das Bedürfnis nach Genauigkeit wird vor allem dann geweckt, wenn wir eine folgenschwere Entscheidung zu fällen haben und unsere Zweifel sich nicht vertreiben lassen. Eine Frau, die felsenfest daran glaubt, den Richtigen gefunden zu haben, und ihn heiraten will, wird sich nicht so schnell vom Gegenteil überzeugen lassen. Allerdings wird sie geneigt sein, ihre rosa Brille abzusetzen, wenn sich eindeutige und überzeugende Hinweise mehren, die gegen eine Heirat sprechen. Kommt dazu, dass sie noch nie hundertprozentig von ihm überzeugt war, wird sie zunehmend dazu bereit sein, sich auch unerwünschten, negativen Informationen in Bezug auf den Partner zu öffnen.

Allerdings ist dieser Wahrheitssuchende in uns nicht zwangsläufig ein Wahrheitsfinder. Unangenehme Informationen und Misserfolge können genauso an den Haaren herbeigezogen sein wie vermeintliche Erfolge und positive Erlebnisse. So ist bekannt, dass depressive Verstimmungen autobiografische Erinnerungen in einem allzu negativen Licht erscheinen lassen. Zugeständnisse von eigenen Fehlern sehen häufig nach ehrlicher Aufarbeitung aus, sind aber nicht selten das Gegenteil der rosa Brille des Hedonisten. Wühlt man in einer jämmerlichen Phase auch noch in seiner schrecklichen Kindheit, um zu prüfen, ob man nicht schon damals unfähig, miserabel und erfolglos war, dann können aus schlechten Erfahrungen schon mal richtig miese werden. Und hat man den Eindruck, man tauge ohnehin nicht viel, dann ist es ein Leichtes, tatsächliche Erfolge runterzuspielen und Misserfolge aufzubauschen. Letztendlich kann man aber nur in wenigen Situationen einen objektiven Befund zur Hilfe nehmen, wie sehr man selbst tatsächlich für einen Erfolg oder einen Misserfolg verantwortlich war; es ist immer möglich, dass man besser oder schlechter ist, als man denkt.

Beziehungen sind ein gutes Beispiel für unerwünschte Folgen des »Menschen als Wahrheitssucher«. Möglicherweise kennen auch Sie das ein oder andere Paar, das kein gutes Haar aneinander lässt. Interessanterweise scheinen manche Menschen es regelrecht zu brauchen, von ihrem Partner in ihrem negativen Selbstbild bestätigt zu werden. Nicht wenigen Menschen ist es lieber, ihr Partner bestärkt sie in der eigenen Ansicht, etwa dass sie schlampig, schlecht angezogen oder zu bestimmten Dingen unfähig sind, als dass er ihnen »Honig ums Maul schmiert«. Ein Kompliment käme ihnen wie eine oberflächliche Auseinandersetzung mit ihrer Person vor, während sie aus dem negativen Feedback den Schluss ziehen, dass der Partner sich mit ihnen gründlich auseinandergesetzt hat und dann mit einem selbst übereinstimmend feststellen muss, dass man zu bestimmten Dingen nicht taugt. Das tut vielleicht weh, ist aber wenigstens wahr. Erstaunt stelle ich immer wieder fest, wie viele Menschen meinen, dass zu einer sogenannten lebendigen Partnerschaft vor allem bittere Wahrheiten und Kritik dazugehören. Wenn ich auf die beliebte Partyfrage* »Streitet ihr euch oft?« antworte: »In 17 Jahren haben wir uns exakt viermal gestritten, und das war nach ein paar Stunden erledigt«, sind viele fassungslos: »Und das ist dann eine richtige Beziehung? Habt ihr denn überhaupt keine Auseinandersetzungen?«

Wie zynisch. Manche Menschen, die in ihren Beziehungen vor allem irgendeiner Wahrheit hinterherlaufen, können so in einen wahren Teufelskreis geraten; zum einen, weil sie von der fixen Idee besessen sind, dass im Prinzip nur eine konfliktreiche Beziehung eine gute ist; und zum anderen, weil ihr Selbst-

* Die andere öde Partyfrage: »Wie oft habt ihr eigentlich noch Sex nach 17 Jahren?« beantworte ich gerne mit: »Hatten wir nie. Ich arbeite an der ersten Heiligsprechung in Ostwestfalen-Lippe.« Für Antwortvariationen auf Partyfragen bin ich sehr dankbar. Für ein Buch *Kleine Einführung in weniger öde Partyfragen* auch.

wert über die Zeit hinweg unaufhaltsam sinkt: »Ich denke, ich bin unfähig und nicht besonders attraktiv, das sagt auch mein Partner, also bin ich wohl nichts wert – ein hoffnungsloser Fall. Warum sollte ich mich also anstrengen, irgendetwas zu ändern?« Jemand, der meint, er sehe nicht gut aus, und von seinem Partner auch wenig Lob hinsichtlich seines Äußeren bekommt, wird sich in seiner Hässlichkeit bestätigt fühlen und nicht unbedingt weitere Anstrengungen unternehmen, das Beste aus sich zu machen. Am Ende ist er dann wirklich keine besonders attraktive Erscheinung. So kann man in eine regelrechte Spirale des Selbsthasses geraten, an deren Ende man denkt: »Mist, und mit so einem beschäftigt der sich auch noch so intensiv.«

Chronifiziert kann ein solches Programm nach einer Zeit auch vom Autopiloten ausgeführt werden. Er nimmt dann an der Weggabelung Himmel oder Hölle *automatisch* den Abzweig Richtung Hölle und bezeichnet das dann als Wahrheitssuche. Dies hat aber nichts mehr mit einer aufwendigen und vernünftigen Suche nach der Wahrheit zu tun, sondern ist schlichtweg ein dysfunktionales Programm, aus dem man nur durch ein Eingreifen des Piloten wieder herauskommt, sprich, man muss die Sache selbst in die Hand nehmen, etwa indem man bei einem Bekannten oder einem Experten, deren Urteil man vertrauen kann, eine zweite Meinung einholt. Bei einem stark geschädigten Selbstwert kann ein Therapeut weiterhelfen – schließlich gehen wir bei chronischen Kopfschmerzen ja auch zum Arzt.

Positive Illusionen, so zeigt Forschung, haben da einen günstigeren Effekt: Demnach werden Partner in Beziehungen besser (fleißiger, ordentlicher, großzügiger etc.), wenn der andere ein positives Bild von ihnen hat. Es scheint die Menschen anzuspornen, wenn ihr Partner viel von ihnen hält. Und selbst wenn man ein bisschen zu gut dabei wegkommt, so entsteht eine sich selbst erfüllende Prophezeiung zum Guten hin. Wenn eine Freundin Ihnen ihren neuen »attraktiven« Lover vorstellt und Sie zunächst denken: »Inwiefern ist der denn attraktiv?«, kann es gut sein, dass dieser ein Jahr später tatsächlich besser aussieht – jemand, der gesagt bekommt, er sähe gut aus, hat nämlich auch Spaß daran, diesem Bild zu entsprechen. Forschung zeigt, dass dies nicht nur auf das Aussehen zutrifft: Auch intellektuelle Fähigkeiten verbessern sich, wenn der Beziehungspartner in dieser Hinsicht große Stücke auf einen hält.

Für mich zeigt die Forschung zum Menschen als Wahrheitssuchendem vor allem eins: dass wir nicht immer Hedonisten sind. Manchmal wollen wir lieber einen ehrlichen Tritt in den Hintern statt eines Lobs; und auch wenn das, wie eben beschrieben, manchmal ins Dysfunktionale ausartet, kann es, richtig dosiert, ein wichtiger Antrieb dafür sein, neu über uns nachzudenken und an uns zu »arbeiten«.

Auch andere Befunde passen nicht zum Menschenbild des Hedonisten. Denn vielfach tun wir vor allem das, was *richtig ist*, ohne darauf zu achten, ob es sich auch *gut anfühlt*. Beerdigungen etwa sind etwas sehr Trauriges, aber wir gehen trotzdem hin. Nicht weil wir besonders gerne Beerdigungen besuchten, sondern weil es uns ein Anliegen, manchmal auch eine Pflicht ist, dem verstorbenen Menschen ein letztes Mal Liebe und Respekt entgegenzubringen. Bestimmten Situationen und Ereignissen nähern wir uns also vor allem, weil es angemessen ist. Es mag uns Erleichterung verschaffen oder wir mögen stolz auf uns sein, wenn wir es hinter uns gebracht haben. Dem Bild des Hedonisten, der vor allem auf das Unbeschwerte, Sorglose des Lebens aus ist, entspricht es aber nicht. Man mag als Motiv für solche ungeliebten, aber richtigen Handlungen Pflichterfüllung anführen, aber vielleicht ist es auch nur der Wunsch, an allen Aspekten einer Gemeinschaft teilzunehmen.

Menschen allein als Hedonisten zu sehen, greift also zu kurz. Dies befand auch Tory Higgins und entwarf eine Theorie der Selbstregulation, die innerhalb von zehn Jahren zu einem explosionsartigen Interesse an der Selbstregulationsforschung geführt hat und schon jetzt weit über die Psychologie hinaus bekannt ist. Higgins beobachtete, dass die Idee des Hedonismus nicht genau genug ist, um das Verhalten eines Menschen zu erklären oder vorherzusagen. Schon die einfache Gleichung des Hedonismus, dass wir uns *Positivem annähern* und *Negatives* lieber *meiden*, geht nicht auf, wie das folgende Beispiel zeigt. Angenommen, wir wollen bei den Olympischen Spielen eine Medaille gewinnen. Wir stellen uns vor, wir seien ein Läufer und liefen auf die Zielgerade zu. Wir schauen geradeaus, mobilisieren all unsere Energie und versuchen dabei, eine möglichst perfekte Haltung einzunehmen. So sähe eine klassische Annäherungsmotivation aus: Wir streben ein gewünschtes Ziel an und bewegen uns auf es zu.

Allerdings kann man sich dem positiven Ziel, eine Medaille zu erlaufen, auch anders annähern, nämlich indem man sich *vermeidend verhält*. Das heißt, wir achten vor allem darauf, dass wir beim Laufen keine Fehler machen, sind bemüht, nicht den Kopf zu drehen, und konzentrieren uns beim Sprint Richtung Zielgerade insbesondere darauf, nichts falsch zu machen. In diesem Fall versagt jedwede hedonistische Theorie, denn ein Hedonist nähert sich allein dem Guten an und vermeidet das Schlechte. Hier aber läuft jemand vermeidend auf etwas zu. So ein Verhalten ist nicht ungewöhnlich. Während die einen am Tag vor der Prüfung versuchen, jeder Störung aus dem Weg zu gehen (indem sie etwa nicht ans Telefon gehen und die Verbindung zum Internet kappen), und sich darauf konzentrieren, »nichts von dem zu vergessen, was wichtig sein könnte«, also insgesamt (Fehler-)vermeidende Verhaltensweisen an den Tag legen, zeigen andere ein annäherndes Verhalten: Sie wiederholen zielstrebig den wichtigen, schwierigen Stoff und nehmen dann ein Bad, damit sie gut schlafen können. Dementsprechend lautet Higgins These: Man kann auf ein und dasselbe positive Ziel hinarbeiten und gleichzeitig unterschiedlichen Verhaltensmustern folgen, die entweder annähernd oder vermeidend sind.

Wie aber kommt es zu solchen Unterschieden im Verhalten? Higgins nimmt an, dass Menschen zwei Persönlichkeitstypen herausbilden können: Davon zeigt der eine Typ vorwiegend annähernde Verhaltensweisen, während der andere vermeidende bevorzugt. Beide Typen entspringen zwei menschlichen Grundbedürfnissen; während den einen Typ ein Bedürfnis nach körperlichem und geistigem Wachstum und Selbstverwirklichung antreibt (annähernde Verhaltensweise), liegt dem anderen ein Bedürfnis nach Sicherheit und Schutz zugrunde (vermeidende Verhaltensweise). Keine Frage, wir brauchen beides und können weder ohne das eine noch ohne das andere sein, wobei bei manchen Menschen das Sicherheitsbedürfnis stärker ausgeprägt ist, während bei anderen das Wachstumsbedürfnis überwiegt. Higgins nennt die Ausrichtung bzw. den Fokus auf Ideale und Selbstverwirklichung, den ein Mensch in einer Situation der Sicherheit hat, einen *Promotion-Fokus*. Im Promotion-Fokus beschäftigen sich Menschen mit *Idealzielen*. In Situationen von Unsicherheit haben Menschen dagegen einen *Prevention-Fokus*, in dessen Zentrum *Pflichtziele* stehen.

Je nach gesellschaftlichen Strukturen, Erziehungsmethoden und Situationen wird mal das Bedürfnis nach Schutz (also ein Prevention-Fokus) wachgerufen, mal das nach Selbstverwirklichung (also ein Promotion-Fokus). So sagen meine Eltern, dass sie nach dem Krieg vor allem mit dem nackten Überleben beschäftigt waren und weniger mit Zielen wie »Selbstverwirklichung«, etwas, was aus damaliger Sicht völlig überflüssig war. Ein Job, eine Geldanlage, eine Beziehung mussten vor allem sicher sein, man wollte kein Risiko eingehen. Zudem hielt man sich stark an bestehende Normen und »Manieren«, vermied es, aus der Reihe zu tanzen, und suchte so auch Sicherheit im sozialen Miteinander. Umso mehr musste diese Generation kopfschüttelnd zur Kenntnis nehmen, dass sich bei ihren Kindern, die im relativen Wohlstand großgeworden waren, ganz andere Bedürfnisse regten: Sie wollten sich plötzlich selbst verwirklichen und gaben Geld für gelbe Schuhe aus.

Haben wir ein Bedürfnis nach Sicherheit, so denken wir vor allem daran, welche Fehler bei der Zielerreichung passieren können, und legen ein eher vermeidendes, vorsichtiges Verhalten an den Tag, um (wieder) Sicherheit herzustellen. Ein Prevention-Fokus kann durch alles Mögliche geweckt werden. Es muss nicht gleich Krieg herrschen, damit Menschen vermeidend und vorsichtig werden. Auch Krisen und problematische Situationen reichen manchmal schon aus, um mögliche Gewinne aus den Augen zu verlieren und alles dafür zu tun, Fehler und Verluste zu vermeiden. So zum Beispiel bei der letzten großen Wirtschaftskrise. Die Angst, Geld zu verlieren, die Unsicherheit, was mit dem Geld geschieht, das auf unseren Banken liegt, und die ständige Konfrontation mit dem Thema in den Medien hat Millionen von Menschen monatelang davon abgehalten, größere Anschaffungen – wie ein Auto oder eine Immobilie – zu tätigen. Aber selbst die, die die Krise gar nicht persönlich erreicht hatte, legten plötzlich ein die Wirtschaft schwächendes Konsumverhalten an den Tag. Aus Angst vor Armut versiegten die Investitionen, die eine lebendige Wirtschaft gesund halten – und schon ist die Krise erst recht da, selbst dann, wenn die Angst davor übertrieben oder gar grundlos ist. Es gibt kaum ein besseres Beispiel für eine sich selbst erfüllende Prophezeiung. Fassen wir zusammen: Unsicherheit, egal wodurch sie produziert wird, führt zu einer vorsichtigen Vermeidung von Fehlern, sie führt zu einer Risikoaversion.

In einer Gesellschaft hingegen, in der man sich sicher fühlt, erwacht das Bedürfnis nach Wachstum und Selbstverwirklichung. Hier befinden sich die Menschen in einem Promotion-Fokus. Plötzlich ist es nicht nur wichtig, *dass* man einen Job hat, sondern auch für *welchen* Job man sich entscheidet. Man nimmt nicht den erstbesten und ist geneigt, dabei ein größeres Risiko einzugehen. Für Menschen, die in einer sicheren Gesellschaft leben, sind Ideale, Träume und Selbstfindung ein Thema, während man in Gesellschaften, in denen das oberste Gebot lautet, Sicherheit herzustellen, vor allem konkrete Regeln aufstellt, um diese zu gewährleisten. In solchen auf Sicherheit bedachten Gesellschaften sind Pflichterfüllung und das Einhalten von Regeln zentral. Zwar kann das Befolgen sozialer Normen auch Anerkennung, Wachstum und ein schönes Gruppengefühl bedeuten, wie wir in Kapitel 1 gesehen haben, in Situationen der Unsicherheit wird es jedoch häufig zum Selbstzweck: Ein verunsicherter Mensch geht kein Risiko ein; er hält sich an das, was alle tun. Das simple Befolgen von Regeln wird dann uninteressant, wenn Sicherheit gewährleistet ist. In dem Fall erwacht das Bedürfnis, über das Bestehende hinauszuwachsen und neue Erfahrungen zu machen. Die Bedeutung sozialer Normen tritt etwas in den Hintergrund, sie werden lediglich als Basis für riskantere, spannendere Ideen und Pläne genutzt. Schauen wir uns einmal genauer an, wie solche Fokusse entstehen und wodurch sie geweckt werden können.

Darf ich vorstellen? Zoe und Mark-Rüdiger!

Je nach Erziehungsmethode kann ein relativ stabiles Persönlichkeitsprofil im Sinne eines Promotion- oder Prevention-Fokus ausgebildet werden. Dabei ist entscheidend, ob Sicherheit bereits hergestellt oder erst anzustreben ist. Ein Kind, das vor allem daraufhin erzogen wird, möglichen Bestrafungen aus dem Weg zu gehen, versucht Sicherheit herzustellen; es wird sich verstärkt mit den Pflichten beschäftigen, die es erfüllen muss, um sein Ziel zu erreichen. Dabei wird es weniger darauf hinarbeiten, etwas Positives zu erreichen, als darauf, *nicht* bestraft zu werden.

In meiner Jugend hatte ich einen Freund, der immer dann, wenn er etwas falsch machte, eine mächtige Abreibung von seinem Vater bekam. Der junge Mann mit Namen Mark-Rüdiger* ist für mich der Prototyp eines Menschen im Prevention-Fokus. Er wurde beschimpft, wenn er am Samstag die Rasenkanten nicht solide geschnitten hatte, so wie man das in Ostwestfalen tut; er bekam Schläge, wenn sein Fahrrad nicht geputzt war, und er musste jedes Mal eine Stunde lang im Regen stehen**, wenn er beim Essen seine Ellenbogen auf dem Tisch aufgestützt hatte. Als er in die Pubertät kam und sich aus Frust von seinem Taschengeld ein Stück Sahnetorte nach dem anderen kaufte, wurde er regelmäßig mit einem Anschiss oder Stubenarrest bestraft oder als Fettwanst beleidigt. Wie häufig versuchte er, es seinem Vater recht zu machen, und wie häufig war er erfolglos darin, dieses kleine bisschen Sicherheit herzustellen, das er sich so sehr wünschte. Sicherheit bedeutet ja nicht viel mehr als die Abwesenheit von Negativem, und darum drehte sich fortan sein ganzes Leben. Ich sehe ihn noch vor mir, wie er einmal bei uns zuhause saß, die Nägel bis zum Anschlag blutig gekaut, und leise weinte: »Immer mache ich alles falsch. Das einzig Schöne

* Solche Doppelnamen werden in OWL gerne gewählt, aus Angst, dass der deutsche Name in einem anderen Land nicht ausgesprochen werden kann. Warum man nicht einfach den eindeutig deutschen Namen wegließ? Na, ist doch klar: Damit er nicht wegen eines zu ausländisch klingenden Namens von Deutschen gehänselt wurde. Was bei solchen Erwägungen herauskommen kann, sehen wir bei Namen wie Mark-Rüdiger. Besonders verunsicherte Ostwestfalen geben ihren Kindern sogar drei, vier oder fünf Namen.

** Diese Strafe kann in OWL fast täglich angewendet werden, weil in diesem Landstrich mehr als 300 Regentage im Jahr (subjektiv gefühlt 365 Tage) das Leben umso interessanter machen.

in meinem Leben ist, wenn ich mal einen Tag lang keine in die Fresse kriege.« Das war Mark-Rüdiger. Ich mochte den Kerl sehr gerne, denn er war absolut verlässlich. Ein armer Schlucker, aber mit ihm konnte man Pferde stehlen.

Etwas außerhalb der Stadt wohnte meine Freundin Zoe. In Ostwestfalen-Lippe sprach man den exotischen Namen den deutschen Ausspracheregeln strikt folgend Zö aus, aber das störte sie nicht. Zös Eltern wohnten in einer WG in einer Burg und waren dauernd bekifft. Sie hatten zuvor in einem Ashram gelebt; viele lebenswichtige Produkte stellten sie selbst her. Zö müffelte immer etwas nach Ziege, aber es machte ihr nichts aus. Sie bekam niemals Schläge, und wenn sie ihrem Vater mal ein besonders schönes Bild oder ein Gedicht mit nach Hause brachte, dann bekam sie viele Küsse und manchmal mixte er ihr liebevoll einen »Ambalast«, das ist ein ostwestfälisches Gericht, dessen Einfachheit besticht: Man mischt einfach Buttermilch mit zerstoßenem Schwarzbrot und Zucker und lässt es etwas wachsen. Unter uns: Das Zeug war widerlich. Ich hatte immer den Eindruck, dass das Gericht im Mund weiterlebt. Aber für Zö war es der ultimative Liebesbeweis. Wenn sie einmal etwas Böses tat, sich etwa heimlich von ihrem Taschengeld eine Packung Kartoffel-Fleischsalat kaufte, bekam sie weder Küsse noch Modder. Dann weinte sie und schrieb Aufsätze, wie sie sich bessern könnte, ohne sich dabei selbst aufzugeben. Zö dachte schon mit acht Jahren darüber nach, was sie später werden könnte, »was sie denn mit ihrem Leben anfangen« wollte und wie sie Familie, Beruf und ihre zahlreichen Hobbys (Nähen, Boxen, Ballett, Didgeridoo und vieles mehr) unter einen Hut bekommen würde. Sie war, abgesehen davon, dass sie sich nie an Vereinbarungen hielt, ein klasse Spielkamerad, erfindungsreich und lachte viel. Im Vergleich zu Mark-Rüdiger spielten Fehler und Strafen in Zös Leben keine Rolle, ihr Leben drehte sich vielmehr darum, etwas Schönes, Positives daraus zu machen. Schlimm war es für Zö immer dann, *wenn positive Erlebnisse ausblieben* (wie die

Küsse oder der Ambalast). Zö ist ein Paradebeispiel für einen Menschen mit Promotion-Fokus.

Zö und Mark-Rüdiger sind sicherlich zwei Extrembeispiele für die beiden Higginsschen Persönlichkeitstypen. Während Zö furchtlos auf alles zuging, ausprobierte und selten daran dachte, dass sie auch scheitern könnte, wägte Mark-Rüdiger seine Entscheidungen immer sorgfältig ab, war genau, vorsichtig und ständig auf der Hut vor Fehlern.

Higgins war es wichtig, zu zeigen, dass nicht einer der beiden Fokusse besser ist als der andere. Ich weiß aus meinen Vorlesungen, dass die meisten Menschen lieber so wären wie Zö, aber Sie können sich sicherlich auch vorstellen, wie nervig Menschen im Promotion-Fokus auf Dauer sein können. Weil Zö selten darüber nachdachte, dass sie etwas falsch machen könnte, kam sie dauernd zu spät, vergaß Verabredungen und hatte eine verrückte Idee nach der anderen. Sie spazierte quasi ständig mit einer rosaroten Brille auf der Nase durchs Leben. Und wenn man mal so richtig sauer auf sie war und ihr auseinanderlegte warum, hatte sie es kurz danach schon wieder vergessen. Wohl aber erinnerte sie sich noch Jahre später an Komplimente, die man ihr gemacht hatte. Zudem war Zö bei dem, was sie tat, meistens schlampig. Mark-Rüdiger war da viel zuverlässiger: Wenn wir etwas zusammen machten, war er sehr gewissenhaft. Er dachte viel nach und ging den Dingen sorgfältig auf den Grund. Allerdings war er eine entsetzlich lahme Ente, die vor lauter Angst, etwas zu vergessen oder falsch zu machen, lieber stundenlang im Zimmer saß, als mit Zö Pralinen aus Geranien zu machen oder draußen zu spielen. So hatte jeder seine Stärken und Schwächen auf einem anderen Gebiet – und beide sollten später durchaus erfolgreich werden. Während Mark-Rüdiger mit 35 ein gut verdienender Informatiker mit Haus und Kind in Hamburg war, lebte Zö zu der Zeit nach drei abgebrochenen Studiengängen und mehreren pleite gegangenen Läden als freie und viel gefragte Innenausstatterin in Berlin. Die Theorie des regulatorischen Fokus ist also keine Bad-guys/Good-guys-Theorie, sondern eine, die beschreibt, wie unterschiedliche Herangehensweisen zum Erfolg führen können.*

Turn the focus on

Das Spannende an Higgins Theorie ist, dass sie die Fokusse keineswegs als vollkommen starre Persönlichkeitseigenschaften beschreibt, sondern als etwas, was sich je nach Situation schlagartig ändern kann. Da wir alle mehr oder weniger beides, nämlich sowohl Sicherheits- als auch Idealziele in unserem Langzeitgedächtnis abgespeichert haben, kann kontextabhängig mal der eine, mal der andere Fokus aktiviert werden. Niemand von uns kommt nur mit vermeidenden oder nur mit annähernden Verhaltensweisen aus. Natürlich verhielt sich auch Zö in bestimmten Situationen vorsichtig. Sie war in Birkenkötters Sportkurs nicht weniger eingeschüchtert als alle anderen und hasste wie ich »Liegestütze bis zum Umfallen«. Und Mark-Rüdiger hätte nicht Karriere machen können, wenn er vor Angst schlotternd durch die Welt gehuscht wäre. In Zös Ziegenburg zeigte er durchaus, wie kreativ und ungehemmt er sein konnte – einmal fiel er zusammen mit einer Ziege von einer Mauer, der er dort oben Seiltanzen beibringen wollte. Umgebungen und Situationen können uns umgehend in einen anderen Fokus versetzen. Man kann sich das als zwei Unterprogramme des Autopiloten vorstellen, je nachdem, in welcher Situation man sich befindet, wird mal das eine, mal das andere aktiviert. Denn: Unterschiedliche Umgebungen erfordern häufig unterschiedliche Verhaltensstrategien.

* Natürlich gibt es Fragebögen zu diesem Thema, aber Sie haben sich doch schon wiedergefunden, oder? Wenn nicht, sind Sie vielleicht beides, das geht auch. Dazu später mehr.

Das können Autopiloten bei Segelschiffen auch: Sie reagieren auf gute und schlechte Winde. Und wie beim Schiff würde unser mentaler Autopilot mal vorsichtiger sein oder mal mit Schwung darauf zugehen. Das erlebt man insbesondere dann, wenn man in eine andere Stadt oder in ein anderes Land zieht.

Als ich vor einigen Jahren meine Arbeit in Amsterdam aufnahm, fühlte ich mich so frei wie selten zuvor. Ich hatte das Gefühl, dass man hier vor allem darauf schaut, was jemand erreicht, und weniger auf die Fehler, die jedem einmal unterlaufen. Das Glas schien immer halbvoll, selten halbleer. Erfolge wurden gefeiert, über Misserfolge wurde hinweggesehen. Gefragt waren Kreativität und neue Ideen, die sofort mit allen diskutiert wurden. Soziale Normen wurden zwar als Basis für ein gutes Miteinander verstanden, waren aber selten Selbstzweck. Und nicht nur die Universität, sondern die ganze Stadt funktionierte so und profitierte davon: Das kulturelle Leben boomte, es gab atemberaubende Architekturprojekte zu sehen – und städtevergleichende Analysen belegten, dass Amsterdam weltweit die Stadt mit dem höchsten Kreativpotenzial war. Hier lebte man riskant, einfallsreich, schnell.

Es war dann spannend und erschütternd zugleich zu erleben, wie sehr die Stadt einer zunehmenden »Vertrutting«, also Verspießerung anheimfiel. Durch die Wirtschaftskrise und einige gesellschaftliche Geschehnisse, wie das Aufkommen der Rechtspopulisten, ist dieser Promotion-Fokus binnen weniger Jahre einem konservativen Prevention-Fokus gewichen. Die jungen Künstler sind längst in Berlin, die Homosexuellen fühlen sich ausgegrenzt und sind in alle Winde zerstreut, und die Stimmung ist eindeutig frustriert. Da bleibt nur zu hoffen, dass das so schnell wieder vorbeizieht wie die Amsterdamer Sommerwinde!

Belohnen oder bestrafen

Zusammen mit Tory Higgins haben andere Kollegen und ich gezeigt, wie diese Verhaltensmuster wechseln können. In einem Experiment an der Universität Würzburg versetzten wir Versuchspersonen jeweils in einen Promotion-Fokus oder in einen Prevention-Fokus, indem wir sie baten, dieselbe Aufgabe, ein Malen-nach-Zahlen-Bild* zu bearbeiten, ihnen jedoch verschiedene Anreize gaben. Wir legten den Versuchspersonen drei Bilder vor, für die sie jeweils 30 Sekunden Zeit hatten und dabei sowohl genau als auch schnell sein sollten. »Genau« bedeutete, exakt durch die Punkte zu gehen und dabei keinen zu überspringen; »schnell« bedeutete, innerhalb der angegebenen Zeit das Bild möglichst weit fertigzustellen. Wir sagten den Teilnehmern nachdrücklich, dass sie nur dann eine gute Leistung erbracht hätten, wenn sie schnell *und* genau wären. Den Versuchsteilnehmern, die in einen Promotion-Fokus kommen sollten, stellten wir als Belohnung eine zusätzliche D-Mark in Aussicht. Die Versuchsteilnehmer, die in einen Prevention-Fokus kommen sollten, informierten wir, dass sie bei schlechter Leistung auf eine Mark ihres Versuchspersonengeldes verzichten müssten.

Anhand dieser Aufgabe konnten wir gleich zwei Vorhersagen testen: Wir erwarteten, dass die Teilnehmer im Promotion-Fokus schnell, aber ungenauer waren, und die im Prevention-Fokus langsam, aber genauer. Und so war es dann auch. Die Leute, die sich eine Belohnung erhofften, malten viel eher das Bild in der vorgegebenen Zeit aus, machten jedoch auch Fehler dabei: Sie strichen die Punkte nicht sauber durch, obwohl wir sie ausdrücklich darum gebeten hatten, und übersprangen hier und da eine Zahl. Die Leute im Prevention-Fokus, die eine Bestra-

* Malen nach Zahlen funktioniert so: Es gibt Punkte mit Zahlen, die man nacheinander miteinander verbinden muss – bis ein Nilpferd oder ein Eisbär oder ein Aquarium mit Fischen entsteht.

fung befürchteten, kamen allesamt nicht weit; das, was sie aber geschafft hatten, war beinahe perfekt. Um sicher zu gehen, dass unsere Befunde nicht allein mit der Aufgabe oder den Würzburger Probanden zu tun hatten, wiederholten wir die Versuchsanordnung mit anderen Aufgaben in New York. Wir ließen die Teilnehmer einen Text korrigieren und werteten aus, wie viele Fehler sie gefunden hatten und wie weit sie in der vorgegebenen Zeit gekommen waren. Das Ergebnis deckte sich mit dem in Würzburg: Im Promotion-Fokus kamen die Versuchsteilnehmer weiter im Text voran, übersahen aber viele Fehler, während sie im Prevention-Fokus langsam, aber sehr gewissenhaft arbeiteten. Mit anderen Worten: Schnelligkeit geht häufig zu Lasten von Genauigkeit. Auf den Schnelligkeits-Genauigkeitskonflikt stoßen wir fast überall im Alltag: Klar kann ein Frisör schnell mit einem Haarschnitt fertig werden – er wird dann aber im Allgemeinen weniger exakt schneiden. Klar kann ich ein Salatdressing in zwei Minuten zusammenrühren, es wird aber nicht so gut schmecken wie eines, das mit Liebe gemacht und sorgfältig abgeschmeckt ist und dafür erst nach zehn Minuten zubereitet ist. Fabrikarbeiter begehen im Akkord mehr Fehler. Um den Faktor Zeit wird es übrigens auch noch in Prinzip 4 gehen, das sich mit der bewussten und unbewussten Zielerreichung beschäftigt.

Wir haben diese Untersuchungen auch mit Leuten wiederholt, die einen chronischen, anerzogenen Promotion- oder Prevention-Fokus hatten – es gibt inzwischen mehrere Fragebögen, die diesen Fokus messen können – und kamen zu ganz ähnlichen Ergebnissen: Leute wie Mark-Rüdiger, die vor allem auf Sicherheit und ihre Pflichten bedacht sind, arbeiten langsamer, aber genauer; diejenigen, die wie Zö vor allem an ihre Ideale und ihre Selbstverwirklichung denken, sind schneller, aber auch schlampiger. Der regulatorische Fokus ist also beides, eine Persönlichkeitseigenschaft und etwas, was je nach Situation ausgelöst werden kann.

Dabei fanden wir heraus, dass die Durchführung einer Aufgabe im Allgemeinen von der Persönlichkeit beeinflusst wird, also von dem, was die Versuchsteilnehmer im Langzeitgedächtnis haben – vorausgesetzt, es werden keine Anreize und auch keine Verhaltensstrategien vorgegeben. Die Situation selbst ist jedoch ein besonders starker Motivator, der den persönlichen Fokus im Nu verändern kann. Je nachdem, ob eine Belohnung oder eine Bestrafung in Aussicht gestellt wird, ist die Leistung eine andere. Wir passen uns schnell den gegebenen Umständen an, wechseln fast automatisch in einen Prevention- oder Promotion-Fokus. So können auch negative oder positive Rückmeldungen Menschen spontan in unterschiedliche Fokusse versetzen. Wie weitere Untersuchungen zeigten, motiviert negatives Feedback vor allem vermeidendes, vorsichtiges Verhalten, während positives Feedback zu eifrigem Verhalten führt.

Schnelligkeit und das gleichzeitige Inkaufnehmen von Ungenauigkeit spiegeln eine gewisse Risikofreude wider. Sind Promotion-Fokus-Menschen demnach insgesamt risikofreudiger? Und ob. Moshe Grotas an der Universität von Tel-Aviv fand in seiner Master-These zu Aktienkäufen heraus, dass ein Promotion-Fokus zu riskanteren Investitionen führt als ein Prevention-Fokus. Auf dem Finanzmarkt sind riskante Aktienpakete nun einmal mit größeren Gewinnen verbunden als sichere. In diesem Fall scheinen Leute, die an Wachstum und Gewinne denken und sich sicher fühlen, die Gefahren riskanter Pakete geringer einzuschätzen als solche, die sich nicht in Sicherheit wähnen und darum auch früher Gefahren wahrnehmen.

Kein Geheimnis: Kreativität

Für eine Reihe von Aufgaben ist Risikobereitschaft wiederum eine wesentliche Grundlage, so etwa, wenn es um Kreativität geht. Kreativität ist eine Art zu denken, die viele Unsicherheiten beinhaltet, sie ermöglicht es uns nämlich, schwierige Aufgaben mit einem unbekannten Lösungsweg und einem unklaren Ziel zu lösen. Im Gegensatz dazu sind analytische oder algorithmische Aufgaben solche, die allein mit Hilfe erlernter Lösungsstrategien bewältigt werden. Das Resultat eines geglückten kreativen Denkprozesses ist eine innovative Lösung, ebenfalls etwas, was eine gewisse Unsicherheit mit sich bringt, da sie noch nicht erprobt ist. Wer innovativ ist, muss das Risiko in Kauf nehmen, abgelehnt zu werden, denn häufig ist nicht gleich einsichtig, warum man etwas Neues benötigt, wo sich doch die Welt auch ohne dieses neue Etwas gedreht hat.

Man stelle sich vor, wie es wohl war, als die erste Espressomaschine präsentiert wurde. Was für ein Ungetüm muss das gewesen sein und wie skeptisch müssen die Leute gewesen sein, dass so ein Ding die einfache Methode, das Pulver im Topf aufzukochen, ablösen sollte. Und wie wurde da Vinci für seine Zeichnungen von Flugapparaten belächelt und Picasso für seine »entstellten« Gesichter. Schönberg handelte sich bei der Uraufführung eines seiner Streichquartette auf der Bühne zahlreiche Ohrfeigen ein. Und manch ein Wissenschaftler, wie Kopernikus mit seiner Idee, dass die Erde sich um die Sonne dreht und nicht andersrum, riskierte buchstäblich sein Leben. Wer Ungewöhnliches erfindet und vertritt, muss risikofreudig sein.

Diesem Gedanken folgend begannen Ron Friedman und ich ein umfangreiches Forschungsprojekt zu menschlicher Kreativität. Zö wäre in unserem Projekt ein typisches Beispiel für einen Promotion-Fokus gewesen. Durch die Art und Weise, wie sie erzogen worden war, hatte sie keine Angst davor, Schiffbruch zu erleiden. Bevor sie ihr Büro für Inneneinrichtungen eröffnete, probierte sie vieles aus; sie wollte herausfinden, was sie konnte, was funktionierte und was nicht – und war dabei äußerst kreativ. Letztendlich hat sie ihre Kreativität zu ihrem Beruf gemacht.

Tatsächlich fanden wir bei unserem Experiment heraus, dass Menschen, die im Alltag vor allem an ihre Ideale denken, in gängigen Kreativitätsaufgaben erfindungsreicher waren. Sie lösten aber schlechter analytische Aufgaben, also Logik- und knifflige Rechenaufgaben, als Menschen mit einem Prevention-Fokus. Unsere Mark-Rüdigers, oder wissenschaftlich gesprochen, unsere Versuchspersonen, die permanent auf ihre Pflichten und Verantwortlichkeiten bedacht waren, schnitten bei Kreativitätsaufgaben schlechter ab; bei analytischen Aufgaben dagegen waren sie besser als die Zös unserer Welt.

Teresa Amabile, eine der wichtigsten Kreativitätsforscherinnen in der Sozialpsychologie, hat analytische Aufgaben als solche beschrieben, die man aufgrund von Erfahrungen und mithilfe eingeübter Strategien lösen kann. So wie viele mathematische Aufgaben. Für die Lösung solcher Aufgaben muss man sich lediglich an all das erinnern, was man schon einmal darüber gelernt hat. Man muss sich konzentrieren und anstrengen, aber man braucht keine neuen Lösungswege zu ersinnen. Weitschweifige Gedanken lenken bei solchen Aufgaben nur ab.

Bei sogenannten kreativen Aufgaben gilt es, die Lösung *einschließlich* des Lösungsweges neu zu erfinden. Wenn Ihnen jemand, wie in einer klassischen psychologischen Kreativitätsaufgabe, sagt: »Erfinden Sie mal eine neue Verwendungsmöglichkeit für einen Ziegelstein – etwas, was noch niemand damit gemacht hat!«, haben Sie weder einen Hinweis darauf, was Sie erfinden sollen, noch darauf, wie Sie es anstellen sollen. Kreative Aufgaben sind schlecht definierte Aufgaben, aber das Leben ist voll davon: Verfassen Sie ein Gedicht zum 50. Geburtstag Ihres Vaters, aber bitte nicht so ein langweiliges wie in den Jahren zuvor, sondern ein kreativeres, bitte! Koch mir mal was Neues, Schatz, nicht immer das, was wir sonst essen! Überleg mal, wie wir unsere Nachbarn endlich davon überzeugen können, dass Klavierspielen um 2 Uhr nachts keine gute Idee ist! Weiterhin erfordern viele Berufe tagtäglich kreatives Denken: Inszenieren Sie die Zauberflöte, wie sie noch niemand gesehen hat! Programmieren Sie eine völlig neue Computersoftware! Erfinden Sie ein Auto, das ohne Fahrer auskommt! Lösen Sie die Finanzkrise! Die globale Erwärmung! Erfinden Sie eine neue Art, Strom zu gewinnen!

Um etwas Neues zu erfinden, braucht man häufig Expertenwissen; aber das allein reicht noch nicht aus, um kreativ zu sein. Viel wichtiger ist eine besondere Art des Denkens, die man als weitgreifend oder global beschreiben kann. Gefragt sind Denkprozesse, um entlegene Gedanken zu aktivieren, solche, die man nicht längst zu einem Bereich gespeichert hat. Wie wir bereits gesehen haben, ist unser Gedächtnis auf der Grundlage von Assoziationen aufgebaut. Das heißt, vor die Aufgabe gestellt, sich eine neue Verwendungsmöglichkeit für einen Ziegelstein auszudenken, sind zunächst einmal naheliegende Assoziationen wie »Häuser bauen« oder »Mauer« oder »Klinkerwand« aktiviert. Solche Lösungen sind aber alles andere als kreativ. Wer eine kreative Lösung finden will, muss über den Tellerrand schauen. Wenn einer unserer Versuchsteilnehmer (in der Erfinde-kreative-Verwendungsmöglichkeiten-für-einen-Ziegelstein-Aufgabe) schreibt: »Ich reibe den Ziegelstein klein und benutze ihn als Schminke im Karneval!«, dann ist das eine Assoziation, die nicht naheliegend ist und von vielen als kreativer beurteilt wird als eine Antwort wie: »Ich baue daraus ein Schloss.«

Interessanterweise weiß eine kreative Versuchsperson selten, wie sie auf eine Lösung gekommen ist. Was sich im Unbewussten abspielt, ist offenbar eine gleichzeitige Aktivierung mehrerer, total verschiedener Assoziationsnetze, nämlich Schminke, Ziegelstein und Karneval. Und dies passiert vor allem in einem Promotion-Fokus. Wenn Sicherheit gewährleistet ist und das Bedürfnis nach Selbstverwirklichung um Befriedigung bettelt, dann werden im Gedächtnis mehrere verschiedene Netzwerke aktiviert. Wenn man dagegen zunächst einmal Sicherheit herstellen muss, so zeigt die Forschung, verengt sich die Wahrnehmung, und man beginnt im Gedächtnis konzentriert nach gut erprobten Auswegen und Lösungsmöglichkeiten zu suchen. So werden Sie keinen kreativen Lösungsprozess in Gang setzen, wenn bei Ihnen eines Tages plötzlich das Wohnzimmer zu brennen anfängt. Vielmehr suchen Sie einen Ausweg, den Sie kennen, ohne ein Risiko einzugehen und sich selbst einen besonderen Erfindungsgeist beweisen zu müssen. Sie laufen raus, rufen die Feuerwehr und alarmieren die Nachbarn. Kreatives Denken erfordert jedoch Sicherheit; dazu gehört im Übrigen auch finanzielle Sicherheit, denn Kreativität muss man sich im wörtlichen wie im übertragenen Sinne leisten können. Wenn Ihnen nur ein begrenztes finanzielles Budget zur Verfügung steht, dann werden Sie nicht mit einem teuren Steinbutt herumexperimentieren, sondern sich genau an das Rezept der Fernsehköchin halten; wenn Sie dagegen Steinbutt im Überfluss haben, fangen Sie an, ihn auf ungewöhnliche Art und Weise zuzubereiten. Wenn Sie aus Geldmangel nur einmal in fünf Jahren in Urlaub fahren können, suchen Sie sich ein Ziel aus, das garantiert Spaß machen wird, und lehnen kreative Lösungen lieber ab: also lieber sichere Sonne auf Mallorca (wo man schon einmal gewesen ist) als eine abenteuerliche Schifffahrt durch die Mecklenburger Seenplatte (die man, so man Wessi ist, noch nie gesehen hat und die auch nicht unbedingt Schönwetter garantiert). Kreativ denken und handeln Menschen dann, wenn sie sich sicher fühlen und ihre Basisbedürfnisse befriedigt sind.

Hier kommt die Maus!

Die Geschichten von Mark-Rüdiger und Zö haben deutlich gemacht, dass Erziehung bei der Entwicklung von Bedürfnissen eine große Rolle spielt. Wie eben gezeigt kann man aber auch Situationen von Sicherheit bzw. Unsicherheit herstellen. Und man kann Menschen subtil zu einem annähernden oder vermeidenden Verhalten verleiten und sie dadurch kreativer oder analytischer machen. Letztere Idee war für Ron Friedman und mich ausschlaggebend für die Entwicklung der *Maus*, einer Auf-

gabe, die bei Versuchsteilnehmern Kreativität oder analytisches Denkvermögen auslösen sollte.*

Wie Sie sehen, sind das Labyrinth und die Maus in beiden Versionen gleich, und die Aufgabe ist auch immer dieselbe: Finde den Weg für die Maus! Während in der Version, die den Promotion-Fokus einleiten soll, die Maus zu einem Käse geführt werden muss, soll sie in der anderen Version, die den Prevention-Fokus aktivieren soll, vor einer Eule gerettet werden. In der Promotion-Fokus-Version bewegt man sich für die Dauer von circa ein bis zwei Minuten – so lange also, wie man braucht, um die Aufgabe zu lösen – stetig auf eine Belohnung zu, während es in der Prevention-Fokus-Version darum geht, in das Mauseloch zu gelangen und damit in Sicherheit.

* Daran wie schlampig das Schaubild gezeichnet ist, erkennen Sie, wir waren bei der Gestaltung wohl mit einiger Sicherheit in einem Promotion-Fokus. Die Tatsache, dass wir uns bis jetzt nicht getraut haben, die Abbildung in einer ordentlichen, besser gezeichneten Version anzubieten, reflektiert jedoch unseren Prevention-Fokus, getreu der Maxime »Never change a winning system«.

Wir ließen die Versuchsteilnehmer je eines der Labyrinthe lösen und baten sie dann, sich einer anderen, damit nicht zusammenhängenden Aufgabe zu widmen, nämlich der oben beschriebenen Ziegelstein-Kreativ-Aufgabe. Später ließen wir von Experten die Kreativität der dafür abgegebenen Lösungen einschätzen und fanden heraus, dass nach der Lösung des Promotion-Fokus-(Käse-)Labyrinths die Kreativität signifikant angestiegen, während sie nach der Lösung des Prevention-Fokus-(Eulen-)Labyrinths abgefallen war.

Solche Forschungsergebnisse lassen sich freilich nicht eins zu eins auf den Alltag übertragen. Ich kann Ihnen nicht versprechen, dass Sie nach der Käselabyrinthaufgabe wirklich kreativer sind. Schon gar nicht, wenn Sie wissen, was sie bewirken kann. Aber darum geht es auch gar nicht. Vielmehr versucht man in Experimenten wie diesen die generelle Idee bzw. Theorie des regulatorischen Fokus zu bestätigen: nämlich, dass man Kreativität beeinflussen kann, indem man Menschen in eine Situation versetzt, in der sie vorsichtig sind oder eifrig ein Ziel verfolgen – und dass solche Prozesse prinzipiell unbewusst ablaufen können. Subtile Stimulationen oder die Präsentation von Objekten, die mit Wachstum zu tun haben (die Maus zum Käse führen) können unbewusst zu einer Aktivierung vieler unterschiedlicher Assoziationsnetze führen; hat man dagegen Sicherheit vor Augen (die Eule als Gefahr), wird automatisch eine naheliegende Assoziation aktiviert. Sind solche gedanklichen Prozesse erst einmal ausgelöst, wirken sie sich bei bestimmten Aufgaben positiv, bei anderen negativ aus.

Der Eifer im Promotion-Fokus scheint gut geeignet zu sein für kreative Aufgaben. Man wird risikofreudiger und schämt sich nicht für eine neue, aber vielleicht auf den ersten Blick ungewöhnliche Lösung, und man aktiviert in seinem Gedächtnis viele, nicht unbedingt miteinander zusammenhängende Assoziationen.

Wir haben weitere Experimente durchgeführt, in denen Versuchspersonen nach der Maus im Labyrinth knifflige Logikaufgaben lösen mussten. Und in dieser Situation war der Prevention-Fokus mit seiner vorsichtigen und engen, konzentrierten Herangehensweise erfolgreicher. Das bedeutet: Nichts ist gut, nichts ist schlecht, beide Fokusse sind je nach Aufgabe hilfreich. In der Motivationsforschung gibt es fast immer einen Grund für ein bestimmtes Verhalten; es passt allerdings nicht jede Herangehensweise zu jeder Aufgabe. Die Theorie des regulatorischen Fokus ist besonders gut darin vorherzusagen, welche Herangehensweisen oder Strategien wir wann automatisch nutzen und wann diese förderlich oder hinderlich sind.

Nun mögen Sie denken: Halt, befanden sich nicht einige Genies alles andere als in sicheren, behüteten Situationen, und wurde ihre Kreativität nicht gerade vom Gegenteil, von Angst, Depression und Verzweiflung getrieben? Wie war das denn mit van Gogh – ging es dem nicht so schlecht, dass er sich ein Ohr abschnitt? Und hat er nicht trotzdem diese wahnsinnigen Bilder gemalt? Und wie war das mit Bukowski? Genial, aber Säufer? Und Sylvia Plath, die Weltliteratur schrieb und sich dennoch vor Kummer das Leben nahm? Ehrlich gesagt, weiß ich nicht, was diese besonderen Menschen zu Höchstleistungen antrieb, denn die Sozialpsychologie beschäftigt sich weniger mit der Psychologie von Genies als mit der normaler Menschen. Genies können ganz andersgeartete Autopiloten haben. Es kann aber sein, dass diese Menschen generell einen Promotion-Fokus auf Ideale hatten und daran im Alltag gescheitert sind. Ein Promotion-Fokus sollte auch dann zu Kreativität verhelfen, wenn er nicht zum Erfolg führt. Ein Künstler, der etwas Besonderes, ein abstraktes Ideal, wie etwa eine Verbesserung der Welt und der Kunst, verwirklichen will, mag am Leben scheitern, aber er kann seinem Ziel trotzdem in seiner Kunst näherkommen. Auch eine scheiternde Zö hat ja immer noch ihre Ideale vor Augen und wird weiterhin versuchen, sie zu erreichen.

Depressionen und Traurigkeit sind daher auch Gemütszustände, die eher Menschen im Promotion-Fokus erleben, dann nämlich, wenn sie die Ideale, die sie haben, wieder und wieder nicht erreichen. Versäumt man es dagegen, seinen Pflichten nachzukommen, stellt sich ein Gefühl der Angst ein. Kein Schauspieler hat Angst, wenn er den Oscar nicht bekommt (ein Idealziel), aber wenn er ständig zu spät am Set erscheint (eine Pflicht) und ihm der Rausschmiss droht, wird er nervös. Und kaum jemand ist depressiv, wenn er den Geburtstag seines besten Freundes (eine Pflicht) vergisst, sondern er befürchtet, dass er böse sein könnte. Glück empfindet man, wenn man ein Idealziel erreicht hat, Erleichterung dagegen, wenn man einer Pflicht erfolgreich nachgekommen ist. Kein Star ist nur erleichtert, wenn er einen Oscar holt, er ist glücklich. Und kein Mensch ist glücklich, wenn er pünktlich irgendwo hinkommt, er ist allenfalls erleichtert. Forschung zeigt, dass Menschen im Promotion-Fokus je nach Erfolg oder Misserfolg glücklich oder traurig sind; Menschen im Prevention-Fokus empfinden vor allem Erleichterung oder Angst.

Fakten, Fakten, Fakten: Einkaufen gehen mit Fokus

Teile der Theorie des regulatorischen Fokus gehen auf den amerikanischen Psychologen Abraham Maslow zurück. Maslow nahm eine Bedürfnispyramide an, die gemäß Brechts Spruch »Erst kommt das Fressen und dann die Moral« funktioniert. Das breite Fundament der Pyramide sind die Grundbedürfnisse wie Schutz, Sicherheit, Wärme und eine ausreichende Versorgung; in der Spitze finden sich Selbstverwirklichungsziele. In dem Moment, wo das Grundbedürfnis nach Sicherheit nicht befriedigt wird, ist die Suche nach Schutz, Pflichten und Normerfüllung das Gebot der Stunde; hehre Ziele wie Selbstverwirklichung klingen dann wie Hohn. Sind die basalen Grundbedürfnisse erfüllt, sucht der Mensch nach Abwechslung und geht dabei auch gerne mal ein Risiko ein – er geht auf Entdeckungstour und lässt für einen Moment die Gefahren außer Acht, die damit einhergehen können. Ein in der Wüste verdurstender Schauspieler, der seine Oscarrede vorbereitet, wäre demnach genauso eine Karikatur wie ein Oscar-Gewinner, der während seiner Dankesrede daran denkt, dass er noch Paniermehl einkaufen muss.

Kürzlich fanden Lioba Werth und ich heraus, dass der regulatorische Fokus sogar auf die Kaufmotivation Einfluss hat. Vermutlich würde eine Zö mehr Geld für kreative Produkte ausgeben, während ein Mark-Rüdiger eher Geld in Dinge investiert, die ihm Sicherheit geben. Wie ich Mark-Rüdiger kenne, ist er bestimmt überversichert. Sicherlich benutzt er eine Kreditkarte, die eine Auto-, eine Reisegepäckversicherung und wasweißichnoch beinhaltet. Das kostet dann 40,- Euro mehr im Jahr. Ist doch ein Schnäppchen, wenn mal was passiert! Und weil er dem Braten nicht traut (ist das wirklich so, dass eine Kreditkartenfirma etwas bezahlt, wenn mein Koffer mal verloren geht?), schließt er jedes Mal, bevor er in den Urlaub fährt (den er übrigens jedes Jahr an demselben Ort an der Nordsee verbringt, weil er sich da auskennt), eine »richtige« Reiseversicherung* ab. Forschung hat herausgefunden, dass Versicherungen etwas sind, mit dem sich vor allem Menschen im Prevention-Fokus eindecken.

Eine Zö dagegen verbringt ihren Urlaub natürlich jedes Mal an einem anderen Ort, immer dort, wo es gerade cool ist. Ihre Sorge besteht viel eher darin, dass sie einen tollen, hippen und gleichzeitig politisch korrekten Urlaubsort verpassen könnte. Sie will Gewinne, Pluspunkte sammeln, getreu nach dem Motto

* Haben Sie sich mal überlegt, wie bescheuert so eine Versicherung ist? Wenn Sie zweimal im Jahr in den Urlaub fahren und jedes Mal 20,- Euro bezahlen, dann sind das in 10 Jahren 400,- Euro. Aber wie groß ist die Wahrscheinlichkeit, dass Ihnen jemand Ihre Kronjuwelen, die Sie sicherlich jedes Mal in den Urlaub mitnehmen, stiehlt? Wie viel ist der Inhalt Ihres Koffers wirklich wert? Und wie schlimm wäre es, wenn tatsächlich etwas abhandenkäme? Ganz abgesehen davon, dass Sie ihn, übervorsichtig wie Sie sind, sowieso niemals aus den Augen lassen werden?

von Georgette Dee, die einmal sagte: »Weniger ist mehr? Mehr ist mehr!« Zös Konto ist chronisch überzogen, egal wie viel sie verdient. Ich sehe sie vor mir, wie sie mich in New York besuchte und dauernd nach den hipsten Gegenden Ausschau gehalten hat. Wie sie letztendlich mit einem Koffer voll Zeugs, das sie niemals anziehen würde, vor dem Zollbeamten stand und ein zutiefst enttäuschtes: »Das soll ich alles verzollen? Das bisschen? Ich habe doch gar kein Geld mehr! Ihr lasst einem auch gar keinen Spaß im Leben!«, entgegenjaulte. Forschung zeigt, dass Leute im Promotion-Fokus eher für kreative Produkte wie Kunst, Schmuck oder Deko-Artikel Geld ausgeben.

Lioba Werth und ich gingen noch ein wenig weiter, indem wir vermuteten, dass Menschen im Prevention-Fokus Wert auf Produkte der unteren Bedürfnispyramide legen, also solche, die lebensnotwendig sind und Schutz bieten, während die Selbstverwirklichungstendenz im Promotion-Fokus zu einem Interesse an Luxusprodukten führt, also an Dinge, die das Leben schöner machen, ohne dass man sie wirklich braucht.

Dementsprechend fanden wir heraus, dass Versuchsteilnehmer mit einem Prevention-Fokus bei Armbanduhren eher auf die Länge der Garantie und bei einer Sonnenbrille auf den UV-Schutz achteten, während die Probanden im Promotion-Fokus vielmehr daran interessiert waren, ob die Produkte irgendwelche Extras (Zeitzonenverstellbarkeit bzw. schicke Ohrbügel) hatten. In einer anderen Studie kamen wir zu dem Ergebnis, dass Menschen mit einem Promotion-Fokus für Luxusprodukte wie Lippenstifte mehr Geld ausgeben würden als Menschen mit einem Prevention-Fokus. Bei Kondomen war das Gegenteil der Fall, hier investierten Menschen im Prevention-Fokus mehr als diejenigen im Promotion-Fokus.

Achtung, liebe Leser, Werbefachleute kennen diese Befunde schon. Viele Produkte lassen sich ja mit beiden Aspekten bewerben. Man kann die tollen Erlebnisse schildern, die der Genuss eines Bieres mit sich bringt, und gleichzeitig daran erinnern, dass es streng nach dem Reinheitsgebot gebraut wurde. Man kann bei Lebensversicherungen darauf hinweisen, dass man mit sechzig das Geld für eine tolle Reise ausgeben kann – ganz zu schweigen von den Sicherheitsaspekten, die eine solche Anlage hat. Und man kann auf die Tüte mit den quietschbunten Gummibärchen den Hinweis drucken: »Ohne Fett«*. So spricht man beide Motivationstypen an.

Die regulatorischen Fokusse werden uns noch öfter beschäftigen. An dieser Stelle sei nur noch einmal betont, dass sich unser Geist häufig unbewusst auf eine bestimmte Situation einstellt. Ist Sicherheit gefährdet, schalten wir automatisch auf vermeidende, langsame, genaue, analytische Verarbeitung um und interessieren uns mehr für Dinge, die Grundbedürfnisse befriedigen oder Sicherheit herstellen. Ist Sicherheit gewährleistet oder in einer Situation nicht so sehr relevant, werden wir eifrig, kreativ, schnell und risikofreudig und interessieren uns für Dinge, die über die Befriedigung unserer Grundbedürfnisse hinausgehen.

… und an die Leser denken: Kurz gefasst

Der Hedonist in uns allen strebt nach einem möglichst bequemen, schönen Dasein und sieht sich selbst am liebsten in einem positiven Licht. Er will sich gut fühlen, und das gelingt ihm am besten, wenn er sich vor allem an seine Erfolge und Heldentaten erinnert und seine Misserfolge vergisst. Unser Gedächtnis ist kein lebloser Speicherplatz, in dem Erfahrungen in gleich große Schubladen gesteckt und mit gleich großer Wahrscheinlichkeit herausgeholt werden können. Nein, es verstaut alles Hässliche ganz weit hinten, während das Schöne nach vorne gerückt wird. Dabei arbeitet es konstruktiv unserer Gesundheit zu. Positive

* Ja, liebe junge Leute, früher hatten die Gummibärchen immer eine reiche Buttercremefüllung.

Illusionen über uns selbst helfen unserem Selbstwert und sind letztendlich gesund. Allerdings kann man nicht alles Negative ausblenden, und deshalb versucht der Hedonist in uns, andere Beteiligte oder das Schicksal, jedoch selten sich selbst, dafür verantwortlich zu machen.

Neben dem hedonistischen Wunsch nach Glück und positivem Erleben ist der Mensch an der Wahrheit interessiert, und wenn der Wahrheitssuchende in uns besonders stark wird, beginnen wir, aus Fehlern zu lernen. Allerdings ist das ein schmerzhafter Prozess, der nicht selten Kraft kostet und zu Verstimmungen führt. Manchmal zieht das Streben nach Wahrheit sogar recht dysfunktionale Effekte nach sich, dann nämlich, wenn man denkt, nur im Streit und im Negativen zeigt sich das Wahre, einschließlich der wahren Liebe. Paradoxerweise kommt man der Wahrheit, wenn man mit einem Tunnelblick nur auf das Schlechte schaut, oft auch nicht viel näher und ist darüber hinaus mies drauf. Richtig erscheint eine gute Balance zwischen Hedonist und Wahrheitssucher, wobei man den gesundheitsfördernden Aspekt einer leichten Selbstüberschätzung durchaus zu würdigen wissen sollte.

Zu guter Letzt sollte man sich vergegenwärtigen, dass von Wahrheits*suchern*, die Rede ist. Ob sie die Wahrheit über sich je finden werden, ist ungewiss. In jedem Fall ist es aber sinnvoll, das Glas halbvoll zu sehen als halbleer. Und wenn Sie nicht davon abzuhalten sind, zu denken, Sie seien blöd, dann werden Sie sich bitte dessen bewusst, dass alle anderen nicht viel besser sind – sie *halten sich* lediglich für schlauer, während Sie als ehrliche Haut sich die eigene Blödheit wenigstens eingestehen und andere so dressiert haben, Ihnen darin auch noch recht zu geben. Und wenn Sie mir folgen können, dann haben Sie jetzt allen Grund, sich solchen blöden Situationen nicht weiter auszusetzen. Entweder suchen Sie sich was anderes, oder Sie verändern sich oder die Situation. Kneifen gilt nicht. Erinnern Sie sich an Prinzip 1: Sie sind Veränderung!

Das Menschenbild des Hedonisten wurde grundlegend durch die Theorie des regulatorischen Fokus herausgefordert, die aufzeigt, dass Menschen beim Verfolgen positiver Endzustände annähernde, aber auch vermeidende Strategien anwenden können. In einem Prevention-Fokus, in dessen Zentrum Sicherheit, Pflichten und Verantwortlichkeiten stehen, zeigen Menschen analytische, enge Denkweisen und erledigen eine Aufgabe langsam, aber präzise, während sie in einem Promotion-Fokus hinsichtlich ihrer Ideale und Selbstverwirklichung kreativ werden, Ideen weiterdenken und sich schnell und risikofreudig verhalten; dabei fallen Fehler nicht so sehr ins Gewicht. Das Streben nach Sicherheit und Idealen haben wir alle im Kopf, und somit können wir, je nachdem, welche Gedanken in einer Situation gerade aktiviert werden, von einem Fokus in den anderen schalten. Beides, Sicherheit und Ideale, motivieren uns, etwas zu tun. Das heißt umgekehrt aber auch: Menschen, die *weder* an Sicherheit *noch* an Ideale denken, sind unmotiviert und träge. Die höchste Motivation, etwas zu tun, finden wir deshalb bei den Menschen vor, die beide Persönlichkeitstypen in sich vereinen, sei es zum Beispiel, weil sie als Kind sehr unterschiedlichen Erziehungsmethoden ausgesetzt waren oder privat und beruflich in sehr unterschiedlichen Welten leben (etwa wenn sie im Beruf auf Sicherheit achten müssen und Zuhause Selbstverwirklichungsziele an erster Stelle stehen). Letztendlich ist bei vielen komplexen Aufgaben beides gefragt, Genauigkeit und Kreativität. Einen Film zu drehen, beinhaltet sowohl Phasen analytischer Planung und ganz konkrete Aufgaben wie Schnitt als auch andere, in denen allein die Kreativität zählt. Ein Mensch, der je nach Aufgabe in einen Promotion- oder Prevention-Fokus springen kann, wäre deshalb in vielen unterschiedlichen Aufgaben gut. Befunde zu letzterer Überlegung stehen allerdings noch aus, aber vielleicht sind Sie selbst ja bereits ein Beispiel für einen solch hoch motivierten Menschen.

Zu diesem Zeitpunkt sei jedoch schon vorweggenommen: Sie können die Situation verändern, in der Sie sich befinden; oder

Sie ändern sich selbst. Wollen Sie im Beruf kreativer sein? Dann schauen Sie sich doch einmal die Belohnungsstruktur in Ihrem Job an. Zu wenig Sicherheit? Zu viel negatives Feedback? Kann man das nicht mal ansprechen? Und wenn das absolut unmöglich ist, gibt es dann nicht irgendeinen Ort, wo man sich besser seinen Bedürfnissen entsprechend verwirklichen kann? Den gibt es häufig, ohne dass man gleich umziehen oder seinen Partner in die Wicken schicken muss.

Der Vorteil einer guten, stimmigen Umgebung ist, dass sie bei unserem Autopiloten automatisch Unterprogramme aktiviert, die uns ohne viel Anstrengung zum Erfolg führen können. Schaffen wir diese Umgebung oder suchen wir sie auf, laufen bestimmte zielführende Prozesse effizient und effektiv ab. Was uns einen allzu großen Zeitaufwand erspart – womit wir beim nächsten Kapitel sind.

PRINZIP 3

Zeit: Fliegend ankommen oder den Flug genießen?

Vom Kriechen und Fließen. Warum Elvis Presley am Fließband in Kartoffel-Chips erscheint und von Karl Marx ausgelacht wird. Bei welchen Tätigkeiten man die Zeit vergisst, und was Zö und Mark-Rüdiger damit zu tun haben. Wann wir in die Klötze und wann zu Potte kommen. Vom Bedürfnis, eine schnelle Entscheidung zu fällen. Vom Nutzen des Unbewussten. Die Tatsache, dass Milchmädchen nicht mit der Zeit rechnen. Schenken Sie sich Ihr Auto! Grenzen der Vernunft und der menschlichen Intuition. Was Deadlines und Langeweile mit dem Tod gemein haben. Und warum der Tod ein aggressiver Spießer ist.

Über Zeit lernen wir im Physikunterricht. Aber natürlich ist sie auch und vor allem eine psychologische Größe. Mal rennt sie uns davon, mal schleicht sie dahin. Die Zeit kann so verschiedene, mannigfaltige Funktionen im Motivationsgeschehen haben, dass es gar nicht so einfach ist, diesem wichtigen Faktor gerecht zu werden. Zum Beispiel ist es nicht ganz unentscheidend, *wann* wir mit etwas anfangen. Etwa wenn wir uns vorgenommen haben, mal mit unserem Kollegen zum Sport zu gehen. Setzen wir das Vorhaben gleich um oder erst morgen oder nächste Woche? Je nachdem, wie weit wir noch von unserem Ziel entfernt sind, spielt Zeit eine andere wichtige Rolle. Ist unsere Motivation immer dieselbe, oder strengen wir uns, wenn das Ziel schon fast erreicht ist, noch einmal so richtig an? Und zu guter Letzt: Ist der notorische Mangel an Zeit etwas, was uns motiviert, Dampf zu geben, Ressourcen zu mobilisieren und uns schnell zu entscheiden? Welche Kosten oder Nutzen hat Zeitdruck? Zeit ist Lebenszeit. Wir müssen sie im Auge behalten und sie uns gut einteilen. Zeit effizient zu nutzen ist eine wichtige Grundlage für gute Selbstregulation.

Fabrizierte Langeweile

Mit zwanzig habe ich mir geschworen, nie mehr Langeweile zu haben. Ich stand damals an einem Metallbock und stopfte Plastikkorken in Metallröhren, die hinterher für Surfgeräte verwendet wurden. In dem Metallbock steckte ein abgesägter Besenstiel, und ich musste an jeder Seite des Rohrs einen Plastikstopfen aufdrücken, um dann den Besenstiel bis zum Anschlag in das Rohr zu rammen. Jeden Tag acht Stunden lang, über sechs Monate hinweg. Arbeitsbeginn war sechs Uhr morgens, um vier Uhr war man fix und fertig. Ich hatte dadurch genug Geld, um ein Studium zu beginnen, und mir war ja auch vorher schon klar, dass ich nicht mit Krupp verwandt bin. Allerdings war der dumpfe Zustand nicht enden wollender Zeit damals so beeindruckend, dass ich fortan alles tat, um nie mehr in diesen Strudel von Anstrengung, Müdigkeit und Traurigkeit zu geraten. Ich nahm ein Psychologiestudium in Trier auf und suchte ab dem ersten Tag nach attraktiveren Jobs. Ich spielte Theater, übersetzte Gedichte aus dem Katalanischen, verdingte mich als Hochzeitssänger, gab Kurse in französischer Konversation, und ab dem dritten Semester hatte ich eine Halbtagsstelle als Hilfskraft an der Uni, wo ich bei Rüdiger Pohl viel lernte, viel Spaß hatte und dem Herrgott dankbar war, dass ich etwas konnte, bei dem ich mich nicht langweilen musste.

Langeweile ist für mich persönlich ein kleiner Tod, denn was man in diesem Zustand will, ist ja nichts anderes, als dass die Zeit vorüber geht, die Zeit zwischen hier, dem Leben, und dem Tod, *Lebens*zeit. Langeweile zu haben bedeutet, nicht in dieser

Zeit zu sein, weg zu sein, tot zu sein. Zeit totschlagen ist wie sich selbst totzuschlagen.

Um diesem kleinen Tod von der Schippe zu springen, lassen sich Menschen etwas einfallen: Sie denken sich interessante Beschäftigungen und Berufe aus, erfinden Computer, bessere Pfannen oder Autos, lesen, schreiben Gedichte, besticken Taschentücher oder kreieren immer neue Gerichte. Und wenn sie doch in einer monotonen Arbeitswelt landen, der sie nicht entkommen können, dann machen zumindest die Schlauen unter ihnen das Beste daraus.

Jailhouse Rock

Carol Sansone argumentierte, dass Menschen bei der Arbeit wenigstens ein bisschen das Gefühl haben müssen, selbst daran beteiligt und dafür verantwortlich zu sein. Sie müssen *intrinsisch* statt *extrinsisch* motiviert sein. Mit anderen Worten: Sie müssen an der Tätigkeit selbst Spaß haben, nicht nur an dem, »was dabei rumkommt«. Extrinsische Motivatoren allein – und das sind nicht nur finanzielle Anreize, sondern auch Lob von anderen – vermögen einen Menschen nicht froh zu machen; er muss auch an seinem *Tun selbst*, am *Prozess der Arbeit* interessiert sein. Deshalb, so hat Sansone herausgefunden, versüßen sich Menschen monotone und von außen auferlegte Arbeiten oft auf recht kreative Art. So beobachtete sie Fabrikarbeiter und entdeckte, dass sich Menschen, die beispielsweise den ganzen Tag lang das Aussehen von Kartoffelchips kontrollieren müssen, häufig zusätzliche Aufgaben stellen: Sie stellen das Band mal schneller, mal langsamer, sagen sich Gedichte vor, singen oder lassen in ihren Köpfen lustige Szenen ablaufen. Ein inzwischen klassischer Sport in amerikanischen Chipsfabriken ist es, eine Kartoffelscheibe zu finden, die wie Elvis Presley aussieht. Man kann sich vorstellen, wie das die ansonsten eher stumpfsinnige Arbeit abwechslungsreicher macht. Aber nicht nur das, ich bleibe bei dem für mich entscheidenden Punkt: Sich selbst die Aufgabe interessant zu machen ist überlebenswichtig, es ist ein wirksames Mittel gegen Langeweile, und es gibt dem Ganzen einen Sinn. Ohne diesen selbstregulatorischen Trick würde man an entfremdeter Arbeit schlichtweg verzweifeln.* Denn wie Stressforschung zeigt: Burnout ist häufig nichts anderes als ein toxischer Cocktail aus Stress *und* Langeweile.

Ich habe in der Zeit meiner Fabrikarbeit viel über Motivation gelernt, und zwar von meinem Kollegen Ali. Ali hatte eine miese Kindheit und war stolz darauf, den Job in der Fabrik bekommen zu haben. Er war stolz auf sein Auto und darauf, sein eigenes Geld zu verdienen. Aber auch ihm war natürlich langweilig, und so dachte er sich immer wieder kleine Scherze aus. Mal stopfte er einen Zigarettenstummel zwischen die Plastikkorken und steigerte sich in die Vorstellung hinein, wie ein braungebrannter Schönling auf Sylt von dem Gerappel rammdösig würde. Wir experimentierten mit Glasscherben, Kugelschreiberfedern, Pralinen, Sand, Murmeln und toten Mäusen. Ich habe den Verdacht, dass die Kreativität, die aus Langweile entsteht, häufig nicht die beste ist. Insbesondere dann, wenn man das Gefühl hat, andere seien für die gestohlene Lebenszeit verantwortlich, ist man geneigt, sich an ihnen zu rächen. Manchmal war Ali aber auch im positiven Sinne kreativ. Damit ihm die Arbeit einfacher von der Hand ging, brachte er Vaseline mit und verdoppelte die

* Manchmal ist ein solcher Spaß sogar lukrativ, denn inzwischen findet man solche Elvis-Chips hin und wieder bei eBay zu abstrusen Preisen – 65 000,- Dollar sind dafür schon aufgebracht worden von Menschen, die nicht in Fabriken arbeiten müssen! Karl Marx hätte sich vermutlich gefreut. Ein aus entfremdeter Arbeit entstandenes Hirngespinst wird zur Handelsware und findet seinen Eingang in die Auktionshallen. Und letztendlich kauft der Fabrikbesitzer das Produkt einer Verzweiflung zurück. Wenn selbst die Persiflage noch zu Geld gemacht wird, dann hat die Dialektik ihren Höhepunkt erreicht.

Geschwindigkeit, mit der er arbeitete. Und nebenbei dichtete er immer kleine lustige Lieder für seinen Großvater, der nach einem Schlaganfall im Rollstuhl saß.

Aggressives Übersetzen zum Ziele der besseren Völkerverständigung

Als ich 14 war, sprach ich recht gut Französisch und fuhr häufig zum Schüleraustausch nach Bayeux. Lübbecke und Bayeux waren eine Städtepartnerschaft eingegangen. Ziel des Ganzen war es, zu einer besseren Völkerverständigung zwischen Franzosen und Deutschen beizutragen. Immerhin spielt die Geschichte in den späten siebziger Jahren, als viele Franzosen die Deutschen noch für Nazis hielten; solche Vorurteile, so glaubte man, würden durch Städtepartnerschaften im Keim erstickt. Die Organisatoren, irgendwelche Amtmänner, waren jedoch vor allem deswegen von der Idee angetan, weil sie darauf hofften, sich auf Kosten der Stadt eine schöne Zeit im »exotischen« Frankreich machen zu können. Dieses Vorhaben musste schon allein deshalb scheitern, weil die französische Partnerstadt exakt die gleiche Struktur aufwies wie Lübbecke, sprich, das Angebot an Wein, Weib und Gesang war bescheiden; und außerdem regnete es dauernd, was schlussendlich dazu führte, dass sich die steuerfinanzierten Weltverbesserer einen Calvados nach dem anderen hinter die Binde kippten (strukturgleiches hochprozentiges Element in Ostwestfalen-Lippe: Bei jedem Wetter: Niederstädter!).

Aus irgendeinem Grund sprach keiner der Amtmänner Französisch, womit der Völkerverständigung natürliche Grenzen gesetzt waren. So nutzte ich die Gunst der Stunde, heuerte als Übersetzer an und wurde – nicht zuletzt wegen meiner langen blonden Locken – in der Lokalpresse schnell als der »Engel mit der flinken Zunge« bekannt. Das Übersetzen war nervtötend und höllenlangweilig. Ich musste haufenweise ätzende Vokabeln lernen: Begriffe wie Generationenvertrag, Darreichungsform, Burgmannshof, Gärungsprozess, Tiefbrunnenanlage und Krankenkassenbeitrag waren an der Tagesordnung, und beim Anblick der Amtmänner, die ständig hacke waren, die Sprache nicht beherrschten und unruhig wurden, sobald ich etwas nicht wusste, drehte sich mir regelmäßig der Magen um. Meistens aber induzierte das Geschwafel bleierne Langeweile. Meine Enttäuschung über den Job war grenzenlos – etwa so wie sich die Nordsee aus der Perspektive eines Sechsjährigen darstellt, der das Meer sehen will, und dann ist da stundenlang nur Watt.

Die vom Calvados-Suff geschwängerten, immergleichen Reden versetzten mich nach einer Weile in einen plötzlichen, vermutlich äußerst gesunden Tiefschlaf. Ich riskierte meinen Job zu verlieren – also ließ ich etwas Kreativität in meine Tätigkeit fließen. Das hielt mich wach und am Leben. Ich übersetzte »Jugendstil« mit »Rococo«, »Haute Couture« mit »Hochkultur« und machte aus »Renaissance« »Christi Himmelfahrt«. Schon nach kurzer Zeit war meine Schamgrenze so weit gesunken, dass ich mit beinahe teuflischer Energie ganze Reden umschrieb. Wenn Herr Flinke-Weidenbrink, der sich gerne als Oberamtmann aufspielte, einen chauvinistischen Satz wie »Zwar müssen auch die Franzosen begreifen, dass wir Deutschen und vor allem die Ostwestfalen nach dem Krieg am meisten gehungert haben« verfasst hatte, übersetzte ich ihn kurzerhand mit »Wir entschuldigen uns dafür, dass Ihre Söhne und Töchter im Gegenzug zu den köstlichen normannischen Speisen mit der ostwestfälischen Küche kulinarisch gesehen in die Zeit des Krieges zurückversetzt werden. Wir geloben Besserung, können aber für nichts garantieren.« Und setzte hinzu: »Auch die Entwicklung des ostwestfälischen Mannes ist auf gutem Wege. In der derzeitigen Darreichungsform kann er jedoch nicht empfohlen werden.« So trug ich durch gezielte Übersetzungsfehler – oder mit anderen Worten: durch Langeweile genährte Aggression – entscheidend zur Völkerverständigung bei. Auch dieses Beispiel zeigt, dass

Langeweile durchaus kreativ machen kann. Weil Menschen langweilige Aufgaben nur schwer ertragen, definieren sie sie für sich neu, machen sie sich zu Eigen und das Beste daraus. Sie motivieren sich intrinsisch.

Wenn alles fließt statt kriecht

Das Gegenteil von Langeweile ist das Flow-Erlebnis, entdeckt von einem Psychologen, dessen Namen alles andere als Langeweile aufkommen lässt: Mihaly Csikszentmihalyi. Er versteht unter *Flow* das Gefühl des völligen Aufgehens in einer Tätigkeit: Alles gelingt, die Zeit vergeht wie im Flug, wir haben Spaß und sind intrinsisch motiviert.

Intuitiv würde man denken, dass sich das Flow-Erlebnis insbesondere bei kreativen Aufgaben einstellt, und dies würden viele Psychologen auch so unterschreiben. Das stimmt aber nur in Maßen, denn um auf Mark-Rüdiger zurückzukommen – er schien dieses Gefühl auch beim Lösen von Rätseln oder Mathematikaufgaben zu haben. Erste Befunde deuten an, dass sich das Aufgehen in einer Aufgabe und das Verlieren in der Zeit vor allem dann einstellen, wenn man das Gefühl hat, etwas *richtig* zu machen. Und dieses Gefühl hat man vor allem dann, wenn man so an einer Aufgabe arbeitet, dass sie zu dem jeweiligen regulatorischen Fokus passt. Demnach ist es so, dass sich bei Menschen mit einem Promotion-Fokus dann ein Flow-Erlebnis einstellt, wenn sie kreative Aufgaben bewältigen; während Menschen mit einem Prevention-Fokus dieses Gefühl erleben, wenn sie an analytischen Aufgaben herumtüfteln. Tory Higgins nennt diese Passung zwischen Aufgabe und Motivationstyp den *regulatorischen Fit*. Wenn so ein Fit besteht, haben Menschen Spaß, sie finden das, was sie machen, wichtig und richtig und vergessen alles um sich herum – die Zeit wird gefüllt mit Leben, wird das, was sie sein soll: Lebenszeit. Zum

Fit kommen wir im zehnten Kapitel, bis dahin müssen Sie sich noch etwas gedulden.

Bei Kindern unserer Zeit scheint sich ein Flow-Erlebnis vor allem bei Video- und Computerspielen einzustellen. Ihre Augen glänzen, wenn sie Schätze suchen, Feinde abschlachten, in Höhlen verschwinden. Und wenn wir sie bitten, das Spiel zu beenden, schreien sie: »Ich bin doch noch gar nicht so lange dran!« Es ist schade, wenn Motivation und Energie so vor einem Bildschirm verpuffen – aber ich weiß selbst, wie schwierig es ist, gegen die glitzernde Welt der Medien, des Internets und der Computerspiele Programm zu machen.

Es scheint, dass wir für Aufgaben, die auf den ersten Blick wenig spaßig wirken, weitere Motivatoren brauchen. Aber selbst dann, wenn wir an einer Sache interessiert sind, heißt das noch lange nicht, dass wir sie auch sofort angehen. Sonst würden nicht so viele CDs mit Sprachkursen auf meinem Schreibtisch einstauben, und ich würde mich an regnerischen Morgen schneller in meinem regenwalderprobten Gummidress auf mein Fahrrad schwingen, um damit zur Arbeit zu fahren. Unter welchen Bedingungen kommen wir also »in die Klötze«, wie der Ostwestfale sagt?

Wann wir in die Klötze kommen

Legen wir die Theorie des regulatorischen Fokus zu Grunde, dann liegt die Vermutung nahe, dass sich Menschen im Promotion-Fokus schneller an eine Aufgabe machen, die sie sich gesetzt haben, als Menschen im Prevention-Fokus, die eher zögerlich sind. Das wäre aber zu kurz gedacht.

Schauen wir uns noch einmal Zö genauer an. Zö hatte als Kind immer tausend Dinge gleichzeitig im Kopf: Sie wollte zum Ballett und kaum stand sie an der Stange, wollte sie Gesangsstunden nehmen; sie wollte Meeresbiologin werden und gleichzeitig eine Boutique aufmachen, sie wollte den Strickkurs und den Werkkurs absolvieren, und sie wusste morgens nie, welches Outfit sie wählen sollte. Stopp! Was gemerkt? Zu viele Ziele können dazu führen, dass man relativ lange braucht, um in Gang zu kommen. Und das war auch so. Vor lauter Ideen schwirrte Zö oft dermaßen der Kopf, dass sie gar nicht wusste, was sie zuerst tun sollte.

Wenn sich Mark-Rüdiger dagegen vorgenommen hatte, vor der Schule schwimmen zu gehen, dann stellte er den Wecker auf Viertel nach sechs, stand auf, zog die Klamotten an, die er sich am Abend vorher herausgelegt hatte, aß Pumpernickel mit Rübenkraut und war um Viertel nach sieben in der Badeanstalt. Mark-Rüdiger hatte eher wenige Ziele und Interessen, aber die verfolgte er konsequent und mit einem konkreten und gut durchdachten Plan in der Tasche. Wenn man ihn fragte, warum er dieses und jenes tue, dann sagte er in schönstem Platt: »Wat mut, dat mut.« Was muss, das muss, ist ein typisches Motto im Prevention-Fokus – ob man wirklich will oder nicht, spielt keine große Rolle; manche Dinge müssen eben einfach gemacht werden. Mark-Rüdiger sah es als seine *Pflicht* an, in Mathe eine Eins nach der anderen zu schreiben, und bekam sie dann auch. Menschen mit einem hohen Prevention-Fokus können ziemlich gut sein. Sie reißen sich zusammen, selbst wenn es ihnen gerade nicht so gut geht, und haben das Gefühl, dass fast alles, was sie machen, eine absolute Notwendigkeit ist.*

Auch Zö war eine gute Schülerin, in anderen Fächern als Mark-Rüdiger wohlgemerkt, aber wenn man sie fragte, wie es dazu kam, dass sie in Deutsch eine Eins nach der anderen schrieb, dann sagte sie: »Weil ich die Menschen verstehen will. Und wenn ich Bücher lese, begreife ich sie besser.« Zö hatte

* Übrigens ist es wirklich besser, Pflichten möglichst gleich zu erledigen. Ich schiebe zum Beispiel meine Steuererklärung immer viel zu lange vor mir her. Furchtbar, denn natürlich plagt mich das schlechte Gewissen. Ein bisschen Mark-Rüdiger schadet da nichts. Was man weg hat, hat man weg.

immer diese großen, abstrakten Ziele vor Augen. Aber um die »Menschen zu verstehen«, reicht es nicht allein, Bücher zu lesen, eigentlich muss man auch viel reisen, mit anderen Menschen diskutieren, verschiedene Religionen kennenlernen etc. Alltägliche Ziele werden Mittel zum Zweck eines großen Ziels, und da viele Wege nach Rom führen, weiß man manchmal nicht, welchen man einschlagen soll. Die Menge der Möglichkeiten und die Abstraktheit der Ziele können dazu führen, dass Menschen wie Zö dann Ladehemmungen haben.

Mein Kollege Tony Freitas belegte die Beobachtung, dass Menschen im Promotion-Fokus länger brauchen, um ein Ziel anzugehen, während Menschen im Prevention-Fokus nach dem »wat mut dat mut«-Prinzip sofort loslegen, in einem Experiment. Dazu sollten sich die Versuchspersonen vorstellen, wann sie damit beginnen würden, einen Essay zu schreiben, den sie für die Bewerbung um ein Stipendium benötigten. Die Deadline sollte drei Monate später sein.

Wie zu erwarten wollten Menschen im Prevention-Fokus diese Aufgabe eher angehen als solche im Promotion-Fokus. Dies galt sowohl für den regulatorischen Fokus als festes Persönlichkeitsmerkmal (also solche Personen, die fast immer an Pflichten oder an Selbstverwirklichung denken) als auch für den spontan ausgelösten. Letzteres, das Wecken eines Fokus in der Situation, wurde dadurch erreicht, dass das Stipendium mal als Promotion-Fokus-Ziel und mal als Prevention-Fokus-Ziel dargestellt wurde. In der Promotion-Fokus-Beschreibung wurde daran erinnert, wie gut man sich mit so einem Stipendium fühlen würde. Mit dieser Vorgabe stellt man sich vermutlich vor, wie sehr man sich über eine solche Auszeichnung freut, welche Freiheiten ein solches Stipendium bietet oder was man mit dem Geld alles anstellen kann. In der Prevention-Fokus-Beschreibung dagegen wurde eindrücklich dargelegt, wie schlecht man sich fühlt, wenn man das Stipendium *nicht* bekommt. So dargestellt, denkt man eher an Situationen der Unsicherheit, in denen man sich finanziell einschränken muss und nicht weiß, ob und welchen Job man stattdessen annehmen muss. Da wird das Ergattern eines Stipendiums schnell zur Pflicht nach dem Motto: Ich muss das jetzt kriegen.

Freitas' Forschergruppe fand heraus, dass die Versuchsteilnehmer eher mit dem Schreiben des Essays beginnen, wenn die Aufgabe im Prevention-Fokus beschrieben wurde. Im Promotion-Fokus dagegen stellte sich die vorhergesagte Verzögerung ein. Verstehen wir also etwas als Pflicht oder Notwendigkeit, gehen wir die Sache schneller an. Verstehen wir eine Aufgabe als Mittel zur Selbstverwirklichung, dann lassen wir uns mehr Zeit. Da es mehrere Wege zum Erreichen hehrer Ideale gibt, fällt es manchmal schwer, sich schnell für einen zu entscheiden. Zu viele Möglichkeiten verwirren, lenken ab.*

In einer weiteren Reihe von Experimenten zeigte Freitas, dass sich Menschen im Prevention-Fokus auch nicht so schnell ablenken lassen. Wenn man etwas als Notwendigkeit ansieht, dann lässt man sich nicht beirren. So wie Mark-Rüdiger, den selbst das ostwestfälische Regenwetter morgens um Viertel nach sieben nicht davon abhalten konnte, im Schwimmbad seine vierzig Runden zu drehen. Da wurde Zö dann manchmal blass: »Tomatenmark**, du bist echt dreifach konzentriert. Echt schmerzlos!«, seufzte sie voll Neid.

Halt! Wie aber passt das zu den Befunden aus dem vorigen Kapitel, wo gezeigt wurde, dass Menschen im Promotion-Fokus schnell, aber ungenau zu Werke gehen? In der Motivationspsy-

* Finden Sie das wenig einleuchtend, weil Sie so wie ich die Steuererklärung gerne lange vor sich herschieben? Dann sind Sie vermutlich in einem starken Promotion-Fokus. Es gibt Menschen, die sich von solchen Pflichten nicht sehr beeindrucken lassen. Und dennoch werden auch von Menschen mit einem Promotion-Fokus Pflichten eher als Ideale angegangen (wenn auch häufig erst auf den letzten Drücker). Aus dem einzigen Grund, weil Pflichten konkret erfüllt werden müssen, und Ideale meistens warten können und sowieso schwer erreichbar sind.

** Mark-Rüdiger war rothaarig.

chologie muss man genau aufpassen, *wann* etwas passiert, *bevor* man eine Tätigkeit beginnt, oder was man tut, *wenn man dabei ist*. Generell gilt, dass man mit dem Prevention-Fokus schneller in die Klötze kommt, während man im Promotion-Fokus schneller und weniger vorsichtig ist, hat man die Aufgabe einmal in Angriff genommen. Je nachdem, wie groß die Ladehemmung im Promotion-Fokus ist und wie lahm ein Mensch im Prevention-Fokus wird, wenn er die Aufgabe bearbeitet, können also die beiden Fokusse mal zu schnelleren und mal zu langsameren Gesamtresultaten führen. Wie ich bereits betont habe, ist weder ein Promotion-Fokus noch ein Prevention-Fokus der Königsweg. Wie so häufig in der Psychologie ist die Frage weniger »Was ist gut?« als »Was ist gut wofür?«. Unsere Psyche stellt sich auf die unterschiedlichen Situationen ein. Wenn ein Stipendium für uns mehr oder weniger Luxus ist, lassen wir uns Zeit mit unserer Bewerbung; wenn es dagegen eine Notwendigkeit darstellt, dann legen wir sofort los. Im Allgemeinen tun wir beides jedoch, ohne uns dessen sonderlich bewusst zu werden.

Dieser Automatismus ist gar nicht so schlecht, und er funktioniert in vielen Bereichen. Brennt es unterm Schreibtisch, laufen wir – haste, was kannste – aus dem Haus. Rennen ist eine Notwendigkeit. Kräht draußen aber Raoul, ein Amseljunges, mit dem ich mich angefreundet habe, während ich an meinem Grachtenfenster sitzend an diesem Text schreibe, dann habe ich mit beidem keine Eile. Weder dabei, auf die Terrasse zu laufen, um dem Kleinen ein paar Löffel Müsli hinzustellen, die er mir jeden Tag mit seinem noch unbeholfenen Gesang abzuluchsen versucht; noch mit dem Weiterarbeiten an meinem Buch. Amselküken und Bücherschreiben sind Luxus. Sie können warten.*

* Übrigens versteht natürlich auch Raoul etwas von Psychologie. Kriegt er nämlich binnen zehn Minuten kein Müsli, schreit er, als wäre er von allen Katzen Amsterdams umstellt und auf dem direkten Weg zur Amselbulette. Dann renne ich natürlich doch »haste, was kannste«.

Wenn man aber bereits an einer anspruchsvollen Aufgabe sitzt, dann ist es, im Falle der Unsicherheit, sinnvoll, sie langsam und sorgfältig zu bearbeiten. Wenn ich etwas zu verlieren habe, sollte ich keine Risiken eingehen. Ich sollte langsam vorgehen, vermeiden, Fehler zu machen oder einen Teil der Aufgabe versehentlich zu überspringen. Wenn keine Gefahr droht, wenn ich auf Gewinne hoffe, nicht viel schief gehen kann und viele weitere Ziele auf meiner Liste stehen, dann gehe ich schnell und eifrig zu Werke – und Flüchtigkeitsfehler nehme ich dabei in Kauf. Das Unerhörte aber ist, dass sich jedes dieser Verhaltensweisen fast so einstellt wie mein Blutdruck. Ich muss es nicht merken, ich muss es nicht wollen. Es geschieht einfach.

Die Zeit ist das Limit

Zeit spielt auch in Form der allseits gefürchteten Deadlines eine Rolle. Dabei setzen wir uns viele Deadlines selbst. Das ist uns nicht unbedingt bewusst, aber wenn ich mir zum Beispiel morgens ein Brot schmiere, dann sehe ich zu, dass ich das schnell hinter mich bringe. Auch wenn wir duschen, uns anziehen, in ca. drei statt sechs Stunden eine neue Hose gefunden haben wollen, folgen wir einer inneren Uhr. Und dabei hat jeder eine gewisse zeitliche Schmerzgrenze (oder schmerzliche Zeitgrenze). Während ich für den Wohnungsputz eine halbe Stunde ansetze, verbringt der Ostwestfale gerne den gesamten Samstag damit.

Das Setzen von Deadlines, wenn es darum geht, eine Entscheidung zu treffen, ist ebenfalls untersucht worden. In diesem Kontext hat Arie Kruglanski den Begriff *Bedürfnis nach Entscheidung* eingeführt. Unser Bedürfnis nach Entscheidung kann unterschiedlich stark ausgeprägt sein. Manche Menschen mögen es nicht, eine Entscheidung vor sich her zu schieben, sie empfinden das Nachdenken und Abwägen und die damit verbundene Unsicherheit als unangenehm. Sie haben ein hohes Bedürfnis nach Entscheidung, das sich zum Beispiel darin äußert, möglichst bald ein Urteil fällen zu wollen, selbst wenn noch gar nicht alle Informationen dafür beisammen sind. Unter Zeitdruck müssen wir den Autopiloten anschalten. Das Resultat dieses vorschnellen Handelns ist dann meist recht konservativ; denn wer unter Zeitdruck überhaupt eine Richtlinie für eine gute Entscheidung haben will, dem bleibt häufig nichts anderes übrig, als auf altbewährte Meinungen zurückzugreifen, die sich in der Regel an der Gruppennorm orientieren. So werden Vorurteile der eigenen Gruppe ohne viel Nachdenken übernommen einschließlich der starken Überzeugung, dass Gruppennormen richtig sind. Dies wiederum führt zu einer Skepsis gegenüber allem Neuen, egal ob Informationen vorliegen, die für eine Veränderung sprechen, oder nicht.

Freilich setzen sich nicht nur Menschen, die ein hohes Bedürfnis nach Entscheidung haben, unter Zeitdruck. Zeitdruck ist Bestandteil unseres alltäglichen Lebens. Hier können also wiederum ein Persönlichkeitsmerkmal oder aber eine Situation Einfluss auf unsere Entscheidungsfindung nehmen bzw. können wir selbst uns mehr oder weniger unter Druck setzen oder unter Druck setzen lassen. Auch Zeitdruck, der durch äußere Bedingungen erzeugt wird, bringt wie oben beschrieben konservative Entscheidungen hervor. Aber was ist Zeit, psychologisch gesehen? Ich kann Ihnen im Rahmen dieses Buches keine ausführliche Vorlesung liefern und konzentriere mich auf einige wichtige Aspekte.

Wir sind uns selbst so nah

Zeitwahrnehmung ist relativ. Je nachdem, wie wir Zeit empfinden, ändern sich unsere Emotionen, unsere Motivation und unsere Gedanken. Gerade zum Beispiel geht es mir nicht schnell genug. Noch zwei Stunden nach Köln. Wie lange dauert das denn noch! Meine niederländischen Freunde bedauern mich häufig sehr, dass ich es so weit zu meinem Partner habe. Die deutschen Kollegen dagegen beneiden mich, weil wir »so nah« beieinander wohnen. Dieser kulturelle Unterschied ist schnell zu begreifen, denn alles ist relativ. In den kleineren Niederlanden ist man von Amsterdam aus in ein bis zwei Stunden in fast jeder anderen niederländischen Stadt. Und da ist eine Entfernung von 2 1/2 Stunden »helemaal niet dichtbij« (ganz und gar nicht nah). Bei deutschen Unibediensteten ist das Pendeln zwischen zwei Orten, die mehrere Stunden auseinander liegen, jedoch keine Seltenheit. Alles also relativ.

Nira Liberman und ich haben uns mit subjektiven Einschätzungen von scheinbar rein physikalischen Größen wie Zeit und Raum eingehend beschäftigt. Bei Entfernungen spielen willkürliche Dinge wie geografische Grenzen eine entscheidende Rolle. Dieselbe Distanz wird als größer empfunden, wenn eine Grenze zu überwinden ist. So fühlt sich bei vielen die Entfernung von Amsterdam nach Köln größer an als die von Köln nach Kassel, obwohl die letztgenannten Städte 50 km weiter auseinander liegen. Es scheint, dass das, was noch »zu uns« gehört, sich auch räumlich näher anfühlt.

Gruppentiere haben ein Territorium, einen Bereich, den sie für sich beanspruchen, und es ist kein Zufall, dass wir soziale Distanz mit räumlicher Distanz umschreiben. Wenn wir jemanden nicht mögen, sagen wir: »Ich stehe ihm nicht nahe«, wenn wir eine Meinung nicht teilen, sagen wir: »Ich bin weit davon entfernt, dies zu glauben.« Die Nähe von sozialer Distanz und Raum* kommt nicht von ungefähr, denn natürlich sind wir denen, die wir mögen, normalerweise auch räumlich näher. So habe ich mich

* Bemerkt? Ich hätte auch schreiben können die Nähe von sozialer Nähe und Raum. Auch Assoziationen stellen wir uns mit Hilfe von Nähe vor. Salz ist näher an Pfeffer als an Gardinen. Räumliche Metaphern bestimmen unsere Sprache. So liegt die Zukunft *vor uns*, können Glück und Unglück *dicht beieinander* liegen, und so haben manche ihre Gedanken *nicht beieinander*.

zum Beispiel nicht neben den lauten Bayern gesetzt, der schon in Arnheim sein zweites Weizen intus hatte. Auch unliebsamen Kollegen weichen wir aus, »wir gehen auf Distanz«. Eine solche Assoziation, Freund = nah und Feind = fern, hat sich offenbar verselbständigt und verzerrt manchmal unsere Einschätzung von räumlichen Distanzen – mit Konsequenzen für die Zeitwahrnehmung, denn die Reise von Amsterdam nach Köln kommt uns dann länger vor als die von Köln nach Kassel.

Stadtgrenzen sind ein weiteres Beispiel. Wenn ich während meines Post-Doc-Studiums in New York einmal in der Woche von der Upper West Side zu meinem Seminar an der Newschool fahren wollte, musste ich bei der damaligen U-Bahn-Verbindung locker eine Stunde einplanen. Das kam mir nicht lang vor, denn es war ja alles in New York. New Yorker motzen selbst dann nicht, wenn sie – innerhalb von New York – zwei Stunden lang für eine Strecke brauchen. Wenn wir Deutschen jedoch von Berufstätigen hören, die täglich zwischen Düsseldorf und Frankfurt hin- und herpendeln, empfinden wir Bedauern, selbst dann, wenn wir eigentlich wissen, dass das heutzutage auch nur eine Stunde Bahnfahrt bedeutet.

Die objektive Zeit spielt bei unserem Empfinden und unserer Motivation eine geringere Rolle als die subjektive. Subjektive Einschätzungen können Lebensentscheidungen leiten. Der typische Niederländer, für den es untragbar wäre, täglich eine Distanz von 2 ½ Stunden zu überwinden, würde ein Jobangebot in einer weit entfernten Stadt eher ablehnen, während jemand, der ans Pendeln gewöhnt ist und sich freut, dass die Entfernung nicht noch größer ist, es begeistert annehmen wird.

Ich dagegen freue mich gerade, dass es nur noch eine halbe Stunde bis nach Köln ist. Und hier sind wir bei einem weiteren motivationalen Prinzip: der Nähe zum Ziel. Wenn wir unserem Ziel bereits ganz nahe sind, dann steigt die Motivation noch einmal kräftig an. Das Pferd läuft schneller, je näher es dem Stall kommt, der Hund sabbert stärker, je näher der Fressnapf rückt, das Muskelspiel des Tigers ist am kraftvollsten, kurz bevor er die Antilope reißt, und auch der Mensch ist stärker motiviert, je näher er seinem Ziel ist. Die Studentin lernt mehr und mehr, je näher das Examen rückt, der Läufer mobilisiert noch mal alle seine Kräfte, wenn die Ziellinie in seinen Blick kommt, und der Schauspieler nimmt seine fünf Sinne zusammen, kurz bevor der Vorhang aufgeht. Mit der Nähe zum Ziel wächst der Wert des Ziels genauso wie die Erwartung, es tatsächlich zu erreichen. Unwillkürlich, und ohne nachzudenken, mobilisieren wir deshalb unsere körperliche und mentale Energie mehr, wenn wir kurz vor dem Ziel sind, während wir noch weit davon entfernt eher mit unseren Kräften haushalten. Interessanterweise ist dieser Motivationsschub abhängig von unserer subjektiven Zeiteinschätzung. So würden wir uns mehr freuen und mehr Energien mobilisieren, wenn wir im Zug von Kassel nach Köln sitzen als in dem von Amsterdam nach Köln, denn subjektiv gesehen kommt uns die Zeit im ersteren Fall kürzer und das Ziel näher vor. Diese sogenannten Motivationsgradienten entstehen vollkommen natürlich und sind ein perfekter Mechanismus, seine Energie möglichst effizient einzusetzen. Ich werde in Prinzip 7 und 8 noch einmal darauf zurückkommen.*

* Diese Motivationsgradienten wurden von Neil Miller entdeckt, der Ratten in kleine Lederkostüme steckte. Diese wiederum waren mit Hilfe eines Gummibandes an einer Maschine befestigt, die kontinuierlich maß, wie stark die Ratte am Band zog. Miller fand heraus, dass die Ratte stärker zog, je näher sie einem Futterplatz kam. Sie zog stärker in die andere Richtung, je näher sie einem unangenehmen Reiz kam, in diesem Fall einer Stelle, an der ein leichter elektrischer Schock ausgelöst wurde. Ich finde die Idee, Ratten in Lederklamotten zu stekken und sie mit Schocks zu ärgern, ein wenig pervers, daher verbanne ich diesen bahnbrechenden Befund in eine Fußnote. Eigentlich müsste man Wissenschaftler wie Miller in ein solches Geschirr stecken, ehe sie einen Wissenschaftspreis in Empfang nehmen. Der Zug kurz vor der Preisübergabe ist sicherlich gewaltig.

Nur weg da, weg da, weg, wir haben keine Zeit …

Wie unterscheiden sich Verhaltensweisen unter Zeitdruck von solchen, für die man genügend Zeit hat? Lässt sich ein Modell menschlichen Entscheidungsverhaltens formulieren, das Allgemeingültigkeit in den verschiedenen Situationen beanspruchen kann? Zu diesem Themenkomplex sind recht viele Theorien unterwegs, die den Unterschied zwischen automatischen oder unbewussten Prozessen auf der einen und überlegten, rationalen Entscheidungen auf der anderen Seite beinhalten. Vom Unbewussten wird im folgenden Kapitel die Rede sein. Wann wir überlegt und wann wir impulsiv handeln, hängt jedoch entscheidend vom Faktor Zeit ab. Impulse beeinflussen unser Verhalten vor allem dann, wenn wir wenig Zeit zur Verfügung haben. Fritz Strack und Roland Deutsch haben das in ihrem berühmten RIM-Modell (Modell *R*-eflektierten und *Im*-pulsiven Verhaltens) herausgearbeitet.

Im Gegensatz zu vielen Modellen, die Laien nach dem Mund reden und behaupten, dass intuitive Entscheidungen besser seien als rationale, anerkennen Strack und Deutsch die Kraft des Verstandes und beschreiben damit die Stärken *und* die Schwächen beider Verfahrensweisen. Ich schließe mich ihnen an, denn wenn jemand, der in einem rassistisch geprägten Elternhaus aufgewachsen ist, sich nach reiflicher Überlegung dazu entscheidet, seine Einstellung zu ändern, weil er Diskriminierung für etwas Unvernünftiges hält, dann reflektiert das eine gewaltige kognitive Leistung. Bei solchen wichtigen Veränderungen sind Impulse, das Bauchgefühl oder das sogenannte Unbewusste eher hinderlich. Der Mensch ist, wie alle anderen Lebewesen auch, ein Gewohnheitstier. Aber im Gegensatz zum Tier hat er das Potenzial zur Veränderung (siehe Prinzip 1) und ist dazu in der Lage, kraft seiner Vernunft Verhaltensweisen zu ändern. Er kann gegen den Strom schwimmen, sich Neuem öffnen, und, im Rahmen seiner mentalen Fähigkeiten, die Vor- und Nachteile einer

Haltung abwägen. Er kann sich von heute auf morgen dazu entschließen, eine andere Nudelsorte zu kaufen als die übliche, er kann sein Auto abschaffen, und er kann aus einer Beziehung aussteigen, die ihm nicht gut tut. Solche Entscheidungen kosten Zeit und erfordern den Einsatz des Verstandes.

Faszinierenderweise können – und müssen – wir aber auch unter Zeitdruck entscheiden und sind dabei häufig gar nicht so schlecht. Dem RIM-Modell zufolge verstärkt Zeitdruck unsere Neigung zu einem impulsiven Verhalten. Da in einer solchen Situation zum Reflektieren keine Zeit ist, entscheiden wir uns für das, was uns als erstes in den Sinn kommt, nicht für die vernünftigste Alternative. Weiter oben habe ich beschrieben, dass ich beim Einkaufen – wo ich nie viel Zeit habe – immer nach den italienischen Nudeln greife. Italienische Pasta ist für mich gute Pasta. Ein Mensch mit einem hohen Bedürfnis nach Entscheidung, der wie oben beschrieben, ständig unter Zeitdruck steht, würde vermutlich genauso handeln. Unter Zeitdruck würden unsere Entscheidungen auch auf anderen einfach zu erkennenden Merkmalen basieren. So sind wir dann z. B. eher geneigt, nach der ansprechendsten Verpackung zu greifen, denn um etwas schön zu finden, braucht man keine Zeit – wohl aber, um den Text auf der Verpackung durchzulesen.

Impulsives Verhalten ist keinesfalls rein zufällig, sondern geschieht auf der Basis von erprobten Verhaltensweisen und Vorlieben, die wir im Gedächtnis abgespeichert haben. Unser Autopilot, der von uns mit Erfahrungen bestückt wird – und dazu gehören auch viele Vorurteile –, wird vor allem bei Zeitmangel aktiviert. Will ich zum Beispiel einen guten Wein kaufen und habe wenig Zeit, gehe ich nach dem Preis oder der schönen Aufmachung, denn generell ist die Idee, dass Gutes teurer ist und schöner verpackt, natürlich richtig. Oder ich greife eben nach den italienischen Nudeln, weil ich abgespeichert habe, dass die Italiener bekannt für ihre gute Pasta sind. Faustregeln oder Heuristiken – also die Kunst, mit begrenztem Wissen und wenig

Zeit zu guten Lösungen zu kommen – helfen uns in solchen Situationen, eine halbwegs gute Entscheidung zu fällen.

Marketingexperten sind sich dieser Automatismen durchaus bewusst – und nutzen sie. So werden in Deutschland hergestellte Nudeln, Eis oder Mozzarella gerne in italienischen Farben verpackt. So sind Weine aus Frankreich (Weinland!) generell überteuert, wobei selbst das ekeligste Gesöff mit einer Medaille und einem edlen Etikett aufwarten kann. So weiß jeder Immobilienmakler, dass selbst bei übelster Bausubstanz Käufer für ein Objekt gefunden werden können, wenn nur das Augenscheinliche wie die Klinken an den Türen und die Armaturen im Bad schick genug aussehen. Und so profitiert die Zigarettenindustrie von dem Trick, die Packungen himmelblau zu gestalten – die gehen weg wie warme Semmeln, weil sie nach »light«-Zigaretten aussehen.

Wie das RIM-Modell von Strack und Deutsch zeigt, beruhen impulsive »Bauch«-Entscheidungen auf der Aktivierung konservativer, eingeübter Verhaltensschemata. Impulsiv gehandelt wird insbesondere an deutschen Supermarktkassen. Ist Ihnen schon mal aufgefallen, dass da all die Sachen stehen, um die wir eigentlich einen großen Bogen zu machen versuchen? Zigaretten, Schnaps, Schokolade und andere Dickmacher. Eine ganze Palette an Versuchungen lacht uns an, während wir vollauf damit beschäftigt sind, unsere Kinder in den Kindersitzen zu halten, die Waren auf das Band zu legen und das Portemonnaie zu suchen. Die Idee, diese verführerischen Dinge ausgerechnet in dieser Stresszone zu platzieren, kommt nicht von ungefähr. Eine Mutter hat in dieser Situation dem Gequengel der Kinder nach Schokolade wenig entgegenhalten; um der Brut zu erklären, warum sie das Zeug nicht essen sollte, bräuchte sie Zeit. Und schwups ist der Riegel auf dem Laufband, inklusive einem kleinen Seelentröster für sich selbst, obwohl man doch auf Diät ist – steht ja »die leichte Versuchung« drauf.

Will man sich nicht allein auf sein Bauchgefühl verlassen, sich gegen einen oberflächlichen Einfluss zur Wehr setzen oder gegen einen Impuls angehen, so muss man sich seines Verstandes bedienen. Nehmen wir an, mein Arzt rät mir, wegen meiner Magenprobleme mehr gute Joghurts zu essen. Da steht man dann vor dem Regal und hat die Qual der Wahl zwischen 40 Sorten. Um herauszufinden, welcher der Joghurts der beste ist, müsste ich umständlich Informationen zum Thema sammeln und im Supermarkt die mikroskopisch kleinen Kalorienangaben und Zusatzstoffe auf den Bechern entziffern – dafür brauche ich Zeit. Impulsiv würde ich vermutlich eher nach dem Produkt greifen, das am gesündesten aussieht – einem, wo »Bio« draufsteht und »probiotisch« und »Immunsystem« und anderer medizinischer Kram und auf dem eine echte Kuh auf grüner Weide kotzglücklich aussieht. Vermutlich würde ich in einer solchen Situation auch nicht den billigsten nehmen, denn billig, so habe ich abgespeichert, kann ja nicht gut sein.

Nun, werden Sie sagen, der lässt sich ja schön von anderen verführen. Ja, sage ich dann, so wie Sie auch. Aber diese Entscheidung ist so schlecht auch wieder nicht. Sollte Bio und teuer und probiotisch tatsächlich etwas mit Qualität zu tun haben (in diesem Falle wäre das sogar anzunehmen), dann ist eine schnelle Entscheidung, die auf solchen oberflächlichen Informationen beruht, nicht unbedingt schlecht. Man könnte sogar sagen, dass ich meinem Autopiloten dieses Programm – natürlich im sozialen Kontext – selbst geschrieben habe.

Unser Alltag erfordert es, häufig unter Zeitdruck zu entscheiden, die Vernunft bekommt nur dann eine Chance, wenn wir Zeit haben. Muss man, wie zum Beispiel neuerdings bei Zigaretten erst umständlich darum bitten, dass das Gitter geöffnet wird, hat man zumindest kurz die Möglichkeit, sich die getroffene Entscheidung bewusst zu machen. Dass Vernunft allein jedoch kein Garant für eine gute Entscheidung ist, wird in Prinzip 4, in dem es um unbewusste und bewusste Zielerreichung geht, diskutiert werden.

Das RIM-Modell stellt den impulsiven Entscheidungsweg dem reflektierten gegenüber, ohne dabei eine Wertung vorzunehmen. Beide Wege der Urteilsfindung ermöglichen es uns, in nahezu allen Situationen zu einer Entscheidung zu kommen.

Was kosten Sie denn so?

Der Nutzen automatisierter Verhaltensweisen liegt vor allem in der Zeitersparnis. Verhaltensroutinen wie Heuristiken helfen uns dabei, unseren relativ komplexen Alltag ohne großen Zeitaufwand zu bewältigen. Bezieht man die Zeit als wirtschaftlichen Faktor mit ein, so kann spontanes, impulsives Verhalten mitunter sogar vorteilhafter sein als wohlüberlegte Entscheidungen.

Nehmen wir einmal an, Sie stehen in New York auf der Fifth Avenue vor einer Konditorei. Der Kuchen ist natürlich teuer, sagen wir, er kostet 4 Dollar mehr als ein vergleichbarer an der Upper West Side. Nehmen wir an, Sie folgen Ihrem spontanen Impuls, betreten das Café und bestellen einen Rugelach (dieses leckere jüdische Gebäckstück), der Ihnen von einer zuvorkommenden Bedienung auf schönem Porzellan serviert wird. Sie genießen das Ambiente, bleiben ein wenig länger sitzen, beobachten die feine, wie hingetupft wirkende ältere Dame mit den gezupften Augenbrauen in ihrem lindgrünen Ensemble, spinnen sich in ihre Biographie hinein und vergessen die Welt für einen Moment.

Sind Sie jetzt auf Ihren Impuls reingefallen? Auf Ihre tierische Gier, hier und jetzt zu einem überteuerten Preis ein Stück Kuchen zu essen? Oder sind Sie gar ein Opfer der Geschäftemacher, die den Ruf der Fifth Avenue als exquisite Einkaufsstraße künstlich hochhalten und Ihnen das Geld aus der Tasche ziehen? Dieser Firlefanz, dieser minderwertige Marmor, der hohe Preise rechtfertigen soll, die Kellner mit den gegelten Haaren, der livrierte Herr, der Ihnen auf der Toilette ein Handtuch angibt. Böse reingefallen auf billige Tricks? Ja und Nein. Geschäftsleute tun üblicherweise alles in ihrer Macht Stehende, um uns durch allerlei Tand zum Kaufen zu verführen, und wenn Sie ein Sparfuchs sind, sollten Sie sich vor solchen Tricks hüten.*

Sollten Sie? Man könnte auch eine andere Rechnung aufmachen: Nehmen wir an, Sie entscheiden sich, ein Stück Kuchen zu kaufen, das 4 Dollar günstiger ist. Nehmen wir an, im Hungarian Café an der Upper West Side. Dort habe ich oft Kuchen gegessen, die sind wirklich gut. Allerdings müssten Sie, wenn Sie jetzt an der Fifth Avenue sind, berücksichtigen, dass Sie erst einmal ungefähr eine Dreiviertelstunde dorthin laufen müssen.

Ich weiß nicht, ob Ihnen der Gedanke angenehm ist, Ihre (Lebens-)Zeit einmal in Geld umzurechnen, aber verstehen Sie es einfach als ein Gedankenspiel. Gehen wir sehr bescheiden davon aus, dass meine Dreiviertelstunde 6 Dollar kostet, die ich nur deshalb für einen Spaziergang aufwende, weil der Kuchen woanders billiger ist. So gerechnet komme ich zu dem Ergebnis, dass es günstiger wäre, den Kuchen an der Fifth Avenue zu mir zu nehmen. Ganz abgesehen davon, dass ich im Hungarian Café längst nicht so schön sitzen würde, steht die verlorene Zeit und auch die Anstrengung, die mich das im Gegensatz zu einem entspannten Besuch mit Muße kostet, in keinem Verhältnis zu dem preiswerteren Stück Kuchen. Was ich hier beschreibe, ist, dass impulsives Verhalten manchmal zu ökonomisch cleveren

* Eines aber hat uns die letzte Wirtschaftskrise gelehrt. Wer allzu geizig ist und niemals auf Werbetricks hereinfällt, schadet der Wirtschaft – und damit uns allen. Ich erinnere mich noch daran, wie die deutsche Moderatorin Anne Will, sicherlich ein wenig unsensibel in Zeiten der Krise, aber durchaus charmant und absolut logisch sinngemäß sagte: »Endlich begreife ich, dass ich beim Schuhekaufen etwas Gutes tue.«

Entscheidungen führt. Wird Zeitnutzen zum Ziel an sich, dann helfen mir im Gedächtnis gespeicherte Verhaltensroutinen. Zudem zeigt dieses Beispiel, dass unsere Vernunft beschränkt ist. Nicht immer beziehen wir auch wirklich alle wichtigen Faktoren in unsere Überlegungen mit ein. Und selbst wenn Menschen versuchen, mit Hilfe ihres Verstandes zu einer Entscheidungsfindung zu kommen, wird die Zeit als wirtschaftlicher Faktor gerne übersehen.

Ich kenne viele Leute, die eine halbe Stunde Autofahrt auf sich nehmen, um zu einem Supermarkt zu fahren, in dem sie im Gegensatz zum freundlichen Krämerladen an der Ecke »Unsummen an Geld« sparen. So vernünftig das auf den ersten Blick zu sein scheint, so blödsinnig ist es. Erstens weil man in diesen Supermärkten viel mehr kauft, als man eigentlich braucht: »Wenn man schon mal da ist, muss es sich ja lohnen!« Lohnen bedeutet in diesem Fall, das Auto mit Zeug vollzupacken, das man hinterher irgendwann auch konsumieren muss, damit es nicht vergammelt. Was trotzdem vorkommt und damit reiner Verlust ist. Außerdem schlägt die Fahrt mit dem Auto zu Buche, ganz zu schweigen von der Anfahrtszeit. Dazu kommt: In einem Supermarkt einzukaufen ist nervig und stressig. Überlegen Sie doch mal, wie viel Energie Sie hätten sparen können, wenn Sie stattdessen die Zeit zuhause mit einem guten Buch verbracht hätten?

Gut, wenn Sie alle Zeit der Welt haben, dann können Sie sich solche Zeitfresser erlauben. Wenn Ihre Zeit aber limitiert ist (und Sie statt der halbstündigen Fahrt zum Supermarkt etwas Entspannendes oder etwas anderes Gewinnbringendes hätten tun können), dann sollten Sie für sich selbst einen Stundenlohn festsetzen. Selbst, wenn Sie beschließen, »Ihre« Stunde kostet nicht mehr als acht Euro, bedeutet das, dass Sie diese Summe plus Benzinkosten erst einmal einsparen müssen, bevor sich die Fahrt zum Supermarkt wirklich lohnt. Man mag diesen Gedankengang als ein weiteres Beispiel für unüberlegte Prozesse beim

Konsum verstehen. Allerdings haben manche dieser Entscheidungen durchaus Einfluss auf die größeren Herausforderungen, die sich uns im Leben stellen, etwa Karriere- oder Lebensplanung. Lassen Sie mich einmal am Beispiel des des Deutschen liebsten Kindes ausführen, wie unvernünftig wir oft mit unserer Zeit und unserem Geld umgehen.

Auto oder Leben? Ein antideutscher Gedankengang

Viele Deutsche würden sich für ein Auto in Schulden stürzen, denn: Es spart ja Zeit und Geld. Bis Sie den Kauf eines Autos (das billigste Auto kostet nach Berechnungen des ADAC alles in allem monatlich 384,- Euro) durch Einkaufen raushaben, müssen Sie aber vermutlich die halbe Kaufhalle leergekauft haben! Während viele tatsächlich daran glauben, sollte man einmal überlegen, ob man einen solchen Zeit- und Geldfresser wirklich braucht.* Auch in solchen Fragen spielt eine intelligente Selbstregulation keine ganz unwichtige Rolle, und manchmal ist es notwendig, dabei konventionelle Denkmuster aufzugeben. Ich zum Beispiel hatte nie ein Auto, denn statt durch die Gegend fahrend meine Zeit zu verplempern, es zur Wartung in die Werkstatt zu bringen, wenn es mal wieder was hat, oder es regelmäßig zu waschen und zu wienern, habe ich mich auf meine Beziehung und meine Arbeit konzentriert. Ich habe beim Krämer um die Ecke eingekauft, mir Getränke und andere Lebensmittel nach Hause bringen lassen, und mir immer dann, wenn ich mal in den Regen kam oder einfach Lust darauf hatte, ein Taxi gegönnt (für 384 Euro monatlich, könnten Sie locker zehn Euro am Tag für ein Taxi ausgeben) oder bin mit öffentlichen Verkehrsmitteln gefahren, in denen

* Die Idee, durch Geldausgeben zu sparen, hat sowieso nichts mit Vernunft zu tun.

ich gelesen, korrigiert oder geschrieben habe; ich habe auf den Zugreisen zu meinem Partner und zu Kongressen und Vorträgen reine Arbeits- und Entspannungszeit genutzt, die im Auto allein für Fahren und Stress draufgegangen wäre. Und wenn ich dann mal für ein Stück Butter 50 Cent mehr bezahlt habe – wiegt das den Preis eines Autos in irgendeiner Weise auf? Zeit ist Geld. Zeiteinteilung ist Selbstregulation. Bedient man sich seines Verstandes, kommt man manchmal zu erstaunlichen Ergebnissen.*

Ich will Sie überhaupt nicht davon abhalten, ein Auto zu haben, nein, nein, bitte kaufen Sie sie sich eins, wenn Sie Spaß daran haben oder wenn Sie meinen, Sie könnten sonst Ihre Tochter nicht zum Ballettunterricht kutschieren**, kaufen Sie es, auch weil andernfalls nach Ansicht unserer Politiker Deutschland vollends den Bach runterginge! Ich wollte Ihnen nur einmal zeigen, wie eingefahren bestimmte Verhaltensweisen sind. Sie können durchaus unvernünftig sein, weil sie einem Zeit, Geld, gute Laune etc. rauben, und trotzdem hinterfragt man sie nicht mehr. Zudem geht es mir darum, dass Sie Ihre Zeit und damit sich selbst einmal als Faktor in wirtschaftliche Berechnungen mit einbeziehen. Vielleicht überlegen Sie

* Wie z.B. die niederländische Regierung, die die 1- und 2-Cent-Stücke bei der Euro-Einführung gar nicht erst miteingeführt hat. Zu teuer, weil zu arbeitsaufwändig. Was kostet das eine Kassiererin und ein Unternehmen Zeit, all das kleine, fast wertlose Geklimper zusammenzuzählen. An niederländischen Kassen wird ab- und aufgerundet. Wer 2,87 zahlen muss, muss de facto 2,90 hinlegen und bei 2,82 sind es eben 2,80. Niemand wird betrogen, allen ist gedient. Statt dem deutschen Motto: »Wer den Pfenning nicht ehrt, ist des Talers nicht wert«, heißt es in einer Gesellschaft, die ihren Wohlstand traditionell auf einer hervorragenden Schicht von Kaufleuten basiert: »Zeit ist Geld.«

** Aber auch hier: Wenn Ihre Tochter acht Mal im Monat für 15 Euro Taxi fährt (120,- Euro), sind wir noch lange nicht bei 380,- Euro angekommen. Was rede ich.

einfach einmal, welche Umstände Ihnen ohne Not viel Zeit rauben?*

Aber halt, habe ich nicht eben gesagt, dass ein Rugelach an der Fifth Avenue, für den Sie sich spontan und impulsiv entscheiden, wirtschaftlich sein kann? Und sage auf der anderen Seite, dass eine doch recht komplizierte und zeitaufwändige Abwägung von Vor- und Nachteilen eines Autos zu einem guten, vernünftigen Ergebnis führt? Schließlich ist es doch so, dass die Gewöhnung an das Auto als Quasi-Familienmitglied uns daran hindert, es abzuschaffen. Automatisch denken wir: Wir brauchen ein Auto! Wir hatten es doch immer, alle haben eines, und wie soll das denn sonst alles gehen? Aus solchen Denkmustern auszubrechen, sich gedanklich an Alternativen zu gewöhnen und schließlich auch neue Verhaltensweisen einzuüben, kostet Zeit. Wie die Beispiele zeigen, kann sowohl sorgfältiges Abwägen wie auch spontanes Entscheiden zu Fehlern führen.

Güte der Entscheidung = vernünftiges Handeln?

Auch bei unserer Lebensplanung gibt es vernünftige und weniger vernünftige Herangehensweisen bezüglich der Zeit. Ökonomen, die uns beispielsweise wertvolle Tipps geben, wie wir unser

* Ich bitte meine Studierenden hin und wieder Selbstverständlichkeiten zu hinterfragen: Überlegt Euch, ob man ohne Kleidung leben könnte! Oder ohne Geschirr. Oder ohne Kreditkarte. Ohne Internet, ohne Unterwäsche etc. Was wären Vorteile, diese Dinge zu haben? Was wären Vorteile, diese Dinge *nicht* zu haben? Manchmal kommt dabei raus: Das brauchen wir gar nicht. Allgemeine Ratschläge à la »Simplify your life« sind meiner Meinung nach allerdings fehl am Platz. Jeder soll das für sich entscheiden. Ich habe zum Beispiel beim letzten Umzug die Größe meiner Wohnung halbiert. Das war eine tolle Idee! Weniger Aufräumen, weniger putzen, weniger Zeug, das man kaufen muss. Und viel mehr Zeit fürs Lesen, Nachdenken, Genießen.

Leben in finanzieller Hinsicht optimal gestalten können, beziehen schon längst Zeit in ihre Berechnungen mit ein. So raten sie häufig dazu, in jungen Jahren viel zu investieren, natürlich vor allem in die Ausbildung, da sich früh erworbene Fähigkeiten mit den Jahren potenzieren. Wer es schafft, möglichst früh auf hohem Niveau ins Berufsleben zu starten und für die damit verbundene teure Aus- und Weiterbildung, Exkursionen und anderes eventuell einen Kredit aufnehmen muss, hat letztendlich einen deutlichen Vorteil vor denjenigen, die sich diese Extrakosten nicht leisten und schuldenfrei aus dem Studium gehen, dafür aber länger brauchen, um mit ihrer Ausbildung fertig zu werden.

Ich persönlich habe von diesem Tipp, etwas mehr Geld fürs Studium aufzuwenden, um schneller einen Abschluss zu haben, sehr profitiert. So habe ich während des Studiums selten darauf gewartet, bis ein abhanden gekommenes Buch wieder in der Bibliothek eingetroffen war, sondern habe es gekauft und fristgerecht gelesen; damit konnte ich alle meine Prüfungen schaffen und war zwei Semester früher fertig als viele andere. Ich habe Nachhilfen und Weiterbildungen in Anspruch genommen, bin zu jeder Konferenz gefahren und habe Meisterkurse besucht, auch wenn ich sie selbst bezahlen musste. Das Geld für solche Investments musste ich mir manchmal bei der Bank leihen, was mir nicht immer leichtfiel. Letztendlich leuchtete mir diese Logik jedoch ein. Und tatsächlich wurden die entstandenen Schulden durch den früheren Berufseinstieg schnell ausgeglichen.

Spontan oder wohlüberlegt?

Wir Psychologen interessieren uns durchaus für die Güte von Entscheidungen, jedoch liegt unsere Expertise vor allem darin zu untersuchen, *welche Wege die Menschen einschlagen, um zu einer Entscheidung zu gelangen.* Im Deutschen kann eine »vernünftige« Entscheidung zweierlei bedeuten. Sie kann zum einen als *Resultat* eines Entscheidungsprozesses verstanden werden, vernünftig im Sinne von gut. Aber es kann auch *langes Hin- und Herüberlegen* gemeint sein im Gegensatz zu »unüberlegtem Handeln«. Hier läge die Betonung mehr auf dem Vorgehen als auf dem tatsächlichen Resultat. Und das ist es, worauf es uns Psychologen ankommt, auf den Unterschied, ob wir »spontan« oder »überlegt« entscheiden unabhängig davon, ob die Entscheidung tatsächlich gut ist. Resultate spontaner Entscheidungen können gut sein – sie sparen Zeit und können vollkommen unbewusst ablaufen. Aber natürlich hilft uns unser Verstand, wenn wir komplexere Probleme zu bewältigen haben. Es kann eine gute Entscheidung sein, *spontan* in ein überteuertes Café an der Fifth Avenue zu gehen oder *nach langem Überlegen* das Auto abzuschaffen. Schaut man auf eine gute Entscheidung zurück, so hat man häufig sogar den Eindruck, man hätte vernünftig entschieden, obwohl es in Wirklichkeit eingefahrene Routinen waren, die man automatisch zur Entscheidungsfindung genutzt hat. Davon wird im nächsten Kapitel noch die Rede sein. Kommen wir zum Schluss jedoch zur schaurigsten Manifestation der Zeit: unserer eigenen Vergänglichkeit.

The Final Deadline

Wir haben gesehen: Zeit ist begrenzt, und Deadlines setzen unserem Tun bzw. unserer Entscheidungsfindung ein Ende. Unser Leben ist eine Zeitspanne mit den Endpunkten Geburt und Tod. Die wörtlich zu nehmende »dead«-line ist ebenfalls Gegenstand psychologischer Motivationsforschung: Motiviert uns der Gedanke an den Tod in einer bestimmten Weise? Was verändert sich, wenn wir an den »Sensenmann«, »Baldanders«, »Gevatter Tod« oder den Knochenmann mit dem Stundenglas denken? Klar, wir haben Angst davor. Wir sind Lebewesen, die neben der Flexibilität eine andere besondere und gleichzeitig fatale Eigenschaft besitzen: Wir wissen, dass wir sterben müssen. Und deshalb verändern wir unsere Verhaltensweisen, sobald wir den kalten Hauch des Todes im Nacken spüren.

Im Rahmen der Terror-Management-Theorie von Sheldon Solomon, Jeff Greenberg und Tom Pyszczynski wurden Probanden mit dem eigenen Tod konfrontiert – indem sie ihn sich vorstellen sollten oder indem in einem Kreuzworträtsel, das sie bearbeiten sollten, Wörter, die mit dem Tod zu tun haben (z. B. Tod, Beerdigung, Sense etc.), gefragt waren. In einer Vergleichsgruppe mussten sich die Versuchsteilnehmer einen Zahnarztbesuch vorstellen oder Kreuzworträtsel mit Wörtern füllen, die ebenfalls angsteinflößend, aber nicht existenzbedrohend wirken. Der Vergleich findet also zwischen bedrohlich-kurzzeitig (Zahnarzt) und bedrohlich-endgültig (Tod) statt. Danach wurden die Probanden anderen Aufgaben ausgesetzt, sie mussten unter anderem Mitmenschen beurteilen oder Kreativitätsaufgaben lösen. Wie diese Forschung gezeigt hat, verhalten sich Menschen, wenn sie sich existenziell bedroht fühlen, automatisch konservativer: Sie ahnden Normverstöße strenger und verehren umso mehr diejenigen, die für die eigenen Normen eintreten. So konnten Studien an amerikanischen Studenten zeigen, dass deren Bereitschaft, höhere Strafen für das Verbrennen der amerikanischen Flagge oder unerlaubte Prostitution auszusetzen, sehr viel größer war, wenn sie an den Tod erinnert wurden. Sie neigten außerdem dazu, nationalistischer zu werden und Andersdenkende oder Nicht-Amerikaner zu diskriminieren.

Das Eintreten für gemeinsame Werte ist ein psychologischer Selbstverteidigungsmechanismus gegen die Schrecken des Todes und das Vergessen. So wie unsere körperliche Immunabwehr Viren bekämpft, geht unsere Psyche gegen schlechte Gedanken an, vor allem solche, die die Auslöschung unserer Existenz betreffen. Ein Weg, dieser existenziellen Bedrohung zu entkommen, ist der Glaube. Wenn wir uns sicher sein können, dass es ein Leben nach dem Tod gibt, dann sind wir aus dem Schneider – und müssen keine Angst vor dem Tod haben. Eine andere Möglichkeit ist die Zugehörigkeit des Individuums zu einer Gemeinschaft, zu einem Wertesystem, das man gemeinsam mit anderen vertritt *und das einen überlebt*. Je mehr wir für dieses Wertesystem leisten, umso mehr steigt unser Wert innerhalb der sozialen Gruppe und damit auch unser Selbstwert. Dies wiederum gibt uns Sicherheit und mildert unsere Angst. Es erklärt den Terror-Management-Forschern zufolge, warum Menschen überhaupt motiviert sind, an etwas Bleibendem zu arbeiten. Bücher schreiben, Pyramiden bauen, Theorien entwickeln, politische Konzepte entwerfen und natürlich auch Kinder bekommen und diese »im rechten Glauben« zu erziehen – all dies sind Möglichkeiten, schon zu Lebzeiten etwas Wertvolles und gleichzeitig überdauernde Werte zu schaffen. Die Verteidigung der eigenen Werte hat allerdings eine Kehrseite: Sie stehen nämlich häufig im Konflikt mit den Werten anderer. Todesnähe führt deshalb auch zu Diskriminierung unter dem Vorwand, die eigenen Werte zu verteidigen.

Naturgemäß schmettert jedwede Erinnerung an unsere Sterblichkeit unseren Selbstwert zu Boden; und wir sind dann sofort bestrebt, diesen wieder zu erhöhen. Eine Möglichkeit ist, besonders konform mit den Normen unserer Gruppe zu gehen. Demgegenüber stellen Normverletzungen und Tabubrüche das, was nach uns bleibt, unsere Wertvorstellungen, in Frage und können unseren Selbstwert nur noch weiter gefährden.

Christliche Versuchspersonen, die an den Tod erinnert wurden, taten sich beispielsweise auch schwer, ein Sakrileg zu begehen: Als ihnen während der Lösung einer Kreativaufgabe nahegelegt wurde, ein Kruzifix als Hammer zu benutzen, gelang es ihnen kaum, dieser Anweisung Folge zu leisten, und wenn doch, hatten sie ein schlechteres Gewissen und einen niedrigeren Selbstwert, als wenn sie davor an einen Zahnarztbesuch gedacht hatten. Probanden, die an das eigene Ende erinnert werden, sind auch insgesamt weniger kreativ und haben stärkere Schuldgefühle nach dem Erledigen von Kreativaufgaben. Wie oben beschrieben sind kreative Lösungen ja häufig nonkonform und bergen ein Risiko, abgelehnt zu werden. Der Tod engt ein, das Wort Angst kommt von Enge, und diese Enge ist durchaus mental zu verstehen. In solchen Situationen denkt man nicht mehr »out of the box«, der Geist macht keine großen Sprünge mehr, er versucht sich abzuschotten gegen das schlimmste Übel, das einem Menschen passieren kann. In gewisser Weise versetzt uns der Gedanke an das eigene Ableben in einen sehr heftigen, extremen Prevention-Fokus, der jeden Funken Kreativität im Keim erstickt. Aus die Maus. Ironischerweise sind mangelnde Kreativität, Diskriminierung gegenüber Andersdenkenden, aggressives Verhalten und Heldenverehrung nach Konfrontation mit dem Tod als Akte der Selbstregulation zu verstehen; all diese Verhaltensweisen bringen uns die Sicherheit zurück, die der Gedanke an den Tod uns unweigerlich nimmt.

Alles, was die Werte einer Gruppe bestärkt, wird im Angesicht des Todes besonders betont, vermutlich weil der Einsatz für gesellschaftlich überdauernde Werte, die auch über den eigenen Tod hinaus bestehen werden, uns Menschen ein klein wenig Unsterblichkeit vermittelt; eine Unsterblichkeit, an der man sogar selbst beteiligt sein kann. Man erfeilscht sich Zeit.

Kurz gefasst

Zeit ist ein psychologisches Phänomen. Mal haben wir zu viel davon, mal zu wenig. Mal haben wir Langeweile, mal vergeht die Zeit wie im Fluge. Wieder ist es der regulatorische Fokus, der den Flow, das Aufgehen in einer Aufgabe entscheidend mitbestimmt. Sobald wir nämlich etwas *richtig* tun, sobald wir eine Aufgabe in einer Weise tun, die strategisch zu ihr passt, gehen wir in ihr auf. Wenn sich die Aufgabe um Sicherheit dreht oder wenn es sich um eine analytische Aufgabe handelt, und wir arbeiten langsam, sorgfältig und vorsichtig an ihr, gehen wir genauso darin auf, als wenn die Aufgabe unser Bedürfnis nach Selbstverwirklichung befriedigt oder Kreativität erfordert und wir eifrig, schnell und lustvoll an ihr arbeiten. Ich nutze das häufig, indem ich, je nachdem, wie ich gerade drauf bin, bestimmte Dinge angehe. Theorien entwickeln, Mitarbeitern Feedback geben, schön kochen, das tue ich in Situationen, wo ich etwas geben will, wo ich mich sicher fühle und die Welt verbessern will – was für ein Ideal, aber es motiviert mich! Schränke aufräumen, Steuererklärung, Korrekturlesen dagegen verschiebe ich auf Momente, wo ich schlecht drauf bin oder verunsichert.

Es ist gut, Pflichten auch als solche zu verstehen. Notwendigkeiten des Lebens erlauben keinen Aufschub und werden automatisch eher angegangen als Tätigkeiten, mit denen wir unsere Idealziele erreichen wollen. Prinzipiell können die meisten Ziele als Pflichten interpretiert werden, mit ähnlichen Effekten. Vertritt jemand die Auffassung, eine Heirat symbolisiere Verantwortung für den anderen, ist er eher bereit eine Ehe einzugehen als jemand, der sich in einer Beziehung mit einem Partner verwirklichen will. Versteht jemand es als Pflicht, sein Beziehungschaos zu ordnen, dann verschiebt er es nicht auf den Sankt-Nimmerleins-Tag. Fühlt sich jemand verantwortlich für die Organisation eines Ausflugs, nimmt er die Planung sofort in Angriff und fragt nicht viel, denkt jemand, man sollte für Afrika spenden, dann sucht er sich direkt die entsprechende Kontonummer heraus. Ein Prevention-Fokus befördert die Initiierung einer Handlung. Wie wir in Prinzip 2 gesehen haben, sind Menschen im Promotion-Fokus jedoch dann schneller, in dem Moment, wo sie eine Aufgabe in Angriff genommen haben – sie wollen dann zu Potte kommen, damit sie möglichst bald etwas anderes erleben können.

Zeitdruck und Deadlines, seien sie selbst auferlegt oder von außen aufoktroyiert, stellen allzu oft einen Stressfaktor dar, wenn wir eine Entscheidung fällen müssen. Auch ein Bedürfnis nach schneller Entscheidung führt dazu, dass wir weniger nachdenken und impulsiv handeln. Hier bedienen wir uns unseres Autopiloten. Wir nutzen dann schnell zugängliche Informationen und allgemeine Faustregeln, um zu unseren Entscheidungen zu kommen. Solche Entscheidungen können recht gut sein, sie sind jedoch meist konservativ und berücksichtigen nicht die Gesamtheit aller Informationen, ganz zu schweigen von den Informationen, an die man häufig erst später gelangt. Für vernünftige Entscheidungen braucht man mehr Zeit. Die Forschung zeigt, dass wer eine wichtige, folgenschwere Entscheidung fällen muss, besser eine Nacht darüber schläft. Selbst Neinsagen kann man besser, wenn man die Entscheidung ein wenig reifen lässt. Manch einer fühlt sich beim Autokauf dem freundlichen Verkäufer verpflichtet und denkt: »Wenn er sich schon so viel Zeit genommen hat, dann muss ich das Auto jetzt auch kaufen.« Erst mit ein wenig Abstand ist man in der Lage, sich zu sagen: »Das ist ja schließlich auch sein Job, freundlich zu sein, und ich bin ihm zu nichts verpflichtet.« Bauchentscheidungen können gut sein, sind aber auf keinen Fall grundsätzlich besser als die ein bisschen aus der Mode gekommenen wohlüberlegten Vernunftentscheidungen.

Eine gute Entscheidung kann durch impulsives wie durch reflektiertes Handeln erreicht werden. Impulsive Entscheidungen beruhen auf relativ konservativen Gedanken: Wer schnell handeln muss, greift auf Bewährtes zurück und ist stark beeinflussbar. Wer Zeit hat zu überlegen, hat noch keine Garantie, deshalb auch eine bessere Entscheidung zu treffen, aber er hat die Möglichkeit, neue Information einzuholen, sich an einen neuen Gedanken zu gewöhnen und möglichst viele Aspekte zu berücksichtigen. Da wir nicht immer die Zeit haben zu überlegen, und da wir nicht immer wissen, welche Faktoren ins Gewicht fallen, sind unserer Vernunft Grenzen gesetzt.

Der Zeitgewinn, der impulsives Handeln bringt, sollte nicht unterschätzt werden. Um Zeit zu sparen, wurden wir mit Automatismen (wie Routinen und Heuristiken) ausgerüstet, und je besser die Programme, die wir uns schreiben oder die die Gesellschaft uns vermittelt, umso erfolgreicher sind sie. Generell gilt: Zeit, Lebenszeit, ist etwas, das wir stärker in unsere Entscheidungen mit einbeziehen sollten.

Ich persönlich habe mich dazu entschlossen, viele Entscheidungen aus dem Bauch heraus zu fällen, *nicht* weil das die besseren Entscheidungen sind, sondern weil Nachdenken mich manchmal nicht viel weiter bringt und es oft relativ unwichtig ist, ob man die beste Entscheidung fällt oder nicht. Beim Hauskauf, bei der Wahl des Urlaubsortes und bei der Einstellung von Mitarbeitern nehme ich mir Zeit – hier will ich keine auf Vorurteilen und Routinen beruhenden Entscheidungen fällen. Beim Essen lasse ich mich gerne durch das Qualitätsmerkmal »Bio« verführen und kaufe lieber weniger, dafür aber etwas kostspieligere Produkte. Lieber eine teure gute Kartoffel als ein billiges Stück Ekelfleisch. Eine einmal bewusst getroffene Entscheidung für Bioprodukte stattet mich mit einer Routine aus, die mir viel kognitive Energie und Zeit erspart.[*] Einkaufen geht bei mir zack, zack.[**]

* Sicher, das ist mein Ding, und ich weiß auch nicht, ob ich dadurch allein alt und glücklich werde. Ich bin hier ja nicht auf Mission für die Ökobauern. Es geht mir lediglich darum, ein Beispiel für Heuristiken zu geben, die man entwickeln kann, um Zeit zu sparen. Wer immer das billigste Produkt kauft, hat eine ebenso effiziente Heuristik für sich gefunden.

** Obwohl ich heute dann doch lachen musste, als ich in Amsterdam eine Packung Nudeln kaufte, auf der stand »100 %«. Von was, wurde nicht gesagt. Einfach 100 %. Die haben damit noch nicht einmal gelogen! Und ich hatte davon zwei im Korb. Manche Marketingstrategen sitzen vermutlich in den Supermärkten hinter irgendwelchen Kartons versteckt und schmeißen sich weg vor Lachen, wenn wir so etwas kaufen. Eigentlich kein schlechter Job. Ich würde auf Tomaten »relax« kleben und auf Wasser »Diät«. Bestimmt würde sich auch ein Yoga-Brot gut verkaufen oder eine Wellness-Grillkohle. Ach, ich fange gar nicht erst an zu googeln. Das gibt es sicherlich alles schon.

Der Tod, der Zeitpunkt, der unser Leben ein für alle Mal begrenzt, motiviert Schutzmechanismen. Er versetzt uns in einen ultimativen Prevention-Fokus. Denken wir an den eigenen Tod, wollen wir uns an unsere Gruppe ankuscheln, an diejenigen, die unsere Werte teilen und die uns mögen. Dies führt abermals zu einem recht konservativen Verhalten und bisweilen sogar zu Diskriminierung, denn es weckt gleichzeitig aggressive Instinkte gegen die Menschen, die nicht zu uns gehören. Ich ziehe aus dieser Forschung die Lehre, dass Angst kein guter Berater ist. Mag auch ein Prevention-Fokus für bestimmte Aufgaben durchaus hilfreich sein, mit extremen, existenziellen Nöten ist nicht zu spaßen; sie motivieren vor allem zu übervorsichtigen und damit häufig stereotypen Entscheidungen.

Für mich persönlich sind allerdings auch ungewöhnliche Gedanken, Überraschungen und Kreativität enorm wichtig, da bin ich tatsächlich voreingenommen. Gestern, als ich auf einer Party im Paradiso war und die Veranstalter in der Mitte der Tanzfläche einen riesigen Haufen Second-Hand-Klamotten zum Verkleiden und große Gummireifen und -bälle zum Spielen aufgebaut hatten, war ich total begeistert und konnte gar nicht genug davon kriegen. Das ist aber Geschmacksache. Einige meiner Begleiter, die sich vorher stundenlang schön gemacht hatten, hätten lieber einen ruhigen Clubabend gehabt, ohne dass hinterher alle trashig aussehen. Jedem das Seine.

In diesem Kapitel habe ich häufig auf die mühelosen, automatischen Aspekte von Entscheidungen hingewiesen. Vieles an unseren Entscheidungen, viele Verhaltensweisen sind unbewusst; sie geschehen ohne viel Nachdenken. Jetzt ist es an der Zeit, auf die neue Psychologie des Unbewussten genauer einzugehen.

PRINZIP 4

Unbewusste und bewusste Zielerreichung: Kommt es am Kopf oder am Bauch zu den meisten Unfällen?

Von kranken Bäumen und dem notorischen Riss in der Welt. Warum wir linke Socken lieber meiden und dem Onkel die rechte Hand geben. Wann wir nach einer Hochzeit gleich die nächste planen. Warum Mutti die Beste ist, und wie Bluma Zeigarnik, Mitglied der Quasselstrippe, wieder aufersteht. Und vom Wert der Geheimnisse.

»Jetzt hab ich's!«, sagte mein Besuch bei einem Blick aus dem Fenster.

»Was, bitte?«

»Irgendwas stimmte nicht! Und jetzt weiß ich, was es ist! Die Ulmen draußen sind krank!«

Als guter Amsterdamer lief ich sofort erschrocken zum Fenster. Die Amsterdamer lieben die Bäume an ihren Grachten. Wohnt man an einer Gracht, kann man darauf allein schon stolz sein wie Oskar; stehen an der Gracht aber noch Bäume, steigt nicht nur der Kaufpreis, sondern auch die Stimmung, sobald der Amsterdamer aus dem Fenster schaut. Ohne Übertreibung – ich habe Amsterdamer Begeisterungsschreie von sich geben hören, in dem Moment, wo sie feststellten, dass vor meinen Fenstern Ulmen stehen. Sobald ein Baum jedoch ein krankes Blatt hat, muss man eine Notfallnummer anrufen, damit die Seuche nicht die ganze Gracht ergreift – nicht auszudenken, was das für den Wert der Häuser und das eigene Wohlgefühl bedeuten würde. Ich war genervt:

»Gustaf, die Bäume sind nicht krank, sie sind lediglich ein wenig karg dieses Jahr. Und mein Balkonboden ist auch nicht brüchig, und die Risse in meinen Wänden sind normal. Und da sie vertikal und nicht horizontal verlaufen, sind sie auch nicht bedenklich!«

»Will der Herr Psychologe damit sagen, dass ich wieder mal nur das Negative sehe?«

»Ja.«

»Das finde ich jetzt aber gar nicht. Dein Balkonboden ist wirklich gefährlich, da kann man sich schnell einen Splitter zuziehen, wenn man barfuß läuft. Und die Risse in der Wand habe ich so noch nie gesehen, das Haus wird eines Tages noch über deinem Kopf zusammenbrechen …«

»Und gab es heute auch irgendetwas, was schön war?«

Gustaf starrte lange auf die vor sich hin siechenden Ulmen.

»Schau mich mal an, Gustl, sehe nicht ich wenigstens gut aus?«

»Doch, doch, du siehst im Gesicht ja immer besser aus, wenn Du etwas dicker bist«, sagte Gustaf und klopfte mir auf den »Bauch«.

Menschen haben Gewohnheiten, sie verhalten sich nach bestimmten Routinen. Manche sehen in einem halbvollen Glas immer ein halbleeres – ein Verhalten, das, wie wir bereits gesehen haben, nicht besonders gesund ist. Ob wir immer nach dem Negativen schielen oder vor allem nach dem Positiven – wir tun es unbewusst. Und nur darauf wollte ich Gustaf hinweisen. Ich wollte ihm sein dysfunktionales Verhalten bewusst machen, ich dachte, als Freund wäre es meine Pflicht, weil man an sich selbst meist die schlechten Gewohnheiten nicht wahrnimmt. Meine Hoffnung war, dass die Bewusstmachung seiner Miesepeterei Gustafs Tunnelblick verändern würde. Pustekuchen. Auf diese Macke hingewiesen, begann er sein Verhalten zu erklären, zu rationalisieren. Es war doch so, dass überall Risse waren! Es war doch so, dass die Bäume weniger Blätter trugen als im Vorjahr! Guck doch mal genau hin! Und es ist doch so, dass man in meinem Alter nur zwei Alternativen hat: entweder Kuh oder Ziege!

Interessant ist, dass bestimmte Prozesse bei Menschen unbewusst ablaufen und sie hinterher doch den Eindruck haben, sie hätten sich in keiner Weise von irgendwelchen Gewohnheiten, Routinen oder Automatismen beeinflussen lassen. Die meisten Menschen empfinden ihr Handeln als vernünftig und selbstbestimmt, selbst dann wenn es letztendlich impulsgesteuert, von äußeren Dingen geleitet und nicht selten unfair oder unvernünftig ist. Wie Forschung zeigt, haben Menschen nur selten einen Zugang zu den Quellen ihres Handelns.

Hände weg von linken Socken!

Wie unser Verhalten durch Gewohnheiten bestimmt wird und wir uns trotzdem als Vernunftwesen vorkommen, konnten Richard Nisbett und Timothy Wilson nachweisen. In einem Experiment boten sie Socken an einem Verkaufsständer dar, die sich hinsichtlich ihrer Qualität überhaupt nicht voneinander unterschieden. Dennoch sollten die Versuchsteilnehmer aus diesem Angebot die besten Strümpfe auswählen. Dabei griffen sie häufig unbewusst nach dem Paar, das rechts platziert war. Rechts scheinen viele von uns mit »gut« zu verbinden, vermutlich weil bei vielen von uns die rechte Hand die dominante ist (wir also unsere Ziele vor allem mit der rechten Hand erreichen), oder weil wir gelernt haben, dass man dem Onkel die »gute Hand« gibt und nicht die linke, »schlechte«. Spontan waren die Probanden also auf den Konditionierungsmechanismus rechts = gut hereingefallen.

Interessant ist, dass die offensichtlich dadurch Verleiteten auf Nachfrage ihre Entscheidung vehement verteidigten. Sie behaupteten, das Paar, das sie ausgesucht hatten, wäre wirklich von besserer Qualität, die Wolle fühle sich griffiger an, und die Farbschattierung fiele schöner aus. In Wahrheit waren sie aber unbewusst beeinflusst worden. Ein Programm des Autopiloten war abgelaufen, ohne dass es ihnen bewusst geworden war. Schließlich hatte sich keiner der Versuchsteilnehmer gedacht: »Oooch, rechts ist ja immer gut, also nehmen wir mal die Socken rechts.« Nein, solche Entscheidungsfindungen laufen unterschwellig ab, und die meisten von uns fallen darauf herein. Nicht umsonst stehen in Supermärkten die überteuerten Produkte oder Ladenhüter häufig rechts auf Augenhöhe.

Dennoch hatten die Versuchspersonen, die offensichtlich ihrem Bauchgefühl vertraut hatten (im Sinne von rechts fühlt sich gut an), keinerlei Zweifel an der Vernünftigkeit ihrer Wahl. Denn der Hedonist in uns konstruiert die Wirklichkeit zu seinen Gunsten: Um sich gut zu fühlen, verteidigen wir Entscheidungen als vernunftbasiert, ungeachtet der psychologischen Basis, die tatsächlich den Entscheidungsprozess bestimmt hat. Und weil wir Hedonisten sind, sind wir letztendlich mit unserer Wahl hochzufrieden, egal ob es eine bessere Alternative gegeben hätte oder nicht. Haben wir nicht alle das optimale Handy?

Erkenne dich selbst!, soll am Eingang des Orakels von Delphi gestanden haben. Nisbett und Wilsons Studien zeigen, wie begrenzt menschliche Selbsterkenntnis ist. Weder wissen wir, was uns alles beeinflusst, noch erkennen wir, auf welcher psychologischen Basis – Vernunft oder Bauch – unser Urteil gerade beruht. Es ist ja nicht nur der Rechtsdrall, der uns unwillentlich beeinflusst, sondern auch zahlreiche andere oberflächliche Reize wie die Farbe des Etiketts, die Freundlichkeit des Verkäufers, die Aufmachung des Verkaufsdisplays oder ob der Inhalt »light« oder »bio« ist, haben Auswirkungen auf unsere Entscheidungen. Und selbst wenn wir um einen Einfluss wissen, wie jetzt um den Rechtsdrall, ist es anstrengend und auf Dauer nervtötend, sich bei jedem Produkt bewusst zu machen, ob es rechts oder links liegt oder was uns sonst noch bei unserer Wahl beeinflussen könnte.

Ob wir mit dem Griff nach rechts tatsächlich einen großen Fehler begehen, hängt wiederum allein von einer genauen Analyse der wirklichen Kosten und Nutzen ab. Reduziert er meine

Entscheidungszeit und führt dazu, dass ich mich schnell wieder anderen, wichtigeren Dingen als dem Sockenkauf widmen kann, dann können die damit verbundenen Kosten durchaus gering ausfallen bzw. kann der Zeitgewinn sogar von Nutzen sein. Was schert mich die Tatsache, dass andere Socken zwei Wochen länger halten als die, zu denen ich gegriffen habe? Vermutlich würde ein Sockenexperte eine bessere Wahl treffen und nicht wie ich auf die rechts liegenden Socken hereinfallen. Aber will ich mich wirklich so lange mit einer so uninteressanten Materie wie Socken befassen, nur um letztlich ein paar Euro zu sparen? Zudem wissen wir aus unserer Forschung, dass Menschen, die eine Entscheidung treffen müssen, gestresst sind; sie fühlen sich im Allgemeinen *nach* einer Entscheidung besser als *davor*. Eine Entscheidung zu treffen kostet Kraft und Energie, es stellt ein Problem dar, das es zu lösen gilt. Und Routinen helfen uns dabei. Bleibt die Frage, wie wir uns diese Automatismen psychologisch vorzustellen haben. Sehen wir uns das Gedächtnis noch einmal im Hinblick auf die Selbstregulation an.

Immer locker bleiben!

Die Forschung von Nisbett und Wilson mag einen beunruhigen. Ich habe jedoch daraus gelernt, mich in manchen Entscheidungssituationen entspannt zurückzulehnen. Reicht man mir in einem mir fremden Restaurant die Speisekarte, lese ich sie selten sorgfältig von Anfang bis Ende durch, sondern entscheide mich schnell für zwei Optionen, die mich spontan anlachen, lasse den Kellner später zwischen den beiden entscheiden und amüsiere mich lieber weiter über Gustafs Meckereien, was das Geschirr angeht. Ich werde eh nicht nur durchs Lesen herausfinden, was sich hinter Gerichten wie »Bauernhuhn mit Trüffel-Kastanien-Füllung« oder »Wildschwein mit Kirschschaum« wirklich verbirgt. Manchmal ist eine vernünftig aussehende Vorgehensweise, weil zeitraubend und hoffnungslos das Ziel verfehlend, schlichtweg unvernünftig. Lassen wir uns doch manchmal einfach von einem spontanen Eindruck verführen – Sie haben ja schon gesehen, hinterher verteidigen wir unsere Entscheidungen sowieso.

Im Gegensatz zu unserem Rechtsdrall basieren viele Heuristiken auf relativ vernünftigen Grundlagen. Finde ich es ethisch nicht vertretbar, dass ein Huhn in Käfigen gehalten wird, ist das Kaufen von als Bio ausgezeichnetem Geflügel zweckdienlich. Diese Heuristik Bio = gut ist aufgrund reiflicher Überlegung und auf der Grundlage vieler Informationen zustande gekommen und führt mich sicher und schnell zu meinem Ziel. Eine solche Heuristik wird nur dann zu Fehlentscheidungen führen, wenn mich jemand betrügen will, indem er zum Beispiel Broiler fälschlicherweise als Bio ausweist – was in Europa möglich, aber doch recht unwahrscheinlich ist. Wie im vorherigen Kapitel bereits angesprochen, sind Automatismen nicht per se fehlerbehaftet, sondern haben lediglich einen so schlechten Ruf, dass viele beim Speisekartenlesen oder wenn sie andere triviale Entscheidungen treffen müssen, so finster dreinblicken, als ginge es darum, die Aufklärung und das gesamte Abendland um jeden Preis (z. B. um den der Stimmung, der Zeit und der Energie) gegen den Angriff böser Buben zu verteidigen. Entspannen wir uns!

Häufigkeit und Zeitnähe: Salz und Pfeffer des Gedächtnissystems

Wie wir gesehen haben, beginnt ein Entscheidungsprozess bei der Aktivierung von Assoziationen, etwa rechts = gut oder Bio= gut oder Frau = sozial kompetent. Und zwar sowohl wenn wir spontan handeln – dann müssen wir notgedrungen auf naheliegende Assoziationen zurückgreifen –, als auch, wenn wir überlegt handeln – dann können wir das Naheliegende kritisch betrachten und einbeziehen, oder wir können uns davon distanzieren, können es ignorieren oder auch flexibel verschiedene Wissensstrukturen aufeinander beziehen. Wenn wir überlegt handeln, können wir auch neue Informationen suchen und in unser Urteil mit einbauen. Am Anfang jeder Entscheidung steht aber immer eine naheliegende Assoziation. Wie oben beschrieben stellen wir uns das Gedächtnis als Netzwerk vor, wobei bestimmte Erinnerungen und Gedächtnisspuren miteinander verknüpft sind und andere nicht.

In unserem Gedächtnis ist Salz beispielsweise mit Pfeffer assoziiert. Mit anderen Worten: Denken wir an Salz, denken wir auch an Pfeffer. Solche Assoziationen kann man im Labor messen, indem man Versuchsteilnehmern das Wort »Salz« am Computer präsentiert und sie dann bittet, ein danach gezeigtes Wort zu lesen. Die nachfolgenden Worte sind entweder Assoziationen (etwa »Pfeffer« oder »Suppe«) oder keine Assoziationen (etwa »Treffer« oder »Puppe«). Untersuchungen zeigen, dass Menschen das Wort »Pfeffer« schneller erkennen können als »Treffer«, wenn sie vorher »Salz« gelesen haben. Diese Aufgabe, die offiziell als *lexikalische Entscheidungsaufgabe* bezeichnet wird, nenne ich hier »Leseaufgabe«; sie misst, welche Verknüpfungen in unserem Gedächtnis gerade aktiv sind.

Unser Gedächtnis ist ein riesengroßes Netz von Assoziationen. Alles, was wir erlebt haben, ist dort abgelegt. Das habe ich bereits in Prinzip I erklärt. Aber nicht alles, was wir abgespeichert haben, leitet auch unser Verhalten. Um eine Wirkung zu zeigen, muss eine Gedächtnisspur *aktiviert* sein, so wie der Akku bei Ihrem Handy. Das Wort »Puppe« kann nach der Darbietung von »Salz« ja durchaus noch gelesen werden, was bedeutet, dass man irgendwo auch »Puppe« im Gedächtnis abgespeichert hat. »Suppe« ist jedoch aktiver und kann schneller gelesen werden als »Puppe«, wenn man vorher »Salz« gelesen hat, weil Assoziationen sich gegenseitig aktivieren. Die Aktivierung wird dabei durch die Prinzipien Häufigkeit und Zeitnähe bestimmt. Was aktiv ist, leitet unser Verhalten.

Je *häufiger* Sie die Begriffe Salz und Pfeffer miteinander in Verbindung gebracht haben, umso besser können Sie »Pfeffer« nach der Aktivierung von »Salz« lesen. Wer jedoch wie mein brasilianischer Bekannter als Kind überhaupt nicht mit schwarzem Pfeffer konfrontiert war, aktiviert »Pfeffer« auch nicht nach der Darbietung des Begriffs »Salz«. Anderes Beispiel: Je häufiger sich Ihre Gedanken um Sicherheit drehen, umso aktiver wird dieser Gedanke in Ihrem Gedächtnissystem und damit alles, was mit Sicherheit zusammenhängt. Wenn jemand wie Mark-Rüdiger etwa eine Reise plant, wird er mit einiger Wahrscheinlichkeit denken: »Hoffentlich bin ich in dem Land auch sicher.« »Hoffentlich kann ich das Wasser dort trinken.« »Hoffentlich wird mein Gepäck nicht geklaut.« Als Folge dieser hoch aktiven Gedächtnisspuren wird er sich erkundigen, welches Wasser man ohne Bedenken trinken kann, er wird beim Buchen des Hotels darauf achten, dass es nicht in einer gefährlichen Gegend liegt, und er wird daran denken, sein eigenes, unkontaminiertes Bettzeug mitzunehmen. Wir hatten die chronische Aktivierung bestimmter Netzwerke im Gedächtnis als Selbstkonzept definiert.

Aber auch bei jemandem, den Sicherheitsgedanken weniger plagen als Mark-Rüdiger, kann es passieren, dass ein ähnliches Netzwerk aktiviert wird. Denn: Neben Häufigkeit ist *Zeitnähe* ein wichtiger Faktor dafür, welche Netzwerke aktiviert werden und welche nicht. So kann es beispielsweise sein, dass Zö vorhat, nach Kapstadt zu reisen, und kurz zuvor hört, dass man dort vorsichtig sein muss. In dem Fall wird auch sie noch kurz vor Reisebeginn eine Versicherung abschließen, sich die Lage des Hotels genau besehen und nachts ein Taxi dorthin nehmen, anstatt durch die Slums zu bummeln. Während bei Mark-Rüdiger eine chronische Aktivierung von Sicherheitsgedanken vorliegt, kann eine *zeitnahe* Aktivierung von Sicherheitsaspekten bei Zö ausnahmsweise ein sehr ähnliches Verhalten hervorrufen. Dann werden auch ihre Gedanken eine Zeitlang vor allem um Fragen der Sicherheit kreisen; sie wird vorsichtiger, ängstlicher, weniger kreativ sein. Nach dieser Reise wird Zö allerdings wieder ganz die Alte sein. Gängige Gedächtnismodelle würden vorhersagen, dass ihr Akku für den Bereich Sicherheit noch eine Weile aufgeladen ist und ihm rein mechanisch, ähnlich wie einem Handy-Akku, langsam der Saft ausgeht. Je zeitnaher ein Gedanke aktiviert wurde, umso stärker ist er – wird er nicht mehr aktiviert, schwindet seine Kraft.

Denkendes Handeln, handelndes Denken

Ein solches assoziatives Netzwerk wäre bereits eine fantastische Grundlage für unser Verhalten, wenn man davon ausgeht, dass wir nicht nur denken, um zu denken, sondern dass wir denken, um zu handeln. Demzufolge sollte ein aktivierter Gedächtnisknoten eine bestimmte Art zu handeln wahrscheinlicher machen. So nimmt Wolfgang Prinz zum Beispiel an, dass Denken und Handeln im Gedächtnis einen gemeinsamen Code haben, sodass der bloße Gedanke an etwas die Wahrscheinlichkeit erhöht, sich dementsprechend zu verhalten.

Arie Kruglanski und seine Mitarbeiter gehen davon aus, dass Handlungen und Ziele ebenso im Gedächtnis abgespeichert sind wie bloße Gedanken. Ein liebevoller Familienvater wird irgendwo die Idee hinterlegt haben: »Ich will ein guter Vater sein.« Und eine Fabrikantin: »Ich will, dass mein Betrieb floriert.« Ziele, so nimmt Kruglanski an, sind in einer Art Hierarchie abgespeichert, wobei die erwünschten Zielzustände über den Mitteln zur Zielerreichung angeordnet sind. So wird die Fabrikantin die Mittel »Mitarbeiter motivieren«, »billig einkaufen«, »teuer verkaufen« abgespeichert haben, mit denen sie ihr Ziel, ein florierendes Unternehmen zu führen, erreichen will. Sind solche Assoziationen zwischen Mitteln und Zielen tatsächlich gespeichert, dann könnten Ziele auch unbewusst wirken und Handlungen auslösen. Denn wie wir wissen, können Assoziationen im Gedächtnis unbewusst aktiviert werden. Mit anderen Worten, ich kann die Batterie aufladen, ohne dass auch nur ein Mensch es bemerkt.

Unbewusstes Aktivieren: Eislaufmuttis und falsche Freunde

An der Stelle kommen wir zum subliminalen Priming, das den Lesern und Leserinnen der *Kleinen Einführung in das Schubladendenken* schon bekannt sein dürfte. Priming bedeutet Aktivierung, subliminal grob »unter der Wahrnehmungsschwelle«. Und das geht so: Eine Versuchsperson sitzt vor einem Computerbildschirm, an dem in zufälliger Folge oben, unten, rechts oder links Blitze erscheinen. Sie soll per Tastendruck entscheiden, wo diese Blitze erscheinen. Obwohl der Proband den Eindruck hat, genau das zu tun, bestehen die Blitze in Wirklichkeit aus Wörtern, die für so kurze Zeit auf dem Bildschirm präsentiert werden, dass er sie nicht erkennen kann; trotzdem aktivieren sie aber Gedächtnisspuren. Wird nach dem geblitzten Wort ein lesbares geboten, fällt es Menschen zum Beispiel leichter, ein Wort wie »Mathematik« zu lesen, wenn vorher »Mann« statt »Frau« blitzartig schnell über ihren Bildschirm gehuscht ist.

Kürzlich konnte diese Methode auch im Bereich der Selbstregulationsforschung eingesetzt werden, in dem man statt Begriffen Ziele subliminal primte. Werden am Computer subliminal Worte wie »Wettbewerb« oder »Karriere« eingeblendet, die mit einem Leistungsziel zu tun haben, stellt unser Gedächtnis in Windeseile und ohne unser Zutun all das mental zur Verfügung (»konzentriere dich«, »investiere alle Energie, die du hast« o.ä.), was uns beim Erreichen dieses Ziels nützt.

Mittlerweile gibt es haufenweise Studien zur unbewussten Aktivierung von Zielen. Dazu gehört auch das subliminale

»Einblitzen« von Erinnerungen an Orte oder Personen, die mit bestimmten Zielen assoziiert sind. So fragte James Shah seine amerikanischen Versuchsteilnehmer, welche Erwartungen ihre Mütter oder Freunde an sie hätten. Viele der studentischen Teilnehmer gaben an, dass ihre Mutter Leistung im Studium erwarte, während Freunde eher erwarten würden, dass sie für Partys und andere soziale Aktivitäten genug Zeit mitbrächten. Wie wir alle aus eigener Erfahrung wissen, widersprechen sich solche Erwartungen häufig und führen zu Zielkonflikten: Sollen wir am Abend vor der Klausur auf den Geburtstag unseres besten Freundes gehen oder lieber über unseren Aufzeichnungen brüten? Shah ließ seine Versuchsteilnehmer Intelligenzaufgaben lösen und erinnerte die Versuchsteilnehmer dabei jeweils an ihre Freunde oder an ihre Mutter. Die Erinnerung fand *subliminal* statt, d.h. die Worte »Mutter« oder »Freund« waren unter der Wahrnehmungsschwelle am Computer eingeblitzt worden, ohne dass die Versuchsperson dies bemerkte. Wie zu erwarten, führte die vorherige Einblendung von »Mutter« zu besseren Ergebnissen im Intelligenzleistungstest als die unbewusste Erinnerung an Freunde, die einen gerne vom Arbeiten abhalten. Das heißt: Offensichtlich sind Personen in unserem Gedächtnis mit bestimmten Zielen assoziiert; und eine Erinnerung an sie reicht schon aus, um Mittel zur Zielverfolgung zu aktivieren und sich ihren Vorstellungen entsprechend zu verhalten.

Eine Freundin von mir, Meike Nolte, die als Therapeutin arbeitet, wies mich darauf hin, dass man solche Methoden bestens zur Eigensuggestion nutzen kann. Ob es wirklich etwas nutzt, Schüler vor einer Klassenarbeit an ihre Mütter zu erinnern (und damit den womöglich ablenkenden Einfluss anderer Ziele, die durch neben ihnen sitzende Freunde aktiviert werden, abzumildern) ist eine spannende Frage. Ich jedenfalls stelle mir seither vor öffentlichen Auftritten immer Personen vor, die mich motivieren, die sich freuen würden, wenn sie mich so sähen. Mittlerweile lade ich auch gerne Freunde dazu ein (was ich früher aus Scham vermieden habe), denn ich habe die Erfahrung gemacht, dass ein wohlwollendes, freundliches Gesicht mir zu ungeahnten Höhenflügen verhilft. Versuchen Sie es selbst einmal: Schauen Sie bei Vorträgen oder wichtigen Gesprächen vor allem diejenigen an, die Sie motivieren – Miesepeter und Stirnrunzler bringen Sie nur aus dem Konzept.

Neben Personen können auch Orte automatische Priming-Effekte bewirken. So müssen sich viele Menschen lediglich eine Bibliothek vorstellen, und schon senken sie automatisch ihre Stimme. So gehen Menschen automatisch langsamer, wenn sie an alte Menschen erinnert werden. Ich selbst habe gezeigt, dass das »Einblitzen« von »Amsterdam« Menschen kreativer macht, dann nämlich, wenn diese Menschen Amsterdam für eine kreative Stadt halten. Bloße subtile Erinnerungen an bestimmte Ziele reichen manchmal schon aus, um ein Verhalten auszulösen. Wenn man menschliches Verhalten erklären will, kommt man mit der Vorstellung assoziativer Netzwerke im Gedächtnis ziemlich weit.

Dynamik statt Mechanik

Allerdings gab es schon früh Einwände gegen das alleinige Wirken einer rein mechanisch arbeitenden, fast roboterhaft wirkenden Assoziationskette. Bereits in den zwanziger Jahren bezweifelte Kurt Lewin – einer der genialsten Theoretiker unserer Zunft und scharfer Beobachter der Umwelt – zwar nicht die Existenz solcher Gedankenketten, aber die Grundidee des Gedächtnisses als relativ passivem Speicher.

Ich gebe zu, ich bin ein Fan Kurt Lewins, der schon damals dem Langweiler-Stereotyp eines deutschen Professors klar widersprach und sein Anderssein als Ressource statt als Makel begriffen hat. Es ist rührend, die Berichte seiner Studenten und Zeitgenossen zu lesen, die ihn über den grünen Klee loben und immer wieder sein kollegiales Auftreten und seine ansteckende

Begeisterung für die Psychologie betonen. In einer Zeit, in der diese Disziplin an den Universitäten wenig Bedeutung hatte, in einer Zeit, in der ihm, dem Juden, eine Professur in Deutschland verwehrt wurde, ließ er, charmant aber deutlich, verlauten, dass eine bessere Welt ohne die Psychologie unmöglich wäre. Dieser gesunde Größenwahn steckte an. Auch ohne Professur und Vorzimmer versammelte Lewin in Berlin Doktoranden aus aller Welt um sich, ließ sie forschen, freundete sich mit ihnen an, und weil in der Forschung Hierarchien sowieso nur schaden, ließ er sich von ihnen duzen und lud sie zu sich nach Hause ein, wenn sie ihm etwas mitzuteilen hatten. Vor lauter Begeisterung vergaß er meist die Zeit. Er war dafür bekannt, zu Besprechungen viel zu spät zu kommen, und häufig musste ihn seine Frau um Mitternacht daran erinnern, dass dies nicht die richtige Zeit für eine Projektbesprechung sei, und die eingeladenen Studenten nach Hause schicken.

Seine Studenten waren regelrecht infiziert von ihm und wurden der Gedanken, die er in ihnen auslöste, nicht müde. Jeden Dienstag fanden sie sich ohne ihren Mentor in einem Berliner Café zusammen, um über ihn und Gott und die Welt zu diskutieren. Unter dem Namen »Quasselstrippe« wurde bei Kaffee und Kuchen spekuliert und philosophiert; man rauchte, ließ die Gedanken schweifen und war überzeugt, an einer besseren Welt zu arbeiten. Als Lewin einmal gegen seine Gewohnheit an einem dieser Quasselstrippen-Kränzchen teilnahm, bat er den Kellner anschließend um die Rechnung. Die Studenten sahen ihm an, dass er irgendetwas im Schilde führte. Nur was? Der Kellner rechnete für jeden Gast den korrekten Betrag aus. Er hatte, wie damals wohl üblich, nichts notiert, erinnerte sich aber perfekt an all das, was jeder Einzelne verzehrt hatte. Lewin bat seine Schüler, noch ein wenig sitzen zu bleiben. Ein paar Minuten später rief er den Kellner abermals an den Tisch und bat ihn, noch einmal zu wiederholen, wer was zu sich genommen hatte. Der Kellner war erbost, denn er konnte sich an nichts mehr erinnern!

Lewin fand dies bemerkenswert. Würde nicht ein reines Assoziationsmodell des menschlichen Gedächtnisses vorhersagen, dass hier eine zeitnahe Aktivierung stattgefunden hat? Wie kann es aber sein, dass ein Kellner, so kurz nachdem er abkassiert hatte, alles vergessen hat? Wo war der Saft in dem eben noch aufgeladenen Akku geblieben? Lewin nahm an, dass die Idee mechanisch arbeitender Assoziationsketten unzureichend ist, um menschliches Verhalten zu verstehen. Seiner Meinung nach ist die Psyche viel dynamischer – und in gewisser Weise cleverer, als die Assoziationisten es annehmen. Wenn man sich ein wichtiges Ziel vornimmt, so entsteht laut Lewin eine Spannung im Individuum, eine Spannung, die man als Motivation beschreiben kann und die bei ihm keinesfalls negativ oder gar im Sinne von *An*spannung gemeint war. Diese Spannung löst sich, sobald man ein Ziel erreicht, es vergisst oder nicht mehr verfolgen will. Wichtige Ziele vergisst man nicht so leicht und gibt sie auch nicht ohne weiteres auf. Sie führen so lange zu einer Spannung, bis man sie erreicht hat. Die Spannung, ein Ziel zu erreichen, und die Entspannung nach Zielerreichung, so Lewin, wirken sich auch unmittelbar auf das Gedächtnis aus. So ist anzunehmen, dass das Gedächtnissystem des Kellners so lange in einer Art Spannung war, bis er den Quasselstrippentisch abrechnen konnte. Nachdem er abkassiert hatte, trat eine Entspannung ein, die zum Vergessen führte.

Da man in einem Café schlecht naturwissenschaftliche Studien durchführen kann, bat Lewin zusammen mit seiner russischen Studentin Bluma Zeigarnik Probanden in sein Labor. Dort sollten sie eine Reihe von Aufgaben durchführen, etwa eine Perlenkette aufreihen, Städte aufzählen, rückwärts zählen und vieles mehr. Als man am Ende der Studie die Versuchsteilnehmer bat, sich daran zu erinnern, was sie alles getan hätten, erinnerten sie jene Aufgaben besser, die sie nicht zu Ende ausgeführt hatten; jene hingegen, die sie zu Ende gebracht haben, hatten sie eher vergessen.

Gedächtnismodelle, die Ziele als Assoziationen betrachten, bei denen vor allem Häufigkeit der Aktivierung und Zeitnähe eine Rolle spielen, haben Schwierigkeiten, diese Befunde zu erklären. Schließlich lagen die unerledigten Handlungen ebenso lang zurück wie die erledigten. In dem oben genannten Experiment war außerdem die Häufigkeit der Aktivierung (also die Zeitspanne, in der sich die Versuchsteilnehmer damit beschäftigten) für alle Aufgaben gleich gehalten worden.

Vor kurzem haben meine Kollegen Nira Liberman, Tory Higgins und ich den nach Lewins Studentin benannten Zeigarnik-Effekt mit Hilfe moderner Forschungsmethoden untersucht. Wie viele andere gehen wir davon aus, dass uns unser Gedächtnis bei der Ausführung von Handlungen unterstützt. Suchen wir beispielsweise morgens unsere Brille, so wäre es nützlich, wenn die gängigsten Fundorte automatisch in unserem Gedächtnis aktiviert würden: etwa Bücherregal, Fernsehsessel, Badezimmerablage oder Hundekorb – je nachdem, wo wir sie üblicherweise finden. Bis hierhin sind alle Assoziationsmodelle mit uns einig.

Schauen wir uns jedoch die Aktivierung an, *nachdem* die Brille gefunden wurde, dann scheiden sich die Geister. Einem rein mechanischen, assoziationistischen Modell zufolge müsste das Finden der Brille, verbunden mit der Freude und dem eventuellen Aufschrei: » Schatz, ich habe die verdammte Brille!«, eine recht starke, zeitnahe Aktivierung sein, die nicht so schnell verfliegt. Mit anderen Worten: Die Brille und alle damit verbundenen Gedanken sollten uns noch eine Zeitlang beschäftigen. Ist dem aber wirklich so? Ein Assoziationist müsste dies annehmen und würde auch auf dem Weg zur Arbeit, wo ihm ein anstrengendes Meeting und anderes bevorstehen, gedanklich immer noch mit der Brille beschäftigt sein. Wir dagegen folgen Kurt Lewins Spannungsmodell und behaupten, dass die Aktivierung im Gedächtnis nach der Zielerreichung schlagartig zurückgeht. Und nicht nur das. Wir denken, dass unser Gedächtnis jene

Information, die mit einem erreichten Ziel assoziiert ist, sogar hemmt. Das heißt, wir denken *weniger* an Brille, Hundekorb und Badezimmer, nachdem wir die Brille gefunden haben, als an Dinge, die überhaupt nichts damit zu tun haben.

Unserer Ansicht nach hilft uns unser Gedächtnissystem dabei, die vielen Ziele, die wir tagtäglich haben, möglichst effizient zu verfolgen. Und dazu gehört auch, dass alles, was wir erreicht haben, *mental* abgeschlossen wird und Raum für andere wichtige Ziele schafft. Der ehrgeizige Student zum Beispiel, der sich auf eine Klausur vorbereitet, wird vermutlich kurz vor der Prüfung andere wichtige Bedürfnisse, wie soziales Miteinander, unterdrücken. Er wird die eine oder andere Party sausen lassen und stattdessen lieber früher ins Bett gehen. Hat dieser Student aber sein Ziel erreicht und die Klausur hinter sich gebracht, werden in seinem Gedächtnis alle Verhaltensweisen und Gedanken, die mit »Klausur« und »Leistung« zu tun haben, gehemmt, und all jene Gedanken kommen wieder hoch, die er eine Zeitlang weggeschoben hat: Klausur geschrieben – Zeit für Party! Dieser Prozess ermöglicht es uns, uns sofort auf andere wichtige Ziele zu konzentrieren, nachdem wir eines erreicht haben.

Ein unbewusster Zeigarnik-Effekt

Einige Kollegen kritisierten an Bluma Zeigarniks Experimenten, dass bewusste Denkprozesse die Ergebnisse beeinflusst haben könnten. Es ist nicht auszuschließen, dass das Gedächtnis für erledigte und unerledigte Handlungen bei allen Probanden gleich gut war und die Versuchspersonen allein dachten, sie müssten nicht so viel schreiben über etwas, was sie bereits hinter sich gebracht hatten.

Um unbewussten Hemmungsprozessen auf die Spur zu kommen, maßen wir in eigenen Experimenten die Aktivierung einer Gedächtnisspur mit Hilfe der oben beschriebenen Leseaufgabe.

Es gab vier solcher Leseaufgaben, die Wörter enthielten, die mit »Brille« zusammenhingen (etwa Professor, lesen, Sonne, Fielmann, Nase etc.), Wörter, die nicht mit Brille zusammenhingen (etwa Garten, Teppichboden, Ohrenarzt, Thielmann und Urologe) und Nichtwörter (etwa mompsen, Drochenwanz oder Driologe). Die Versuchspersonen mussten davor mehrere Diaserien mit verschiedenen Bildern anschauen. In diesen Diaserien waren zwar auch Brillen enthalten, aber sie waren vermischt mit vielen anderen Objekten. Nach jeder der vier Diaserien platzierten wir eine Leseaufgabe und maßen die Reaktionszeiten für Brillenwörter und für Wörter, die nichts mit Brille zu tun hatten. Mit dem Ergebnis, dass Versuchspersonen Wörter wie »Optiker«, »Augenarzt«, »lesen« und »Krankenkasse« nicht schneller lesen konnten als andere Begriffe. Wenige Brillen, dargeboten unter vielen verschiedenen anderen Objekten reichten also in dieser Versuchsgruppe, die kein bestimmtes Ziel hatte, nicht aus, um Brillen-Assoziationen zu aktivieren.

In einer anderen Untersuchungsgruppe machten wir die Brille jedoch zum Teil eines Zieles. Wir baten diese Versuchspersonen, sich Diaserien mit verschiedenen Bildern anzusehen und dabei eine Kombination in der Abfolge zu finden, die nur einmal vorkäme: ein Bild, das eine Brille beinhaltet und unmittelbar von einer Schere gefolgt wird. Tatsächlich wurde die Kombination »Brille-Schere« in der dritten Diaserie gezeigt. Alle Versuchsteilnehmer bemerkten dies und berichteten dem Versuchsleiter davon. Dann folgte eine Leseaufgabe, wie sie bereits weiter oben beschrieben wurde. Wie wir aufgrund von Lewins Spannungsmodell erwartet hatten, taten sich die Versuchspersonen, die ein Ziel hatten und es erfüllt hatten, schwer damit, Wörter zu lesen, die damit zu tun hatten. So war die Lesegeschwindigkeiten für Wörter wie »Augen«, »Optiker«, »lesen« etc. geringer als für Wörter, die nichts mit der Brille zu tun hatten. Ein Assoziationist dagegen hätte erwartet, dass die zeitnahe und heftige Aktivierung zu schnelleren Lesezeiten führt, doch das Gegenteil war der Fall: Zielbezogene Wörter waren gehemmt.

In anderen Experimenten hatten alle Versuchspersonen das Ziel, die Kombination Brille-Schere zu finden, und während eine Versuchsgruppe diese Kombination auch fand, tauchte sie in der anderen nicht auf. Mit diesem Experiment kamen wir dem von Zeigarnik noch näher, denn auch hier wurden eine erledigte und eine unerledigte Handlung experimentell hergestellt. Wie erwartet trat nur dann ein Hemmungseffekt ein, wenn Versuchspersonen die Kombination auch fanden – die Lesegeschwindigkeit in dieser Versuchsgruppe sank erheblich.

Für diesen Effekt können kaum bewusste Prozesse verantwortlich gewesen sein. Die Versuchsteilnehmer hatten nicht den Eindruck, dass bestimmte Wörter einfacher für sie zu lesen waren als andere. Aber das war auch nicht zu erwarten, denn natürlich läuft das Lesen von Wörtern im Millisekundenbereich ab, und man hat schlichtweg kein Empfinden für Unterschiede innerhalb dieser Reaktionsspanne. Unser Experiment zeigt damit eine *unbewusste* Hemmung, denn es ist beinahe unmöglich, die Leistungen in der Leseaufgabe bewusst zu beeinflussen. Damit haben wir auf der Grundlage heutiger strenger methodischer Standards den von Bluma Zeigarnik erstmals gezeigten Effekt bestätigt und bewiesen, dass unser Gedächtnissystem dynamischer ist, als die Psychologen ihm jahrelang zugetraut haben. Anders gesagt: Es macht sehr wohl einen Unterschied, ob man einen Gedanken einfach hat oder ob er Teil eines Zieles ist und ob man das Ziel erreicht oder nicht.

Hier ein Beispiel, wie man das allgemeine Gesetz, dass die Häufigkeit, mit der wir an etwas denken oder erinnert werden, und Zeitnähe die Aktivierung eines bestimmten Gedankens regulieren, auf den Alltag übertragen kann. Schauen wir uns etwa die Auslage eines Brillengeschäfts an – ohne dass wir eine Brille brauchen, also ohne dass wir das Ziel haben, sie zu kaufen –, dann gilt: Je mehr und je kürzlicher der Gedanke »Brille«

aktiviert wurde, umso aktiver ist er. Mit anderen Worten: Der Gedanke wird stark aktiviert beim Blick ins Schaufenster, aber schon fünf Minuten später, wenn wir vor einem interessanten Modegeschäft stehen, ist er weniger aktiviert, und wenn wir eine halbe Stunde später ein Eis essen, ist er so gut wie gar nicht mehr vorhanden. Ist ein Gedanke jedoch Teil eines Ziels, weil wir beispielsweise eine Brille kaufen wollen, dann gelten andere Gesetze: Die Aktivierung brillenverwandter Begriffe steigt so lange an, bis wir das Ziel erreicht haben; sobald das Ziel erfüllt, die Brille also gekauft ist, findet automatisch eine Hemmung statt. Diese Situation entspricht der Bedingung in unseren Experimenten, wo Probanden eine Brille suchten und sie auch fanden.

Diese unbewussten Hemmungseffekte zeigen auch die Grenzen der Metapher eines Autopiloten auf – man kann diesen Begriff sicherlich dehnen, aber ein Autopilot, der ein Ziel gemäß der Bedürfnislage seines Fahrers erkennt und sich je nach Fall nicht nur ausschaltet, sondern seinen Einsatz gleichzeitig kurzzeitig hemmt, der muss erst einmal erfunden werden. Zudem ist Zielerreichung ja eine rein subjektive Angelegenheit. Während im Experiment alle Probanden die Brille finden konnten und auch gefunden haben, sieht das wirkliche Leben anders aus: Wann bin ich wirklich ein guter Vater, und wann bin ich gut genug in der Schule? Wann kommt es also zur Hemmung? Wenn man solch dynamische und höchst subjektive Prozesse mit Hilfe einer Maschine simulieren wollte, dann wäre das sicherlich ein Quantensprung in den Ingenieurswissenschaften. Um Kritiken vorzugreifen: Ich bin sowieso kein Freund der mechanistischen Perspektive. Im bewussten Zustand können wir sehr wohl flexibel gestalten und sind zu unkonventionellen Entscheidungen fähig. Der Punkt ist vielmehr, dass sogar unser sogenanntes Unbewusste teils äußerst dynamisch arbeitet. Es ist viel flexibler, als wir lange dachten.

Allerdings findet nicht in jedem Falle ein entspanntes Vergessen nach Zielerreichung statt. Nehmen wir einmal Heiraten als Ziel. Als meine Freundin Zö sich zum ersten Mal vermählte, verschickte sie selbstbemalte Karten aus Papier, das ihr Bräutigam Jean-Marie mit ihr zusammen geschöpft hatte. »Wir sind die glücklichsten Menschen der Welt und werden mit unserer Liebe die Welt erhellen«, war handgeschrieben darauf zu lesen. Typisch Zö: Es genügte ihr nicht, sich selbst »unter die Haube« zu bringen, wie man in Ostwestfalen sagt, nein, mit diesem Akt sollte gleich die ganze Welt verändert werden.

Für Mark-Rüdiger war die Sache einfacher: Das Motto »Wat mut, dat mut« galt auch für seine Heirat. Nachdem er zwölf Jahre mit Gesine zusammengelebt hatte, machte er ihr eines Tages einen Heiratsantrag – in dem Lokal, in dem sie sich auch kennengelernt hatten. Gesine stimmte nach einiger Bedenkzeit zu. Auf schönen, nicht zu teuren Karten wurde konventionell freundlich eingeladen: »Ihre Hochzeit geben kund….« Weil Mark-Rüdiger mich gut kannte, hatte er noch ein kleines persönliches: »Und gute Laune mit dazu!« in gestochen scharfer Schrift dazugeschrieben. Mark-Rüdigers Hochzeit war nach Ansichten aller Ostwestfalen »schön«. Man feierte bei Borgmanns, einer alteingesessenen Lübbecker Gastwirts-Familie, womit man eigentlich nichts falsch machen konnte. Das Essen war gut bürgerlich, das Geschirr schlicht und die Deko im ostwestfälischen Understatement-Style (Ikebana, weil das wegen der wenigen Blumen weniger kostspielig ist). Es wurden die üblichen Spiele gemacht (Bräutigam blind an seinen Waden erkennen, Braut in Klopapier einwickeln, Luftballons mit Wunderkerzen steigen lassen), und der Teutonenchor, dem Mark-Rüdigers Eltern über vierzig Jahre lang die Treue gehalten hatten, schmetterte seinen Evergreen »Ein schöner Tag« (eine ostwestfälische Übersetzung von »Amäsing Gräß«). Es war ein »harmonisches Fest«, wie viele sagten. Um eins waren alle im Bett, und neun Monate später wurde Susanne-Caroline geboren. Allerdings sollte die Hochzeit Mark-Rüdiger und damit auch seine Frau noch jahrelang beschäftigen. Waren die Rotenrodts von nebenan nicht doch pikiert gewesen, weil man nicht im edleren Forellenhof gefeiert hatte? Gleichzeitig gingen ihnen die Worte von Mark-Rüdigers Mutter im Kopf herum, die irgendwann einmal gesagt hatte: »Das schöne Geld, der ‚Wiehenkrug' hätte es doch auch getan!« War das versteckte Bewunderung im Sinne von »Ihr Schlawiner, ihr!«, oder war Mutti nicht doch seit der Hochzeit ein bisschen verschnupft? Auch eine andere Frage trieb Mark-Rüdiger noch lange um: War der Judo-Verein wirklich nicht sauer, weil er ihm keine Gelegenheit dazu gegeben hatte, ein Ständchen zum Besten zu geben? Gesine hatte das nicht so gern gewollt. Kurz, obwohl sogar sein schwieriger Vater die Hochzeit noch Jahre später als »gelungene Veranstaltung« lobte, wird Mark-Rüdiger zeitlebens daran zweifeln. Wer es allen recht machen will, wird spätestens nach einem solchen Projekt merken, dass das unmöglich ist und das Grübeln darüber kein Ende hat.

Das war bei – und vor allem nach – Zös Hochzeit anders. Ihr Fest adäquat zu beschreiben, würde den Umfang dieses Buches sprengen. Aber natürlich war es so, dass Zös Kreativität und Energie überall zu spüren waren. Ihre Absicht, diesen Tag zum allerschönsten Tag ihres Lebens zu machen, war allerorten zu sehen. Es fing mit einer »Kutschfahrt der Liebenden« an – nicht nur für das Hochzeitspaar, sondern für alle Gäste, die von der Kirche zur »Party Location« gelangen mussten. Neben jeder Kutsche lief eine grell geschminkte Ziege her, ein Sündenbock, auf dem man während der Fahrt seine schlechten Gedanken, die »schlimmste Sünde bei einer Hochzeit«, loswerden konnte. Der Weg führte zu einer leeren Fabrikhalle, in der Jean-Marie als Praktikant gearbeitet, während Zö dort eine Felduntersuchung im Rahmen irgendeines Studiums durchgeführt hatte. Nach Aussagen der beiden hatte das »geführte Tiefeninterview« hinter einer Druckerpresse stattgefunden. Nachdem die Fabrik Pleite gegangen war und leer stand, kamen die beiden auf die Idee, sie für ihre Hochzeit anzumieten und mit viel Aufwand und nach Feng-Shui-Prinzipien zu einem »Raum der Möglichkeiten« umzufunktionieren. Einiges an der Feier war wirklich toll, etwa die osteuropäische Kapelle, die wunderschöne Live-Musik machte, und das Essen, das Geschmäcker aus aller Herren Länder befriedigte. Allerdings waren die angeblich romantischen Papierwalzen als Sitzmöbel unbequem und die ständigen Gruppentänze und Scharaden, mit Hilfe deren wir uns als Gemeinschaft der Liebenden näher kommen sollten, ein eindeutiger Griff ins Klo, ganz zu schweigen vom Gestank der Sündenböcke, die die Halle nach und nach vollkackten. Was waren wir genervt! Kreativen Lösungen wohnt immer das Risiko des Unerprobten inne. Aber Zö bemerkte das nicht. Sie hatte den Eindruck, dass dies die schönste Hochzeit der Welt war (die lediglich von ihrer zweiten und dritten getoppt werden könnte), und glaubte tatsächlich, dass sie an diesem Tag kurzerhand das Universum aus den Angeln gehoben hatte. Selbst dann, wenn einige von uns sie später, meistens scherzhaft, an die Pannen dieses Tages erinnerten – Frau Flömer, die nach dem Genuss ihrer ersten Jalapeño, diese kleinen scharfen Paprikaschoten, in Timmermanns Kinderwagen spuckte, oder Herrn Diepenbrink, der nach einem Stück Haschtorte sündige Blicke mit einer der Ziegen tauschte –, tat sie das mit einem »Ach du, da bist du aber auch der Einzige, der das gesehen hat« ab.

Besonders erstaunlich war, dass Zö nach diesem Kraftakt gleich wieder aktiv wurde. Schließlich musste auch noch die schönste Hochzeitsreise der Welt angetreten werden, und danach wollte sie neben einer Tischlerlehre (ich finde den Beruf einfach biblisch!) Indogermanistik studieren (das ist ein Orchideenfach!). Die Fabrikbesitzer, die nach der Pleite klamm waren, mussten monatelang auf ihr Geld warten, und auch das Aufräumen (und Ausmisten) am Tag danach hatte Zö einfach vergessen. Ein Zeigarnik-Effekt par excellence, denn Zö war auf dem Weg zu einem neuen beruflichen, sozialen oder wesensmäßigen Erfolg und hatte Besseres zu tun, als sich länger als nötig mit den Nachwehen ihres Fests zu beschäftigen. Auch ihre Ehen (Jean-Marie schickte sie schon nach zwei Jahren in die Wicken) waren genauso schön wie sie schnell wieder vergessen waren. Jagt man von Ziel zu Ziel, werden zurückliegende Aufgaben rasch als abgeschlossen betrachtet und das Gedächtnis vom Ballast der Vergangenheit befreit. Wenn man allerdings wie Mark-Rüdiger ein starkes Bedürfnis nach Sicherheit hat, verbunden mit einem Fokus auf Pflichten und Verantwortung, dann kann einen eine abgeschlossene Aufgabe auch später noch piesacken – und die erwartete Entspannung des Gedächtnissystems setzt nie ein.

Studien von Per Hedberg und Tory Higgins haben diese unterschiedlichen Verhaltensweisen mit einer Leseaufgabe belegt und konnten zeigen: Im Promotion-Fokus kommt es nach Zielerfüllung zu einer starken Hemmung von Gedanken, die mit dem Erreichten zusammenhängen. Menschen im Prevention-Fokus dagegen beschäftigen sich, noch lange nachdem sie ein Ziel erreicht haben, mit dem Vergangenen.

Zeigarniks im wahren Leben

Wir haben gesehen: Die starke Aktivierung zielbezogener Gedanken und das sofortige Vergessen, nachdem man ein Ziel erreicht hat, geschehen außerhalb unseres Bewusstseins. Dieses Wechselspiel zwischen Aktivierung und Hemmung erleichtert uns nicht nur das Leben, es hat auch noch andere Folgen, zum Beispiel hinsichtlich unserer Beeinflussbarkeit. Wenn nach der Zielerfüllung nichts mehr aktiviert ist, was mit dem erreichten Ziel zu tun hat, sind wir für alles, was damit zu tun hat, auch nicht mehr empfänglich.

Ich habe vor kurzem versucht, diese Zeigarnik-Effekte auf die Konsumentenforschung zu übertragen, und zwar auf folgendes Phänomen: Wenn Sie Bücher im Internet kaufen, werden Ihnen üblicherweise weitere Artikel zum Kauf empfohlen – eine Taktik, die auf der Logik der Assoziationisten beruht. Kaufe ich ein Buch von Christian Kracht, schlägt mir der Internetbuchhändler gleich ein anderes dieses Autors vor. Habe ich eine CD des Countertenors Philippe Jaroussky bestellt, werden mir direkt weitere CDs von Countertenören angeboten. Falsch gedacht. Wenn ich Lust auf Barockmusik habe, decke ich mitunter meinen Bedarf mit einer Jaroussky-CD. Damit ist mein Ziel »Barockmusik kaufen« jedoch erfüllt – die Gedanken an Barockmusik sind, zumindest zeitweise, gehemmt. Vielmehr schafft mein Kauf Raum für völlig neue Ziele, die sich möglicherweise um ganz andere Produkte drehen, Modehunde etwa, Geschirr oder Kleidung. Und hier sind den Marketingexperten des Internethandels klare Grenzen gesetzt. Zwar wissen sie aufgrund meines Kaufverhaltens inzwischen einiges über mich, aber sie können nicht ahnen, was ich als Nächstes vorhabe zu erwerben. Einen neuen Schal? Ein Vogelhäuschen für Raoul? Einen guten Wein? Dahinter werden sie nicht kommen, und dies erklärt unter anderem, warum wir nicht wie die Affen alles fressen, was uns vor die Füße geworfen wird. Irgendwann sind wir satt – Ziel erfüllt, keinen Hunger mehr. Die Taktik der Assoziationisten geht einfach nicht auf.

Wichtige Geheimnisse

Die Zielerfüllung hat einen Haken: Sie ist subjektiv, und manchmal hemmen wir Gedanken schon dann, wenn wir uns lediglich einbilden, ein Ziel erreicht zu haben – aber eigentlich noch daran arbeiten müssen. So kann es sein, dass Ziele durch das dauernde Reden darüber einen Wirklichkeitscharakter bekommen und wir meinen, wir hätten sie bereits erreicht. Man bezeichnet das als *symbolische Zielerfüllung*.

Ich dachte lange, es wäre eine Marotte von mir, nie über ein Projekt zu sprechen, bevor es nicht fertig ist. So will ich am liebsten alles, was mit meinem nächsten Chansonabend zu tun hat, bis zur Premiere geheim halten. Danach gefragt winke ich ab, ertrage stoisch alle Vorwürfe der Zickigkeit und Koketterie und präsentiere das Programm erst dann meinem Manager, wenn es komplett steht. Das handelt mir mit manchen Veranstaltern, die natürlich rechtzeitig vor der Premiere wissen wollen, wie sie die Show bewerben sollen, Probleme ein. Manchmal bleibt mir deshalb nichts anderes übrig, als ein halbes Jahr vorher mit allem fertig zu sein. Ich mag es nicht, über ungelegte Eier zu sprechen. Eine Kinderei?

Peter Gollwitzer und seine Kollegen zeigten, dass uns das Mitteilen von Plänen daran hindern kann, sie auch in die Tat umzusetzen. In einem Experiment baten die Forscher Psychologie-Studenten alles aufzuschreiben, was sie in den nächsten Wochen tun würden, um ihrem Ziel Psychologe zu werden, näher zu kommen. Während der Versuchsleiter das, was die eine Hälfte der Versuchspersonen dazu festhielt, ignorierte, las er sich die Notizen der anderen Hälfte der Probanden durch. Wurden die Versuchspersonen Wochen später danach gefragt, welche der Absichten sie in die Tat umgesetzt hätten, waren jene weniger aktiv gewesen, deren Aufschriebe von einer anderen Person gelesen worden waren. Auch hier spricht die Psychologie von symbolischer Zielerfüllung. Spannend finde ich an dieser Untersuchung, dass es nicht das Bewusstmachen der Absicht per se ist, das Gedanken hemmt. Es ist die Wahrnehmung unserer Absicht durch einen anderen, was uns hemmt. Offensichtlich reicht es uns Gruppentieren, dass andere von unseren Absichten Notiz nehmen. Und schon hemmt unser Gedächtnis, was es als erledigt ansieht – nämlich den anderen von unseren Plänen wissen zu lassen. Letztendlich hemmt das viele Reden über etwas unsere Motivation. Versuchen Sie es einmal und sprechen beim nächsten Projekt einmal nicht über ungelegte Eier!

Kurz gefasst

Unsere Ziele sind im Gedächtnis abgespeichert, genauso wie die Mittel, die wir zur Zielerreichung brauchen. Ziele – zum Beispiel ein Leistungsziel – können entweder direkt aktiviert werden, indem wir an Leistung erinnert werden, oder indirekt, indem wir an jemanden denken, der Leistung von uns erwartet.

Den Gedanken, dass andere Menschen Ziele bei uns aktivieren, kann man ruhig einmal weiterspinnen. Ist es nicht so, dass eine erfolgreiche Gruppe uns mitzieht, während uns eine weniger erfolgreiche lähmt? Ich jedenfalls finde es bemerkenswert, wie sehr mich gute Forschungsgruppen mitziehen. Ich hatte häufig das Glück, mit Big Shots zusammenzuarbeiten, und diese Forschung zeigt mir, dass allein ihre Anwesenheit mich an hohe Standards erinnerte. Dies hat mich vermutlich automatisch angespornt und meine Produktivität gesteigert.

Durch subliminales Primen können wir zeigen, dass Menschen unbewusst aktivierte Ziele verfolgen können und dass aktivierte Assoziationen generell beim Handeln und Entscheiden eine große Rolle spielen. Unser Verhalten wird vor allem dadurch bestimmt, was zeitnah und was häufig aktiviert wird.

Allerdings sind die Aktivierungsmuster unterschiedlich, je nachdem, ob wir an etwas denken oder ob es Teil eines Zieles ist. *Denken* wir »Hunger«, weil wir das Wort im Kreuzworträtsel gelesen haben, so sind Gedanken wie »Käsebrot«, »Würstchen« und »Praline« aktiv, je nachdem, wie lange wir darüber nachgedacht haben und wie lange dieses Nachdenken her ist. *Haben* wir dagegen Hunger (womit das Ziel aktiviert ist, etwas bestimmtes, etwa ein Würstchen, essen zu wollen), dann sind unsere Gedanken an Würstchen so lange aktiv, bis wir eines verzehrt haben. Danach wird die Aktivität von würstchenbezogenen Gedanken gehemmt. Es sei denn, wir sind in Mark-Rüdigers Prevention-Fokus und grübeln ewig lange darüber nach, ob es wirklich richtig war, dieses Würstchen zu essen und nicht etwas Vernünftiges.

Die dynamische Hemmung nach der Zielerreichung macht uns gegen bestimmte Verführungen immun. Haben wir das Würstchen gegessen und sind satt, wird es schwierig sein, uns zu einer weiteren Wurst zu überreden. Was wir aber stattdessen im Schilde führen, verraten wir den Marketingstrategen nicht. Oder doch? Für meine letzte Kreditkarte, die ich im Bijenkorf in den Niederlanden abonniert habe (es gibt dann ja so tolle Rabatte!), musste ich in einem ellenlangen Fragebogen angeben, was ich mag und was nicht. Haben die Schlawiner vielleicht schon begriffen, dass dies die eigentliche Möglichkeit ist, zu erfahren, was ich eventuell nach dem Würstchenschmaus vorhabe? Würden sie nach einer Bestellung von Würstchen im Internet eine Werbung über Barockmusik schalten? Vermutlich nicht, denn ich habe nach meinen Vorlieben befragt »Auto« und »Gesellschaftsspiele« angekreuzt. Tun Sie es mir nach. Kreuzen Sie auf Fragebögen wie diesen immer etwas Falsches an. Sagen Sie, Sie stünden auf Kartoffelpüree, seien zwanzig Jahre alt (beste Käufergruppe, dann nimmt man Sie umso ernster), hätten zwölf Kinder, seien aus dem Osten und tränken am liebsten Abführmittel. Dann kriegen sie Sie nicht. Dann können sie so viel werben, wie sie wollen. Und eine Abführmittelfabrik im Osten bauen und dadurch Arbeitsplätze schaffen.

PRINZIP 5

Denken und Handeln: Starten, fliegen, landen – wann, wie und wo?

Von Menschen, die nichts geregelt kriegen und dadurch Herpes verursachen. Wie ich ein Jahr lang am Rubikon Angst davor hatte, ein Buch in den Sand zu setzen. Wann wir über die Weihnachtsfeiertage unbeobachtet von Tante Emmi Berichte für Psychologen schreiben. Von Kinderkrankenschwestern-Träumen und was daraus wird. Oscars zum Einschlafen. Von Erbsensuppe, Würstchen und Lorbeerblättern. Und von brüllenden Gesangslehrern.

Letztes Jahr, nachdem das Thema Vorurteile in den vielen Talkshows, in die man mich einlud, durch war, fand man zu meinem Entzücken einen neuen Grund, mich vor die Kameras zu locken – und damit nun erst recht die elterlichen Nachbarn zu schockieren. Mein »Doppelleben« als Psychologe und Sänger schien den Sendern Anlass genug zu sein. Allen voran Frank Plasberg, der eine neue Talk-Show startete und mich, »der sein Doppelleben in vollen Zügen genießt«, zwischen weniger fröhlich Doppeltlebende setzte: eine Studentin, die auf den Strich ging, eine Waise aus der früheren DDR, einen Hochstapler und einen amerikanischen Spion (die beide im Gefängnis gesessen hatten) sowie einen unehelichen Sohn von Charles Lindberg. Ich freute mich darauf.

Bis ich im Studio in Köln eintraf, hatte ich kaum noch Stimme, außerdem Neurodermitis und Herpes. Plasberg gab mir die Hand, nach außen selbstsicher, so wie ich: »Tach auch, schön sich kennenzulernen.« Aber man muss kein Psychologe zu sein, um die nötigen Schlüsse zu ziehen. Nervöses Lachen. Der ist genauso gestresst wie ich und versucht ebenfalls mit Zahnpasta auf der Lippe seinen Herpes zu behandeln. Wie schön sind doch die Herausforderungen, denen wir uns immer wieder stellen!

Natürlich liebe ich mein Leben als Psychologe genauso wie das als Sänger. Ich liebe es, gedanklich in Themen einzusteigen, ich liebe es, Menschen zu analysieren, sie verstehen zu lernen, meine Theorien mit Kollegen und Freunden zu teilen. Genauso liebe ich es, meine Stimme zu trainieren, meine Gefühle vor (hoffentlich) begeisterten Zuschauern zum Besten zu geben, etwas in ihnen zu bewirken, sie zu provozieren und vor allem diese wunderbaren Lieder zu singen. Ein solches »Doppelleben« ist dann besonders schön, wenn es gut organisiert ist und alles läuft. Es ist wie eine Thai-Massage für meine Seele, wenn ein Lied gelingt und eine Doktorandin am selben Tag eine weltumstürzende Idee präsentiert. So ist es aber nicht immer. Genauso gut kann es passieren, dass ein Chansonabend mal daneben geht und mir an der Uni alle auf die Ketten gehen.

Herpes kriege ich, wenn ich nicht weiß, wo mir der Kopf steht. Herpes kriege ich, wenn ich Leute zum Jagen tragen muss. Herpes kriege ich, wenn meine Unternehmenspolitik »handeln statt entschuldigen« nicht aufgeht. Ich hasse nichts mehr als ellenlange Rechtfertigungen. Vor allem, wenn Leute sich für nicht getane Arbeit entschuldigen – dafür habe ICH keine Zeit. Denn ICH muss ja jetzt das erledigen, was die anderen nicht geschafft haben. Weil Entschuldigungen allen nur die Zeit rauben, darf sich bei mir keiner entschuldigen. Und normalerweise funktioniert das ganz gut. Um auf das vorige Kapitel zurückzukommen: Entschuldigungen sind vermutlich so etwas wie symbolische Zielerfüllungen. Man erreicht damit Aufmerksamkeit, Verständnis, und schwups verliert man das eigentliche Vorhaben aus den Augen.

Bis auf wenige Ausnahmen. In der Woche vor Plasbergs Sendung war einiges passiert, oder sagen wir besser, war vieles nicht passiert. Am Freitag vor der Aufzeichnung erhielt ich von einer

Studentin, die bereits vor Wochen ihre Masterarbeit abgeben wollte, eine umfangreiche Mail mit sage und schreibe 13 verschiedenen Gründen, aus denen sie nicht fertig geworden war. Sie würde mir am Freitag allerdings die nun fast (!) fertige Arbeit (ca. 100 Seiten) schicken, die ich dann bis Montag durchlesen müsste, weil sonst sie, ihre Oma oder was-weiß-ich-wer arbeitslos oder Schlimmeres passieren würde. Irgendetwas Dramatisches muss man sich schon einfallen lassen, wenn man anderen durch mangelnde Organisation zusätzliche Arbeit aufbürdet. Gleichzeitig wollte sie ein Empfehlungsschreiben für Harvard. Am selben Freitag erhielt ich den Artikel eines meiner Koautoren, der seit über einem Jahr daran gearbeitet hatte, mit der Bitte, ihn bis Montag durchzusehen. Mit einer Durchsicht allein wäre es allerdings nicht getan, es blieben noch einige Abschnitte übrig, die ich, entgegen der Abmachung, schreiben müsste, weil ich in diesen Dingen der Experte sei. Schön, wenn Menschen an mich glauben! An demselben Freitag sagte mein wichtigster Musiker, der Kunstlieder für mich experimentell vertonen wollte und schon das dritte Mal die Deadline nicht eingehalten hatte, vollends ab – er käme leider nicht dazu. Zu dem Zeitpunkt war ich schon so gestresst, dass ich einfach keine Lust mehr hatte, mir seine Litanei an Rechtfertigungen durchzulesen.* Von dem Bühnenbild, das ebenfalls diese Woche fertig werden sollte, waren gleichfalls nicht viel mehr als gute Vorsätze geblieben. Die Entschuldigung des Bühnenbildners war kürzer als die des Musikers, aber ich habe sie vergessen. Ich war beinahe froh, dass ich nun kein Bühnenbild bezahlen musste, denn was hätte ich damit ohne Musik machen sollen? Solche Situationen sind für alle Beteiligten dysfunktional – ich kriege von so etwas Herpes.

Die interessante motivationspsychologische Frage aber ist: Warum kriegen Menschen manchmal nichts geregelt? Obwohl

* Ich glaube übrigens an die Grundregel: Hast du mehr als eine Entschuldigung, hast du keine.

sie wissen, was zu tun ist und was eine Deadline ist. Und es allen total peinlich ist. Gehen wir einmal davon aus, dass die Deadlines für Musik und Bühnenbild realistisch von mir gesetzt waren, ich also nichts Unmögliches erwartet habe. Nehmen wir einmal an, dass meine Auftragnehmer mich ernstnehmen (was ich daran erkenne, wie viel Zeit sie in ihre Entschuldigungen investieren). Nehmen wir an, dass alle Beteiligten ihre Sache wirklich gut machen wollten. Dann müssten wir doch, vor allem, weil im Kapitel zuvor die Rede von gemeinsamen Codes von Denken und Handeln war, annehmen, dass die Leute sich hinsetzen und ihre Arbeit tun. Warum funktioniert das jedoch häufig nicht? Ein Problem ist, dass man häufig mehrere Alternativen zur Verfügung hat. Wenn man automatisch in der Bibliothek die Stimme senkt, reicht dafür vermutlich ein gemeinsamer Code im Sinne von »Bibliothek = Stillsein«. Wenn man allerdings entscheiden soll, ob man heute mit dem Bühnenbild anfängt oder doch lieber den Schrank aufräumt, dann verkompliziert sich die Angelegenheit. Vor allem wenn beide Ziele gleichwertig sind: Wohin soll der Autopilot sich ausrichten, wenn selbst der Pilot noch nicht einmal das Ziel kennt?

Ich will, ich will, ich will

Der Schritt vom Wollen zum Handeln ist schwierig. Wie viele Menschen träumen davon, als Sänger erfolgreich zu sein. Und werden es nicht. Wie viele Schüler versprechen ihren Eltern, mehr zu lernen – und tun es nicht. Wie vieles nehmen wir uns vor, und wie oft bleibt es bei unserem Vorhaben! Ich nehme mich da nicht aus. Von meinem ersten Tag in Amsterdam an wollte ich ein kleines Boot haben. Täglich ergötze ich mich an meinem privilegierten Ausblick auf die schöne Gracht, auf der, sobald die ersten Sonnenstrahlen die Möwen wecken, zwei Meter hohe schöne Niederländer mit weißen Zähnen ihre Jollen umherfahren, einen Modehund backbord und eine Käsebrote schmierende blonde Schönheit steuerbord.* »Ich will ein Boot!«, nerve ich seit vier Jahren meine Freunde. Dabei ist es geblieben.

Was braucht man, damit aus Träumen Realität wird? Die deutsche Willenspsychologie hat zu dieser Frage Entscheidendes beigetragen, wobei man, wegen der unglücklichen Assoziation mit dem Nazi-Film *Triumph des Willens*, das, was wir unter Willen verstehen, lieber als *Volition* bezeichnet. Ich sage jetzt aber weiter Willen dazu, weil es die Sache verständlicher macht. Ich, den Sie bitte im Weiteren Cäsar nennen.

Ich, Cäsar

Peter Gollwitzer hat den Weg vom Wunsch zum Ziel in vier wichtige Zeitabschnitte aufgeteilt. In seiner Theorie der Handlungsphasen** beginnt eine Aktion mit dem Stadium des Überlegens (prädezisionale Phase), in dem man das Für und Wider einer Handlung abwägt. Es folgt eine Planungsphase (postdezisionale Phase), in der man konkrete Pläne schmiedet. Daran schließt sich die Aktion an (aktionale Phase), und zum Schluss erfolgt eine Bewertung der Handlung (postaktionale Phase). Entscheidend ist der Übergang von der ersten zur zweiten Phase, also von der Überlegung zur Planung. Wer sich aus den vielen Wünschen, die man hat, einen herauspickt, den man tatsächlich angehen will, gelangt vom Abwägen der Vor- und Nachteile eines Zielzustandes in eine konkrete Planungsphase, die eine

* Ist so. Frauen steuern diese Boote genau so selten wie Modehunde. Auch in Amsterdam gibt es eingefahrene Verhaltensweisen. Falls ich irgendwann doch einmal ein Boot habe, werde ich darauf deutsche Würstchen grillen.

** Die Grundlagen der Theorie wurden von Heinz Heckhausen gelegt. In diesem Rahmen können freilich nur einige wichtige Aspekte berücksichtigt werden.

tatsächliche Handlung sehr wahrscheinlich macht: Der Wunsch wird zum festen Willen, den man nicht so schnell aufgibt. Diese Theorie trägt – auf eine historische Anekdote anspielend – auch den Namen Rubikonmodell.

Cäsar, also ich, der römische Feldherr, soll erst dann, nachdem er lange alle Vor- und Nachteile bedacht hatte, den Fluss Rubikon überquert haben und damit sowohl seinem Überlegen ein Ende bereitet als auch unwiderruflich einen Bürgerkrieg ausgelöst haben. Hat man erst einmal, bildlich gesprochen, den Fluss, der zwischen Wunsch und Planung liegt, passiert, lässt man sich gewöhnlich nicht mehr so schnell von seinem Vorhaben abbringen.

Nehmen wir also an, Sie wollen ein Buch schreiben. Sie wissen, dass dies viel Arbeit bedeutet, Kraft kostet und Sie ganz schön viele Abstriche in ihrem Privatleben machen müssen. Sie kennen das Gejammer der Schriftsteller: Schreiben ist eine sehr einsame Angelegenheit. Aber neben diesen Nachteilen, die Sie davon abhalten könnten, mit dem Schreiben überhaupt anzufangen, fallen Ihnen natürlich auch Vorteile ein. In einem Buch teilen Sie anderen Menschen etwas Ihnen Wichtiges mit, Sie treten in eine ganz besondere Kommunikation mit ihnen. Sie selbst erfahren sich neu, lernen viel und haben, last but not least, die Illusion, dass das, was Sie schaffen, – wie wir in Prinzip 3 gesehen haben – über Ihren Tod hinaus Bedeutung hat: »Wer schreibt, der bleibt, wer nur spricht, nicht.« Natürlich beziehen Sie die Wahrscheinlichkeit eines Erfolgs oder Misserfolgs in Ihre Überlegungen mit ein – und die hängt davon ab, wie Sie Ihr Können, Ihre Motivation und die äußeren Umstände einschätzen. Werden Sie das Vorhaben bis zum Ende durchziehen? Können Sie überhaupt schreiben? Hilft Ihnen jemand, wenn Sie nicht mehr weiterwissen, oder gibt es jemanden, der sie in einem solchen Fall motiviert? Würde ein Verlag an Ihnen als Autor interessiert sein? Würde überhaupt jemand ihr Buch lesen wollen?

Wie Cäsar sitzen Sie nun vor dem Rubikon und nicken gerade noch der Nike-Reklametafel »Just do it« zu, um dann von Selbstzweifeln geplagt ein Blatt ihres Lorbeerkranzes in der vor Ihnen brodelnden Erbensuppe zu versenken.* In solchen (nach Gollwitzer prädezisionalen) Phasen, wo wir uns noch nicht für etwas entschieden haben, sind wir sehr offen für neue Informationen, selbst wenn sie gegen die Verwirklichung unseres Wunsches sprechen.

Ich erinnere mich noch, wie sehr ich jegliche Information über das Schreiben aufgesaugt habe, bevor ich mich dazu aufraffen konnte, mich an mein erstes Buch zu setzen. Darunter viele, die eigentlich dagegen sprachen, dass ich ein Buch schrieb. Unter anderem erinnere ich mich an eine furchtbare Glosse aus der *Zeit*, in der es hieß, jeder zweite Deutsche schreibe gerade »sein« Buch, ohne dass er etwas zu sagen habe. Und wie man wüsste, würden von den meisten auf dem Markt erscheinenden Büchern gerade mal 50 Stück verkauft. Ging mir die Muffe! Nicht einmal Kleopatra vermochte mich da mit ihren Eselsmilchmassagen zu beruhigen.

In solchen Momenten braucht man gute Gründe, das Projekt dann doch anzugehen. Insbesondere der Verlag, meine Freunde und die Ergebnisse sogenannter Hausfrauentests (so nennt man das, wenn man die Kapitel mal »irgendwem« zum Lesen gibt) unterstützten mich in meinem Vorhaben und machten mir Mut. Sie gaben mir konkret das Gefühl der Kontrolle zurück: Ich könnte das, und man würde durch Werbung und Pressearbeit verhindern, dass es bei 50 verkauften Exemplaren bliebe.

Dennoch nagten weiterhin Zweifel an mir. Über ein Jahr lang saß ich immer wieder am Strand und pulte gedankenverloren den Sand aus den Zwischenräumen meiner Zehen. Ich hatte großen Respekt vor diesem Job und wusste als Verfasser von

* So stellen wir Ostwestfalen uns Feldherren vor: Sitzen am Strand und haben immer genug Erbsensuppe zu essen.

Theaterstücken, dass es in diesem Gewerbe keine 100 %ige Sicherheit gibt. Außerdem machte ich mir berechtigte Sorgen, was die Reaktionen meiner Kollegen in der Psychologie anging. Zwar war ich zu dem Zeitpunkt in den USA schon bekannt, in Deutschland wurde ich aber noch als »Exot« gehandelt. Da war es nicht ungefährlich, ein populärwissenschaftliches Buch über Vorurteile zu veröffentlichen. Dieses Hin- und Herüberlegen, das Für und Wider sind typisch für die prädezisionale Phase, die manchmal endlos dauern kann.

Den Ausschlag gab letztlich ein Freund. Er setzte sich zu mir und spielte mit meinem Kranz: »Wer wenn nicht du sollte so ein Buch schreiben? Erstens sind Vorurteile ein wichtiges Thema. Und zweitens musst du doch irgendwann auch von der Narrenfreiheit profitieren, die du dir erkämpft hast. Schreib es. Es werden auf jeden Fall mehr als fünfzig Leute sein, die das Buch allein aus Neugierde kaufen werden. Und Leute, die dich scheitern sehen wollen, sind sichere Kunden.« Sagte es und schmiss die Lorbeeren, einem Frisbee gleich, in die Luft.

Im Großen und Ganzen hatte ich während dieser Zeit das Gefühl, meine Fähigkeiten und Schwächen und die (Un-)Kontrollierbarkeiten der Aktion relativ realistisch einschätzen zu können. Genauso wie Gollwitzer es vorhersagen würde, war ich in diesem Stadium für unangenehme Information offen, ja, ich suchte sogar aktiv danach. Zwar haben wir in Prinzip 2 gesehen, dass dies eher untypisch für uns Hedonisten ist, aber prädezisionale Phasen bilden eine Ausnahme von dieser Regel. Jedenfalls fertigte ich mir tatsächlich eine Tabelle an, deren Spalten mit »das kann ich«, »das kann ich nicht«, »Lösungsmöglichkeiten«, »das kann passieren« (aufgeteilt in »positiv« und »negativ«) überschrieben waren. Das hat mir später, als tatsächlich Schwierigkeiten beim Schreiben auftraten, sehr geholfen. Zum Beispiel hatte ich mir vorgenommen, wenn die Motivation einmal in den Keller sacken sollte, würde ich mit meinem Laptop an die Nordsee fahren und dort weiterarbeiten. Als die erwartete Schreibblockade wirklich eintrat und ich, zunächst betriebsblind und verzweifelt, nicht weiterwusste, genügte ein Blick auf meinen Zettel, und ich wusste, was zu tun war.

Land in Sicht

Nachdem besagter Freund wieder gegangen war, duschte ich, kämmte meine Haare, ölte sie mit bestem Olivenöl ein und stellte mich auf den Teppich, in den sich Kleopatra einst nackt für mich eingerollt hatte – mein Glücksbringer. Setzte mein Stehpult darauf, schrieb an den Verlag: »Ich schreibe!« – und lautlos bewegte sich der Teppich, von zweitausend Schildkröten gezogen, in Richtung Rubikon.* Jetzt gab es kein Zurück mehr. Ich hatte mich verpflichtet, ein Buch zu schreiben. Ich hatte sogar einen Vertrag unterschrieben. Hatte ich jetzt noch Schiss? Nein.

Von diesem Moment an änderte sich meine Denkweise dem Rubikonmodell gemäß. Ich kam aus der goldenen Rüstung, die ich früher nur zu großen Schlachten getragen hatte, nicht mehr raus. Ich kam mir jetzt viel größer vor, als ich war**, hatte keinen Zweifel mehr daran, schreiben zu können, und ließ mich durch nichts und niemanden beirren. Durch diesen Optimismus angestachelt, wagte ich grammatikalische Konstruktionen, die mein alter Lehrer Birkenkötter als »Seiltanzakte« verschrien hätte. Bemerkungen, die das Buchschreiben mies machten, ignorierte ich, betraute Kleo mit meinen Regierungsgeschäften, weil sie und diese lästigen Aufgaben mich nur von meinem wichtigsten Ziel abgehalten hätten, und vernachlässigte meine Familie. Hindernisse wurden aus dem Wege geräumt, jede Kritik im Keim erstickt, und wehe, jemand sagte etwas über meinen Stil, mein Deutsch oder *meinen* Verlag.

* Jaja, das ist der Autopilot zu Cäsars Zeiten, die Urfassung sozusagen.

** Das waren glatt 1,80 m.

Mein offener Bewusstseinszustand der Überlegungsphase war vorüber, ich konzentrierte mich auf das Machbare, das Positive, sog jede zum Ziel führende Nachricht auf und ertränkte jede, die mich davon abhielt. So durchquerte ich den Rubikon, lachte den Wind aus, wandelte über die Wasser und besiegte den Tod.

Butter bei die Rubikonfische

Gollwitzer kann sein Modell der Handlungsphasen in umfangreichen Studien belegen. Während die Versuchspersonen in der Phase des Überlegens offen für alle möglichen zielbezogenen Informationen sind, ihre Kontrollmöglichkeiten realistisch einschätzen, ihre Schwächen und Stärken erkennen und zielführende Informationen effizient verarbeiten, werden sie, sobald sie einen Entschluss gefasst haben und in die Tat umsetzen wollen, zu kleinen Cäsaren. Mit anderen Worten: Sie entwickeln ein »gesundes« Selbstbewusstsein (überschätzen ihre Fähigkeiten, die Möglichkeiten der Kontrolle etc.), bestätigen sich selbst durch die selektive Aufnahme selbstwertdienlicher und das Ignorieren selbstwertgefährdender Informationen und boxen alle Hindernisse aus dem Weg. Diese Feldherren mögen einem nicht besonders sympathisch erscheinen, aber das, was sie sich vorgenommen haben, gelingt ihnen. Und da sie in diesen Phasen für Kritik nicht besonders empfänglich sind, merken sie nicht, wenn sie sich dabei verrennen. Wie ein hungriger Löwe, der im Amphitheater einen leckeren Christen jagt, konzentrieren sie sich allein auf das Ziel und nicht darauf, was sie dabei falsch machen könnten; das würde nur ablenken.

Im Gegensatz zu Löwen entwickeln Menschen in der planenden Phase eine mentale Struktur, in der sie das Wo, Wann und Wie einer Handlung vorbereiten, sprich, sie entwerfen einen Plan. Nehmen wir ein anderes Beispiel: Diesmal hat Kleopatra den Rubikon überquert. Sie wollte mir nämlich schon immer einmal sagen, dass ich meinen Lorbeerkranz nicht jedes Mal, wenn ich nach Hause komme, einfach in die Ecke pfeffern soll. Aber darf man jemandem, der so viel arbeitet, der tagtäglich mit Administration, Politik und Kriegsführung befasst ist, mit einer solchen Lappalie auf den Pelz rücken? Nach langem Hin und Her entschied sie: »Ja, denn auch ich bin Königin. Zwar komme ich aus einem Land, dessen beste Jahre passé sind, aber Cäsars Kindermädchen bin ich deshalb noch lange nicht.« Kleo ist eine kluge Frau, und, anders als Löwen, würde sie nie einfach drauflosrennen und dabei Gefahr laufen, dass ich, Cäsar, sie nicht ernst nehme.

Eine gute Planung erhöht die Wahrscheinlichkeit für einen Erfolg. Und so hatte Kleopatra sich genau überlegt, wo, wann und wie das, was sie mir sagen wollte, den größten Effekt haben würde. Sie wusste, dass ich ihr gut gelaunt am ehesten zuhören würde, sie wusste, dass ich ihre Erbsensuppe liebte, sie wusste, dass ich nach Überstunden auf dem Schlachtfeld immer ein schlechtes Gewissen habe, also dachte sie: »Wenn er dich anruft und eine Verspätung ankündigt, wenn er dabei guter Stimmung ist und ein Sieg relativ sicher, dann wird er wieder seinen Kranz auf den Boden pfeffern. Dann tau die Erbsensuppe auf, leg ein Rauchwürstchen hinein, zieh dein schönstes Kleid an, setz dir einen Duftwachskegel auf den Kopf und schnurr ihm leise ins Ohr: »Wenn du das noch einmal machst *(jetzt mit den Lippen ans Ohrläppchen)*, dann gibt es nie wieder ein Würst- *(Küsschen auf die Wange)* chen *(tiefer Blick von oben)*«. Solche Handlungsfolgen, abgespeichert im Kopf, erleichtern die Inszenierung eines Plans und erhöhen den Erfolg gegenüber eher vagen Vorhaben.

Eine Weihnachtsgeschichte

Ähnliche Prozesse sind auch bei Normalsterblichen üblich. Für eine inzwischen klassische wissenschaftliche Untersuchung baten Peter Gollwitzer und Veronika Brandstätter Versuchsteilnehmer, über die Weihnachtsferien einen Bericht darüber zu schreiben, wie sie ihren Heiligabend verbracht hatten. Einige Probanden wurden gebeten, konkret zu überlegen, wann, wo und wie sie das tun würden – während die anderen keine Angaben dazu machen mussten. Wie schwierig es ist, über die Feiertage eine solche Aufgabe zu bewerkstelligen, ist für die meisten von uns leicht nachvollziehbar: Freunde kommen, die Mischpoke rückt an, Gänse und Karpfen werden in einen reingeschaufelt, Tante Emmis Fleischsalat legt einen mindestens einen halben Tag lahm, das Spazierengehen wird neu erfunden, und schwups sind die freien Tage vorbei. Oh, da war doch noch dieser ominöse Auftrag des Psychologen. Naja, wird schon nicht so wichtig sein. Wenn jeder so denken würde, könnten wir einpacken mit der Forschung!

In diesem Fall wurde das Versagen aber sogar vorhergesagt: Diejenigen, die keine konkreten Pläne gemacht hatten, würden keinen Bericht schreiben, obwohl sie es versprochen hatten. Und dem war auch so: Obwohl sie ihn fest zugesagt hatten, reichten nur 32 % von ihnen einen Bericht ein. Die Mitglieder der planenden Gruppe dagegen hielten ihr Versprechen weitaus besser ein. Immerhin 71 % hatten sich der Aufgabe gestellt. Anders gesagt: Wer sich also konkret Gedanken macht, *wann* (z. B. wenn Tante Emmi zurück nach Uchte gefahren ist), *wo* (in meinem Zimmer, da bin ich ungestört) und *wie* (kipp den Teller Fleischsalat vor den Dackel, dann wirst du nicht müde, und das Vieh gibt Ruhe) man eine solche Aufgabe bewerkstelligen kann, kriegt sie auch eher hin.

Natürlich gibt es aber auch Pläne zur Zielerreichung, die nicht funktionieren; in Prinzip 3 war ja bereits von den Grenzen unseres Verstandes die Rede, davon, dass man hin und wieder die Zeit unterschätzt, die man für etwas braucht, oder bestimmte Größen nicht mit einkalkuliert. Und manchmal fantasieren wir uns in Zielzustände hinein, was, so zeigt Forschung von Gabriele Oettingen, durchaus fatal sein kann. Dann nämlich, wenn nicht mehr zwischen realisierbaren und nicht realisierbaren Fantasien unterschieden wird.

Fantasien haben viele von uns. Darauf vertrauend habe ich 1997 New Yorker gefragt, ob sie ihre Dankesrede für den Oscar bereits formuliert hätten (Ich danke Kleopatra, den Rauchwürstchen dieser Suppe, die sich Leben nennt, und Hans-Ewald soll verrecken etc.). Tatsächlich bejahten die Interviewten mehrheitlich die Frage und lachten dabei verschämt, so als hätte man sie bei etwas ertappt. Als ich daraufhin wissen wollte, ob sie Schauspielunterricht nähmen, schon einmal bei einem Casting gewesen wären und andere Aktivitäten in Angriff genommen hätten, die sie zu diesem Ziel führen könnten, antworteten nur noch 2 % der Befragten mit Ja. Der Traum von einem Oscar war für die meisten also reine Fantasie ohne Konsequenzen. Wann aber richtet jemand sein Leben wirklich auf diesen Traum aus, nimmt Schauspielunterricht, lässt sich schönheitschirurgisch behandeln und geht mit den wichtigsten Regisseuren ins Bett? Und wann hat er tatsächlich eine Chance auf Erfolg?

Oettingen legt in ihrer Forschung dar, dass es dafür einer Kontrastierung von aktuellem Zustand und Ziel bedarf. Anders gesagt: Man muss darüber nachdenken, wie schön es wäre, später einmal eine Dankesrede zu halten, und gleichzeitig die Hindernisse im Hier und Jetzt abwägen (»da sind bei mir dann echt viele Operationen nötig«, »ich kann kein Englisch«, »ich schlafe nicht gerne mit Regisseuren« etc.).

Erst wenn man eine Diskrepanz zwischen den Hindernissen im Hier und dem Wunderbaren im Dort wahrnimmt, lässt sich auch die Erfolgswahrscheinlichkeit des Unternehmens realistisch einschätzen. Auf Erfolgserwartungen komme ich noch in Prinzip 8 zurück. An dieser Stelle sei jedoch verraten, dass jemand, der bei Betrachtung von Ist-Wunsch-Diskrepanz die Chancen auf Erfolg gering einschätzt (weil er etwa ein 42-jähriger, untersetzter Westfale ist, der kein Englisch spricht und sich für schüchtern hält), sich vermutlich von seinem Traum lösen wird. Jemand, der hingegen denkt, er hätte eine realistische Chance (weil er jung, gut aussehend und Sohn berühmter Schauspieler ist), wird das Ziel eher angehen. Problematisch wird es dann, wenn keinerlei Erfolgswahrscheinlichkeiten eingeschätzt werden und das Hier nicht dem Dort gegenübergestellt wird. Dies kann entweder zu hoffnungslosem Aktionismus führen oder dazu, dass man es gar nicht erst versucht.

Eine Forschergruppe um Gabriele Oettingen hat in Untersuchungen gezeigt, dass vor allem Menschen, die sich *gleichzeitig* mit Realität und Fantasie befassen, die Erfolgswahrscheinlichkeit eines Ziels bedenken. So wurden Kinderkrankenschwestern in einer Studie gebeten, sich vorzustellen, wie schön es wäre, mehr Zeit für die Verwandten der kleinen Patienten zu haben. Die Autoren bezeichneten sie als die Gruppe der *Schwelger*. Diese Probanden dachten also vor allem an das Dort. Andere Kinderkrankenschwestern wurden aufgefordert sich vorzustellen, wie schwierig es ist, diesem Wunsch nachzukommen; dies war die Gruppe der *Grübler*, sie dachten vor allem an das Hier. Dazu muss man wissen, dass es natürlich für alle schön wäre, wenn sie Zeit hätten, sich mehr um die oft verzweifelten Eltern ihrer kleinen Patienten zu kümmern; diesem Ziel steht jedoch eine knallharte Krankenhausrealität gegenüber, in der nur für das Nötigste Zeit ist. Insofern also ein gutes Beispiel für das Auseinanderklaffen von Wunsch und Realität. Eine dritte Gruppe wurde gebeten, sich *beides* vorzustellen, das schöne Ziel *und* die Hindernisse ihrer Verwirklichung, als Hier *und* Dort. Nach zwei Wochen wurden die Teilnehmerinnen des Experiments gefragt, inwiefern sie versucht hätten, die Kommunikation mit den Verwandten ihrer Patienten zu verbessern. Wie zu erwarten, stellten vor allem diejenigen Schwestern einen Fortschritt fest, die sich beides vorgestellt hatten, Hindernisse *und* Wunschtraum, und zusätzlich eine hohe Erwartung hatten, ihren Wunsch auch in die Tat umzusetzen. Hatten sie den Erfolg von vornherein als gering eingeschätzt, fingen sie gar nicht erst an, auf eine intensivere Betreuung der Angehörigen hinzuarbeiten.

Die Schwelgerinnen, die allein von ihrer Wunschvorstellung motiviert waren, hatten sich kaum Gedanken über die Erfolgswahrscheinlichkeit gemacht. Nichts ist jedoch fataler, als hoch motiviert einen Traum anzugehen, ohne dabei an die Hindernisse zu denken, die sich einem in den Weg stellen können. Bruchlandungen sind in diesem Falle programmiert. Andererseits ist es natürlich schade, wenn man trotz eines möglichen Erfolgs nicht einmal den Versuch der Zielerreichung unternimmt, nur weil man das schöne Ziel wie die Grübler durch zu viel Nachdenken und Abwägen irgendwann aus den Augen verliert. Sowohl die Grübler als auch die Schwelger bezogen die Erfolgswahrscheinlichkeit nicht vernünftig in ihre Berechnungen mit ein und gingen deshalb realisierbaren Träumen gar nicht erst nach bzw. verwandten ihre Energie auf nicht durchführbare Projekte. Erfolgsrezepte sind beide nicht.

Natürlich muss man nicht jede Fantasie auch in die Realität umsetzen. Träume sind schließlich auch zum Träumen da. Als ich einmal Schlafstörungen hatte, riet mir meine Homöopathin, mir im Halbwachzustand etwas Schönes vorzustellen. Als Ostwestfale hatte ich bisher immer Schafe gezählt, was gar nichts brachte, weil sie immer zu schnell sprangen. Mittlerweile und nach mehreren Jahren im Ausland bin ich imstande, mir etwas Schöneres als Schafe vorzustellen. Zum Beispiel wie ich an einem Tag zwölf Goldmedaillen kriege und danach in einer Limousine zur Oscar-Verleihung fahre, auf der Brad Pitt mit mir flirtet! Selbst wenn mich das nicht zum Einschlafen bringt, bin ich morgens frischer, als wenn ich mich die halbe Nacht lang grübelnd mit meckernden Paarhufern auseinandersetze, die schneller springen können als ich. Ein ganz einfacher, nützlicher Tipp.

So wie das Schwelgen und Träumen ist auch das Grübeln nicht grundsätzlich schlecht. Manchmal muss man seine Gedanken wälzen, um die Realität besser zu begreifen. Wenn aus Träumen aber Wirklichkeit werden soll, müssen wir uns warm anziehen und uns in den Rubikon werfen. Wir müssen ein gutes Gefühl dafür entwickeln, was wir können, wie stark die Gegenkräfte sind und wie hoch die Wahrscheinlichkeit ist, dass wir unser Ziel auch erreichen (bedenkt man das alles, wird ein Oscar zu einem ganz und gar unrealistischen Ziel; hat man aber allein diesen Traum vor Augen, sollte man keinen Tag länger zögern, sich auf der Schauspielschule anzumelden oder andere Dinge zu tun, die zielführend sind).

Wie lange Menschen in einer überlegenden Phase verharren, ist unterschiedlich. Die einen nehmen ein Ziel in Angriff, kaum dass sie davon gehört oder darüber nachgedacht haben. Sie kaufen sich zum Beispiel ein Boot, sobald sie nach Amsterdam gezogen sind, oder melden sich sofort für einen trendigen Bikram-Yoga-Kurs an, während andere tagelang im Internet nach Informationen suchen, die man allerhöchstens als Nebenarme des Rubikons begreifen kann. Warum ist das so?

Handeln oder Liegenbleiben

Tory Higgins und Arie Kruglanski haben eine Theorie entwickelt, die diese beiden wichtigen Aspekte der Selbstregulation beschreibt: das Abwägen, also eine sorgfältige Analyse der Situation, und das Tun, also ein gewisser Tatendrang. Entscheidend ist allerdings eine Kombination aus beidem. Wie die Forscher herausfanden, ist die Neigung, eine Situation zu durchdenken, eine wichtige Grundlage für Erfolg im Allgemeinen. Hohe analytische Fähigkeit allein reicht jedoch nicht. Es muss auch eine Portion Tatendrang dazukommen. Sonst bleibt der Überlegende im Sand des Rubikons sitzen.

Dennoch ist bei manchen Menschen die eine Eigenschaft stärker ausgeprägt als die andere. Sie entwickeln sich entweder zum Macher oder zum Abwäger. Abwäger findet man beispielsweise häufig in Disziplinen, in denen komplexe Analysen gefragt sind: wie in der Geschichte, der Physik und den Computerwissenschaften. Macher tummeln sich gerne in den Wirtschaftswissenschaften oder der Physiotherapie.

Nachdem es nicht ganz unentscheidend ist, *womit* man sich beschäftigt, wenn man überlegt, und *wie* man etwas angeht, wenn man zur Tat schreitet, möchte ich Ihnen hier gerne die PSI-Theorie (Theorie der Persönlichkeits-System-Interaktionen) von Julius Kuhl vorstellen, die insbesondere auf die Bedeutung der Emotionsregulation abhebt. Diese Theorie ist eine sehr umfangreiche und komplexe, sprechen wir es aus, 1221 Seiten schwere, die ich Ihnen an dieser Stelle nicht vollständig auseinandersetzen kann. Die PSI-Theorie ist vor allem eine Persönlichkeitstheorie, die sich damit beschäftigt, wie Menschen sich dauerhaft voneinander unterscheiden. Kuhl beobachtete, dass sich manche Menschen, während sie ein Ziel verfolgen, durch Rückschläge stark beeindrucken lassen, während andere souveräner damit umgehen oder, psychologisch ausgedrückt, diesen negativen Zustand besser verarbeiten. Manche Möchtegern-Cäsaren lassen sich beim Schwimmen durch den Rubikon von einem starken Wellengang einschüchtern, andere nicht. Die einen erinnern sich daran, wie sie schon einmal untergegangen sind, und reagieren mit Angst. Wer sich in dem Moment, wo er ein Projekt angehen will, solche negativen Erinnerungen ins Gedächtnis ruft, ohne sie zu relativieren (indem er sich etwa sagt: »Das muss ja nicht immer so sein.« oder: »Und wenn schon? Das kann man ja auch als Herausforderung sehen!«), verliert die Lust daran und den Mut. Jemand, der negative Erfahrungen gut verarbeiten kann, sie nicht als unausweichliches Schicksal begreift, sondern als Herausforderung, der ist motiviert, seinem Ziel weiter nachzugehen, und wird später, wie wir noch sehen werden, stolz auf das erkämpfte Ergebnis sein.

Menschen, die sich bei der Zielerreichung über Gebühr mit Negativem beschäftigen, nennt Kuhl *Lageorientierte*. Diejenigen, die sich vor allem auf das Ziel konzentrieren und dabei Negatives herunterregulieren, bezeichnet er als *Handlungsorientierte*. Sie lassen sich weder von Unkenrufern noch von Nörglern ins Bockshorn jagen. Und dennoch gibt es Situationen, in denen man massiv negativen Gedanken ausgesetzt wird und dadurch in eine Lageorientierung geraten kann. Ich hatte einmal eine Beziehung zu jemandem, der mir abgewöhnen wollte zu singen, weil er an meinem Gesangstalent zweifelte. Er sah mich lieber als Professor, auch wenn ich damit eine sehr vitale Seite meiner Existenz hätte aufgeben müssen. Mit einem Menschen zu leben, der einen wichtigen Bereich des eigenen Lebens in Frage stellt, lähmt. Ein solcher Zustand produziert Stress. Und Stress macht krank.

Wer sich zu sehr mit negativen Gedanken beschäftigt, wird von seinem eigentlichen Ziel abgelenkt. Unsere Fähigkeit zur Konzentration ist begrenzt, es bleibt keine Zeit mehr für das Wesentliche. Sängern ist dieses Phänomen nur allzu bekannt, schließlich macht man – was der Zuschauer nicht weiß – beim Singen dauernd Fehler. Man vergisst Atem zu holen, singt einen Ton zu laut, zu leise, ein kleines bisschen zu hoch oder zu tief. Eine Sensibilität für diese Fehler zu haben, ist gut und wird antrainiert; nur so wird man zum Experten. Ein guter Lehrer wird einem auf Dauer jedoch abgewöhnen, innerlich über solche Fauxpas zu fluchen. Er wird einem beibringen, dass ein Fehler, der einmal passiert ist, sowieso nicht mehr rückgängig zu machen ist. Ich sehe immer noch meinen Gesangsprofessor Ray Gilvan in seinem schottischen Jackett vor mir, wie er vom Klavier aus zu mir herüberschreit: »Nach vorne! Nach vorne denken!« Gut gebrüllt, Löwe! Trauert man Fehlern hinterher, vergeigt man automatisch auch den nächsten Ton, vergisst, wie man die nächste Phrase ausgestalten wollte, versemmelt den Text und bricht irgendwann frustriert ab. Die Erkenntnisse einer Gesangsausbildung lassen sich auf viele Lebenssituationen übertragen.

Nils Jostmann, einer meiner Kollegen an der Universität von Amsterdam, der als gebürtiger Bielefelder das Ansehen Ostwestfalens bis in das weite, platte Ausland mehrt, zeigte mit Sander Koole, dass sich Lageorientierte, die Negatives schlecht wegstecken können, tatsächlich weniger gut auf ein Ziel konzentrieren können. Er gab Menschen am Computer Farbwörter zu lesen, die in der entsprechenden Farbe präsentiert waren, also das Wort »blau« war in Blau zu sehen, »rot« in Rot etc. Zugleich gab er den Probanden Wörter zu lesen, die nicht in der korrespondierenden Farbe präsentiert wurden: So war das Wort »blau« beispielsweise in Rot abgebildet oder »gelb« in Grün. Die Versuchspersonen müssen die Farbe nennen, in der das Wort präsentiert wird. Diese Aufgabe ist sehr fehleranfällig und erfordert höchste Konzentration. Denn Lesen ist so automatisiert, dass es schwer fällt, die Präsentationsfarbe zu nennen, wenn beispielsweise das Wort blau in grün erscheint. Jostmann kam zu dem Ergebnis, dass Menschen mit handlungsorientierter Persönlichkeit diese Aufgabe weitaus besser meisterten als lageorientierte Menschen, die chronisch über ihre Fehler nachgrübeln und dabei das eigentliche Ziel aus den Augen verlieren. Interessant ist, dass sich beide Typen hinsichtlich der Lösung von leichten Aufgaben kaum unterschieden; nur bei schwierigen Aufgaben, bei denen man sich konzentrieren *muss*, verschlechtern ablenkende, negative Gedanken die Leistung. Das bedeutet, dass beide Motivationstypen ganz gut durchs Leben kommen, es sei denn, es stellen sich Probleme ein – in diesem Fall haben handlungsorientierte Menschen einen klaren Vorteil.

Kuhl argumentiert, dass handlungsorientierte Menschen von Kindheit an gelernt haben, in schwierigen Situationen mit Hindernissen und Misserfolgen aktiv umzugehen. Dass ihnen die Kontrolle über ihr Verhalten gegeben und nicht genommen wurde. Dass sie irgendwann, bildlich gesprochen, einen schottischen Gesangslehrer hatten, der ihnen zugebrüllt (oder sanft nahegebracht) hat: »Nach vorne, nach vorne!« Eine Fehleranalyse ist natürlich generell hilfreich, aus Fehlern lernen wir, aber sie sollte *in der Rückschau* auf etwas Erreichtes oder nicht Erreichtes stattfinden und nicht *während* man an etwas arbeitet. In diesem Fall helfen uns Einsichten in unsere Schwächen, es in Zukunft (noch) besser zu machen.

Kuhl hat weiter herausgefunden, dass schlechte Stimmung den Zugang zum Selbst behindert. Dazu hat er Versuchspersonen zum Teil feste Aufgaben zugeteilt, andere sollten die Probanden sich selbst aussuchen. Lageorientierte Menschen neigten dazu, die ihnen gestellten Aufgaben mit jenen zu verwechseln, die sie sich selbst ausgedacht hatten. Fatal daran ist: Der Lageorientierte tut etwas, was andere von ihm wollen, ohne sich dessen bewusst zu sein. Weil er deshalb nicht sonderlich motiviert ist und sie vielleicht nicht so gut bewerkstelligen kann wie eine selbst ausgesuchte, macht er viele Fehler und denkt ausführlich darüber nach. Dadurch bewältigt er seine Aufgabe noch schlechter, grübelt noch mehr über seine Unzulänglichkeiten … und kommt nicht zu Potte. Lageorientierte Menschen sind zwar beschäftigt, aber nicht mit dem, was sie eigentlich wollen, und nicht mit dem, was ihnen gut tun würde. Sind solche Tendenzen in einem Menschen besonders ausgeprägt, empfiehlt sich eine Therapie, in der man lernt, sinnvoll mit seinen Gefühlen umzugehen. Der Handlungsorientierte dagegen unterscheidet sehr genau zwischen dem, was er will, und dem, was er muss, und kann sich dementsprechend frei entfalten, indem er vor allen Dingen das tut, was er kann und will. Er kann wachsen, selbst an Hindernissen, weil er imstande ist, sie zu be- und zu verarbeiten und als Herausforderungen zu sehen, und kommt dabei sich und seinen Interessen ein Stückchen näher.

Kurz gefasst

Ein Ziel im Kopf zu haben, heißt noch lange nicht, dass man es auch erfolgreich umsetzt. Wir nehmen uns vieles vor – kriegen es aber nicht immer hin und machen uns oft dabei nicht klar, was und warum es eigentlich schief gelaufen ist. Tatsächlich sind schlechte Pläne häufig die Ursache dafür, dass wir nicht ans Ziel kommen und dann unzufrieden sind. Je konkreter die Pläne und je mehr Ideen sie beinhalten, wie man mit zu erwartenden Schwierigkeiten umgeht, desto besser und erfolgversprechender sind sie. Manchmal verharren wir zu sehr in Überlegungen, statt entschlussfreudig zur Tat zu schreiten. Wenn wir in dieser Phase steckenbleiben, sind wir für alle möglichen Informationen offen, auch für negative, und das kann uns lähmen.

Es gibt nichts Schlimmeres in einem Team, als Mitglieder, die, nachdem man sich für ein Projekt entschieden hat und beginnt es umzusetzen, das Ganze noch einmal in Frage stellen. In solchen Fällen haben mir schon oft das Rubikonmodell und seine Begrifflichkeiten geholfen. Ich sage dann einfach: »Sorry, wir sind jetzt nicht mehr in der überlegenden Phase, sondern wir implementieren bereits!«

Im Prinzip ist eine wohlbedachte, realistische Zielsetzung erfolgversprechend; dabei fällt die überlegende Phase je nach Typ unterschiedlich lang aus. Langes Nachdenken macht einen Entschluss aber nicht unbedingt besser. Irgendwann muss man sich einfach einen Ruck geben und die Sache in Angriff nehmen. Haben Sie auch Freunde, die seit Jahren jammern, dass sie noch immer auf den oder die Richtige warten? Nicht dass diese Menschen nicht auf andere nette Menschen träfen, in die sie sich auch mal »etwas« verliebten. Aber sie überlegen und überlegen und überlegen, »kann man denn mit einem, der schon ein Kind …?, »… ja, aber sie ist schon etwas älter …« und »nein, er mag keine Pferde …« – Mannmannmann, kann man das denn nicht einfach mal antesten? Wer ist denn schon in der Lage, alles genau voraussagen zu können? Lieber mal rin in die Kartoffeln![*] Raus kommt man immer. Und aus den blauen Flecken, die man sich dabei holen kann, lernt man im Nachhinein ein bisschen mehr über sich selbst als durch das bloße (und einsame) Theoretisieren – zum Beispiel auch, wie man das Kartoffelfeld schnell und unbeschadet wieder verlässt, wenn einem die Sorte nicht schmeckt.

Darüber nachzudenken, was passieren kann oder was schief gegangen ist, lähmt häufig mehr, als dass es nützt, vor allem dann, wenn man schon mit dem Implementieren begonnen hat. In dem Fall muss man schlechte Stimmung runterregulieren. Miesepeterei und Grübeln lenken vom Ziel ab, versperren den Zugang zum Selbst und machen einen nicht nur empfänglich für Stänkerer, sondern führen auch dazu, dass man vergisst, was man eigentlich tun wollte. Wer einen Traum realisieren will, muss sich genau überlegen, wie er ihn konkret anpackt. Wollten Sie schon immer mal Gesangsunterricht nehmen? Nehmen Sie eine Probestunde, der Lehrer wird Ihnen schon sagen, ob Sie Talent haben. Wollten Sie schon immer mal sechs Wochen Urlaub am Stück machen? Sprechen Sie mit Ihrem Chef, aber planen Sie das Gespräch Kleopatra-like gut durch! Wenn man sich das Wie, Wann und Wo genau überlegt, wenn man eine gute Verbindung zwischen den Hindernissen, den Chancen und dem Wunschtraum herstellt, dann sind Dinge möglich, die man sich bislang im Traum nicht vorstellen konnte. Vielleicht ist der Oscar wirklich zu hoch gegriffen und Sie werden Ihre Dankesrede niemals halten. Aber bevor Sie sich weiter Ihren Zweifeln hingeben oder schwelgen: Packen Sie es doch an! Dann aber bitte konkret. Irgendwer muss ihn ja gewinnen.

* Ich kann es mir nicht verkneifen: Vielleicht finden Sie ja einen Kartoffelchip, der wie Elvis aussieht!

PRINZIP 6

Abstrakt und konkret: Aufgaben von Boden- und Flugpersonal

Wenn die Suppenküche zum Labor wird. Warum abstrakte Ziele attraktiv sind und konkrete machbar. Von Plänen, das Popeln von Pianisten zu unterbinden. Von Elfenreigen, die, bei näherem Hinsehen, Magen-und-Darm-Viren sind. Von abstrakten Superbabys und dem konkreten Stress, die Windeln zu wechseln. Wenn viele Wege nach Rom führen und man fünf Fliegen mit einer Klappe schlägt. Die aber nichts mit Sandfliegen zu tun haben. Und warum Freunde Selbstregulation bedeuten.

Je nachdem, in welcher Phase der Zielverfolgung Menschen sind, denken sie anders über ihre Ziele nach. Sind sie noch dabei, darüber nachzudenken, welches Ziel sie überhaupt angehen wollen, ziehen sie viele Möglichkeiten in Betracht; haben sie sich dagegen bereits für ein Ziel entschieden und arbeiten an seiner Umsetzung, dann wird die Denkweise konkret und man konzentriert sich auf die wichtigsten Fragen rund um die Zielerreichung. Konkrete und abstrakte Denkweisen und Ziele sind in der letzten Zeit Gegenstand umfangreicher Forschungsprogramme gewesen, an denen meine besten Freunde und ich beteiligt waren. Bevor ich Ihnen unsere Forschung vorstelle, lassen Sie mich ein paar Worte über Freundschaften verschwenden, denn Selbstregulation bedeutet natürlich nicht, dass wir alles im Leben allein bewältigen müssen. Freunde sind Bestandteil unseres Selbsts, und vieles liefe ohne sie nicht. Freunde helfen uns, Ziele umzusetzen, Emotionen zu regulieren, und sie geben uns Kraft.

Lob der Freundschaft

Nach meiner Doktorarbeit kam ich im Jahr 1996 mit einem Forschungsstipendium der Deutschen Forschungsgemeinschaft nach New York, um mit Tory Higgins an der Columbia University zusammen zu arbeiten. Ich war zu dem Zeitpunkt ziemlich verwöhnt, denn in Trier und in Würzburg, wo ich vorher geforscht hatte, herrschte nicht der an deutschen Unis übliche Mangel an Räumen, Rechnern und Laborausstattung. Ich hatte gehört, dass Columbia eine sehr reiche Universität ist, deren Vermögen zum großen Teil auf Immobilien gründet, und so waren meine Erwartungen, was mein Büro und meine Wohnung anging, hoch. Wohnraum ist teuer in New York und daher extrem gewinnträchtig, doch Columbia greift den Bediensteten mit reduzierten Mieten in ihren eigenen Wohnhäusern unter die Arme – so jedenfalls erklärte mir die Vermieterin des Columbia-Housings den Schnäppchen-Preis von 2000 Dollar für mein dreißig Quadratmeter großes Apartment in einem nicht gerade vornehmen Viertel. Und futsch war mein Forschungsgeld. Mein Mut sank. Mit ungutem Gefühl machte ich mich sofort auf den Weg zu meinem Arbeitsplatz. Schlimmer konnte es kaum kommen: Mein Büro lag im Keller, in einem ehemaligen Durchgang zu einer Zwischenebene, was noch an der kleinen Treppe zur Tür hinter dem Drucker zu erkennen war. Die Treppe nahm fast ein Viertel des insgesamt sechs Quadratmeter großen, fensterlosen Raumes ein. An einer Wand war eine Arbeitsplatte befestigt, unter die zwei Sessel geschoben waren. Mit der Ressource Raum muss offensichtlich auch Columbia haushalten.

Alles relativ. Ron Friedman, ein Doktorand, der direkt neben mir sein Büro hatte, beneidete mich um den »schönen« Raum, weil seiner noch kleiner war und weder Drucker noch Klimaanlage hatte. Letztere transportierte zwar vor allem die Essensgerüche einer chinesischen Suppenküche in meine Arbeitskammer, aber wenn es draußen 40 Grad warm war, handelte es sich dabei wenigstens, metaphorisch gesprochen, um eine erfrischende Soja-Kaltschale in Gasform. Die Tatsache, dass mein Büro kein Fenster habe, sei ebenfalls von Vorteil, bemerkte Ron, denn direkt neben uns würde die Müllpresse arbeiten, die nicht nur wegen des Geruchs, sondern auch wegen des morbiden Lärms den Kollegen, die in Räumen mit Fenstern saßen, zu schaffen machte. Und, so Ron, im Gegensatz zu vielen anderen müsste ich mein Zimmer ja nur mit einer weiteren Kollegin teilen, die noch dazu ziemlich schlau sein sollte. Alle wären schon gespannt auf sie, sie würde dieser Tage zusammen mit mir beginnen. Ich schluckte. Wo war die Weite Ostwestfalen-Lippes? Vom elterlichen Laubengang konnte ich an Kühen und Grobianen vorbei fast bis an die Metalleinfassungen des Mittellandkanales schauen! Und nun, frisch promoviert, sollte ich in einem solchen Loch sitzen, auf einem viel zu tiefliegenden, orthopädisch bedenklichen Stuhl, für den ein Arbeitgeber in Deutschland sicher einen *ARD-Brennpunkt* wegen Misshandlung von Mitarbeitern zu fürchten hätte? Und was, wenn ich die Kollegin nicht ausstehen konnte? Ron erzählte ehrfurchtsvoll, dass sie in Israel bei Yechiel Klar gearbeitet und danach an der New York University die gesamte Professorenschaft einschließlich ihres neuen Betreuers, Yaacov Trope, mit ihren tollen Ideen, vor allem aber ihrer scharfen, unbarmherzigen Kritik an den gängigen Theorien beeindruckt hatte. Das alles erschien mir als der absolute Super-Gau. Hätte man mich nicht wenigstens mal fragen können? Ich schrieb eine mitleidheischende E-Mail nach der anderen nach Hause.

Und dann kam Nira Liberman. In Wanderstiefeln und majestätischer Haltung. Nach knapper Begrüßung setzte sie sich, schrieb ein paar E-Mails, schaute auf und sagte: »Wir haben hier zwei Möglichkeiten: Entweder wir hassen uns, oder wir lieben uns. Was dazwischen gibt es nicht.«

Wir entschieden uns für Freundschaft, die eine der schönsten ist, die ich je erlebt habe. Jemanden zu haben, mit dem man über alles reden kann, und dann noch mit ihm zu arbeiten, ist ein Privileg. Jemanden zu haben, dessen Erfolge man neidlos anerkennen kann, der einem uneigennützig in jeder Situation hilft, für den man gerne bereit ist, ein paar Überstunden einzulegen, weil etwas absolut Wichtiges abzuschließen ist, den man bewundert und den man dennoch hart angehen darf, wenn er sich gedanklich mal verrannt hat, das ist ein echtes Glück. Nicht nur in beruflicher, sondern auch in privater Hinsicht.

Nira und ich sind seit dieser Zeit seelenverwandt, auch wenn sie inzwischen wieder in Israel arbeitet. Wir haben nicht nur viele Theorien gemeinsam entwickelt, sondern uns auch immer gegenseitig motiviert und unterstützt, wenn der Wind einmal scharf blies, uns irgendwer angriff oder einreden wollte, dass das, was wir da machten, zu forsch wäre oder gar in die falsche Richtung führe. Revolutionen schafft man nicht ohne Freunde! Ein Alleingang in der Wissenschaft ist wie als einziger Demonstrant auf der Straße ein Pamphlet hochzuhalten. Erinnern wir uns: Wer innovativ sein will, braucht eine sichere Umgebung, die ihm erlaubt, Risiken einzugehen. Freunde geben einem diese Sicherheit. Ich empfehle deshalb allen meinen Doktoranden, sich Freunde in der Wissenschaft zu suchen. Und ich meine damit nicht »gute Kollegen«, sondern richtige Freunde. Ich jedenfalls habe die Erfahrung gemacht, dass man etwas wirklich Bedeutsames allein kaum stemmen kann; dafür braucht man einfach den Halt, die Unterstützung, die Wärme und die Kompetenz eines sozialen Umfelds, die einem ein Elfenbeinturm nicht bieten kann. Forschung von Gráinne Fitzsimons zeigt dementsprechend, dass Freunde eine wichtige Ressource bei der Selbstregulation sind.

Nun aber zurück zu konkreten und abstrakten Zielen, zu denen Nira Liberman und Yaacov Trope eine Theorie entworfen haben, an der heutzutage kein Psychologe mehr vorbeikommt.

Das Abstrakte wird konkreter …

Liberman und Trope gehen davon aus, dass man über Menschen, Dinge, Aktivitäten und Ziele konkret oder abstrakt nachdenken kann. Wenn man, wie Sie gerade, ein Buch liest, kann man entweder damit »seinen Horizont erweitern«, oder man kann das Ziel haben, sich damit »auf eine Prüfung vorzubereiten« oder das Buch »als Kritiker zu bewerten«. Das erste Ziel ist abstrakter als die beiden letztgenannten, die recht konkret sind. Und es kann noch konkreter werden, wenn das nächste Ziel vor allem darin besteht, »den nächsten Absatz fertig zu lesen«. Andere Beispiele: Wenn Sie die Haustür abschließen, kann es Ihnen entweder darum gehen, »die Wohnung zu sichern« (abstrakt) oder »den Schlüssel in das Schloss zu stecken und rumzudrehen« (konkret). Wenn Sie ein Geschenk für Ihren Partner schön einpacken, ist Ihr Ziel entweder, ihm »meine Liebe zu zeigen« (abstrakt) oder »das Kräuselband sauber durch die Schere zu ziehen« (sehr konkret). Grundsätzlich kann man über fast alle Handlungen konkret oder abstrakt nachdenken. Und konkrete Ziele, die genaue Verhaltensweisen beinhalten, sind besonders motivierend, wie im vorigen Kapitel bereits deutlich wurde.

Liberman und Trope argumentieren, dass der Abstand oder die Distanz zu einem Ziel maßgeblich bestimmt, ob man eher konkret oder abstrakt über ein Ziel nachdenkt. Nehmen wir das Beispiel Urlaub. Wenn Sie gerade einen Flug nach Kanada gebucht haben für eine Reise, die in einem halben Jahr stattfinden soll, dann freuen Sie sich sicher darauf, endlich mal wieder einen »tollen Urlaub zu machen«. Dies ist ein relativ abstraktes Ziel, das aber, je näher es rückt, umso konkretere Fragen aufwirft: Ist mein Pass noch gültig? Habe ich genügend Tabletten gegen Reiseübelkeit? Und wie ist das eigentlich mit dem Rucksack, sollte ich mir nicht einmal einen neuen leisten? Und wer wird die Blumen gießen? Peu à peu schleichen sich Gedanken ein, die ein halbes Jahr zuvor, als Sie die Reise gebucht haben, sekundär für Sie waren.

Häufig, jedoch nicht zwingend, trüben die konkreten Einzelheiten ein wenig das positive Bild, das man von einem Zielzustand hat. Oder sie mehren die Zweifel an der Herausforderung. Weiter entfernte Ziele führen dazu, dass man den konkreten Stress, den sie – zu einem späteren Zeitpunkt – mit sich bringen können, zunächst unterschätzt. Wie oft haben wir aus der Ferne etwas zugesagt, das wir später (je näher diese Situation rückte) bereuten? Während für die fernen Ziele vor allem die *Attraktivität* eines Zielzustandes entscheidend ist, verliert dieser Aspekt, je näher man dem Ziel kommt, an Bedeutung. Stattdessen rückt die *Machbarkeit* des Ziels in den Vordergrund. Liberman und Trope fanden diesen automatischen Mechanismus in ihren Experimenten bestätigt: Plant man etwas weit im Voraus, leitet die Attraktivität eines Ziels die Entscheidung; plant man für den nächsten Tag, dann steht die konkrete Umsetzung im Vordergrund. Dass etwas machbar ist oder aus der Entfernung attraktiv aussieht, motiviert uns in jeweils unterschiedlichen Phasen der Zielverfolgung.

Aus der Ferne gesehen der schönste Wanderweg der Welt

Ich hatte mich mit meinem Partner für den Milford Track in Neuseeland entschieden, nachdem wir lange zwischen ihm (schwierig, aber spannend) und dem Rheinsteig (machbar, aber nicht so attraktiv) geschwankt hatten. Ich erinnere mich noch, wie lebhaft wir darüber diskutierten, den »finest track of the world«, einen Tag bevor es losgehen sollte, abzusagen, weil es seit Tagen wie aus Eimern schüttete und wir zudem erfahren hatten, dass in den Hütten eine fiese Grippe grassierte. Natürlich waren uns diese Hürden bereits im Vorfeld bekannt.

Vor Viren und Dauerregen auf dem Milford Track wird immer gewarnt – schließlich will man ja einen *Regen*wald besuchen, der sich schon im *Herrn der Ringe* nicht nur von seiner Sonnenseite präsentiert. Denkt man abstrakt darüber nach, dann nimmt sich so ein Regenwaldregen mystisch aus: Nebelwälle, Wasserfälle, Moosburgen. Ist allerdings die dritte angeblich selbsttrocknende Unterhose auf dem Weg zum Nationalparkbüro bereits durchgeweicht und mieft es im Hotelzimmer, in dem es immerhin eine Heizung gibt, nach modrigen Klamotten wie in der Umkleide nach Sing-Sing-Birkenkötters Sportstunden, dann hat man eine sehr konkrete Vorstellung von den nächsten vier Tagen in klammen Klamotten auf Holzhütten mit stark frequentierten Plumpsklos.

Wir haben den Milford Track dann trotzdem gemacht – bei gemischtem Wetter. Es war fantastisch, und natürlich haben wir mit Elfen und Trollen Grotesktänze aufgeführt und sind mit kornblumenblauschnäbeligen Enten in riesige Glühwürmchenzelte geflogen. Eigentlich kann man froh darüber sein, dass wir bei vielen Dingen zunächst nicht an die Machbarkeit denken. Hätten wir bei anspruchsvollen Wanderungen immer gleich konkret die Schwierigkeiten vor Augen, dann würden die meisten Wanderer im flachen Ostwestfalen dreimal um den Bierbrunnen gehen – und fertig. Das ist zwar nicht attraktiv, aber leicht zu bewerkstelligen.

Das Phänomen, dass wir die Zukunft aus der Ferne gerne rosig sehen, sichert auch unsere Renten. Denken wir über Nachwuchs nach, finden wir es ganz abstrakt und aus der Entfernung betrachtet sicher wunderbar, ein Baby zu haben. Mit der Ankunft eines neuen Erdenbürgers können sich konkrete Einzelheiten aber als unerwartet stressig herausstellen. Hätten wir bei der Familienplanung schon berücksichtigt, was damit ganz konkret auf uns zukommt: Windelwechsel, Blähungen, Rumbrüllen, Nix-mehr-mit-Party, Milchzähne und Kinderkrankheiten, wäre das »Projekt« vielleicht gar nicht erst umgesetzt worden. Forschung zeigt jedenfalls, dass Paare entgegen ihren Erwartungen meist total genervt sind von der schreienden Brut. Aber dann ist es zu spät – dafür sichert der neue Erdenbewohner das Fortbestehen der Spezies.*

Insgesamt scheint es so zu sein, dass positive Gedanken gegenüber einem Zielzustand vor allem zu Übermut führen, der, je näher man ihm kommt, durch konkrete Schwierigkeiten gebremst wird. Kurt Lewin verglich das Phänomen mit einem Kind, das das Meer sieht und freudig darauf zuläuft. Von weitem sieht das Wasser spannend aus, glitzernd und wunderbar. Je näher das Kind dem Meer kommt, um so mehr Angst hat es vor den Wellen, dem kalten Wasser, das seine Zehen umspült … Mit anderen Worten: Aus der Ferne ist die Annäherungsmotivation im Allgemeinen stärker als die Vermeidungsmotivation.

Entscheidend ist jedoch, ob die konkreten Aktivitäten, die ein Ziel beinhaltet und die einem oft erst bewusst werden, wenn man kurz davor steht, positiv sind oder nicht. Wenn mir das Auswendiglernen der Texte vor einem Konzert Spaß machen würde, wäre meine Vorfreude auf das Konzert in zwei Wochen,

* Okay, okay, bevor Sie mich hassen: Klar, so ein Baby macht auch viel Freude (vor allem mir als Wochenendonkel), und Paare arrangieren sich mit der Zeit. Der erste Stress direkt nach der Geburt ist jedoch tatsächlich, wie Forschung zeigt, auf die nicht eingeplanten – wohl aber zu erwartenden – Schwierigkeiten, die ein Baby nun mal mit sich bringt, zurückzuführen. Fragt man Paare, wie es ihnen geht, geht es grundsätzlich denjenigen mit Neugeborenen dramatisch schlechter als solchen, die keine Kinder haben. Interessanterweise steigt aber die Stimmung, wenn man die Eltern daran erinnert, dass sie ein Baby haben. Fragt man zuvor: »Sie haben ja Kinder, wie geht es Ihnen?«, sind Eltern die glücklichsten Menschen der Welt. Diese Untersuchungen von Norbert Schwarz erinnern an seine vorher genannten BMW-Studien. Man muss schon daran erinnert werden, warum es einem gut gehen sollte, damit man sich als frisch gebackene Eltern gut fühlt. Schauen Sie also (noch) öfter in die Wiege und rufen sich ins Gedächtnis, warum es Ihnen gerade super geht!

das ich vor einem Jahr zugesagt habe, noch größer. Dem ist aber nicht so. Während ich mir in dem Moment, wo ich zusagte, noch vorstellte, wie schön es sein wird, wieder einmal in einer schönen Stadt mit Fanpotenzial zu singen, hatte ich wohl vergessen, dass ich vor jedem Konzert nächtelang in meiner Wohnung einsam und nervös herumlaufe und meine Texte memoriere.

Aber es gibt Gegenbeispiele. So können konkrete Tätigkeiten natürlich auch angenehm sein und die Motivation steigern. Dies geschieht zum Beispiel dann, wenn ich für viele Leute koche. Habe ich mich einmal dazu entschlossen, zu einer Party zu mir einzuladen, dann wird dieses Vorhaben auch dann nicht getrübt, wenn ich vorher zwei Tage lang in der Küche stehe. Das Schnippeln und Köcheln macht mir nämlich tatsächlich Spaß.

Und wie ist es bei unangenehmen Zielzuständen? Nehmen wir an, Sie haben eine schwierige Operation vor sich. Abstrakt und aus der Ferne betrachtet, ist eine Operation »mit unvorhersehbarem Ausgang« sicherlich bedrohlich oder »aversiv«, wie wir Psychologen sagen. Je näher der Termin aber rückt, umso mehr können uns konkrete Informationen die Angst nehmen. Etwa wenn wir erfahren, dass bei solchen Operationen selten etwas schief geht. Oder wenn wir den Arzt persönlich kennenlernen, und er, so wie er vor uns steht, einen guten Eindruck auf uns macht, wir darüber in Kenntnis gesetzt werden, was er tun wird und dass er das schon oft gemacht hat. Kurz, zukünftige negative Situationen können mit der Zeit durchaus positiver werden. Allerdings kann auch der umgekehrte Fall eintreten: Sind die konkreten Details, je näher man einem Zielzustand, etwa einer OP, kommt, wenig erfreulich, dann steigt unsere Angst. Entscheidend ist: Aus der Ferne motiviert das Abstrakte, aus der Nähe das Konkrete. Je nachdem, wie positiv oder negativ die zukünftige Situation ist, verändern sich unsere Stimmung und unsere Motivation mit der Nähe zum Ziel.

Zielsysteme

Die Unterscheidung abstrakt-konkret findet eine Entsprechung bei der Speicherung von Handlungen im Kopf, die bereits in Prinzip 4 über bewusste und unbewusste Zielerreichung angesprochen wurde. Wie wir gesehen haben, sind Ziele meist abstrakter als die konkreten Mittel zur Zielerreichung. Haben wir uns für ein Ziel entschieden, dann gibt es im Allgemeinen verschiedene Wege, es erfolgreich anzugehen. Nehmen wir an, Sie wollen im Regenwald wandern gehen. Dann können Sie in Deutschland ein wenig vortrainieren, indem sie gehäuft Wanderungen machen, Sie können im Fitnessstudio »vor allem Beine machen«, oder Sie können sich zunächst einmal die richtige Ausrüstung zulegen, falls Sie noch keine haben, und hoffen, dass dann alles leichter geht. Vor allem Deutsche verkleiden sich doch so gerne, wenn Sie Sportarten nachgehen. Zum Regenwaldwandern gehören natürlich karierte, atmungsaktive Hemden, nahtfreie Jacken (sonst dringt Regen durch die Naht), atmungsaktive, schnellwaschbare und -trocknende Unterbuxen, Trekkingstöcke mit Antischlagsystem, Wanderschuhe, Wetterhose zum Drüberstreifen, Mückenmittel etc.).*

* Wenn Sie jetzt glauben, ich hätte im Ausland mein Deutschsein abgestreift und mache mich über Sie lustig, haben Sie sich getäuscht. Nein, für unsere Touren haben wir uns das alles (und noch viel mehr) zugelegt, einschließlich Leuchtstoffpistole, umfangreicher Bordapotheke, Seile zum Abseilen (man kann ja nie wissen, vielleicht haben sie im Internet ja vergessen, auf Felsspalten hinzuweisen) und Astronautennahrung. An uns liegt es jedenfalls nicht, dass Wandermittelproduzenten Insolvenz beantragen müssen. Natürlich haben wir uns vorher auch zum Test mit den Jacken im Regen auf den Balkon gestellt und die ganzen fürchterlichen Wandernahrungsmittel vorgekostet (da gibt es so pulverisiertes Zeug mit verheißungsvollen Namen wie »Provenzalisches Wildschweinrisotto« oder »Ente à l'orange«). Blindgetestet würde ich so etwas nie essen. Wer weiß, wen oder was ich da schmecken würde.

Welches die jeweils geeigneten Mittel zur Zielerreichung sind, haben wir für gängige, bekannte Ziele gelernt und im Gedächtnis abgespeichert. Nur die Verfolgung eines neuen Ziels, bei dem uns die Übung fehlt, erfordert Kraft und Willen. Wie in Kapitel 4 beschrieben, können einmal abgespeicherte Mittel zur Zielerreichung automatisch, unbewusst aktiviert werden, sobald wir ein Ziel verfolgen. Pläne oder Handlungsketten im Langzeitgedächtnis erlauben es uns nämlich, sehr schnell zu reagieren. So hat der geübte Wanderer sofort einen ganzen Handlungsplan zur Hand, wenn es anfängt zu regnen. Das ist unglaublich praktisch, denn es erspart uns Planungsarbeit.

Zudem helfen uns Pläne nicht nur, Handlungsabfolgen festzulegen (wenn ich A gemacht habe, dann kommt B), sondern sie erlauben uns auch, automatisch die günstigste Gelegenheit für einen Handlungserfolg zu entdecken. Gollwitzer zufolge beinhaltet ein abgespeicherter Plan nützliche Wenn-dann-Routinen, die in dem Moment automatisch aktiviert werden, wenn die Situation günstig ist. Nehmen wir an, ich will meinem Pianisten einmal auf die nette Art sagen, er möge nicht dauernd in der Nase bohren. Nehmen wir an, er ist wie fast alle Pianisten ein sehr sensibler Mensch. Pianisten, die Sänger begleiten, fühlen sich oft zurückgesetzt; denn tatsächlich achten die wenigsten Zuhörer auf den Mann am Klavier, selbst wenn der musikalisch häufig mehr kann als die angehimmelte Diva, die dauernd unterm Ton hängt. Jedenfalls hat man als Sänger dauernd das Gefühl, den wahren Musikern etwas schuldig zu sein. Und so weiß man auch, Sensibilität ist angesagt, will man an ihnen Kritik üben.

Also fasse ich folgenden Plan: 1. Sag es ihm nur, wenn *du* guter Stimmung bist, weil du dich in schlechter Stimmung sowieso nur im Ton vergreifst und es nichts bringt außer Zwist. 2. Sag es ihm nur, wenn *er* in guter Stimmung ist, denn in schlechter Stimmung ist er nicht dazu bereit, etwas Neues aufzunehmen. 3. Sag es ihm, wenn du ihn *in flagranti* erwischst. 4. Sag es ihm nicht in diesem

Elternton, sondern sag es ihm in *Form einer Frage*: Sag mal, ist dir eigentlich schon einmal aufgefallen, dass du – vermutlich aus Nervosität – in der Nase bohrst? 5. Sag ihm, dass es dir nichts ausmacht, wenn er in der Nase bohrt, aber dass er es wissen müsse, um sein Verhalten ändern zu können – auf einem Videomitschnitt könnte es ihn selbst stören.* Und, nicht zu vergessen, auch die möglichen Hindernisse sollten bedacht werden. Daher also Plan B: Falls er an irgendeinem Punkt beginnt schnippisch zu reagieren, sag ihm, dass er natürlich machen kann, was er will. Es lohnt sich nicht, wegen ein paar Popeln einen Pianisten zu verlieren.

Ein solches, in unserem Autopiloten abgelegtes Programm erleichtert die Umsetzung. Ob dieser Plan wirklich funktioniert, weiß ich nicht, aber er ist zumindest nicht schlecht. Und, wenn er so spezifisch zum Ziel »Benehmen des Pianisten ändern« abgespeichert ist, muss ich ihn nur noch abrufen, sobald ich ihn wieder in der Nase bohren sehe. *Wenn* mein Pianist also die Hand in Richtung Nase hebt und *wenn* wir beide guter Stimmung sind, *dann* gehe über zu Schritt 4, gefolgt von Schritt 5 usw. Dass wir dafür die richtige Situation erwischen, geht rasend schnell und effizient vonstatten. Denn, ist das Ziel aktiviert, sind wir hochsensibel für gute Gelegenheiten. Der sich daran anschließende Plan läuft dann wie am Schnürchen ab. Ein toller Mechanismus, den unser Autopilot meisterhaft leisten kann, insofern wir *selbst* einen guten Plan abgespeichert haben.

* Es sei hier in Anlehnung an Fritz Stracks und Roland Deutschs RIM-Modell angemerkt, dass solche Ziele, die automatisch ausgelöst werden sollen, möglichst positiv formuliert sein sollten. Negativ formulierte Ziele wie »Sei nicht so unhöflich« verarbeitet unser Gedächtnis nicht so einfach. Besser ist die Alternative: »Sag es in einem freundlichen Ton«.

Wieder mal Rom

Ein (mehr oder weniger abstraktes) Ziel kann häufig durch mehrere (konkrete) Mittel, also Handlungen oder Tätigkeiten, erreicht werden. Um einen Nagel in die Wand zu schlagen, kann ich einen Hammer kaufen, mir einen leihen, ich kann einen Holzschuh dazu benutzen, oder ich kann meinen Freund bitten, die Sache für mich zu erledigen. Im Laufe der Zeit legen wir uns ein ganzes Repertoire an Mitteln zur Zielerreichung zu.

Dass viele Wege nach Rom führen, ist gut so. Denn wenn wir mehrere Mittel zur Zielerreichung haben (z. B. ein glückliches Leben führen) und eines nicht funktioniert (z. B. wir niemanden finden, mit dem wir eine gut funktionierende Beziehung aufbauen können), dann greifen wir eben zu einem anderen (und finden unser Glück z. B. im Beruf oder im Hobby). Allerdings unterscheiden sich die Menschen hinsichtlich der Verfügbarkeit von Mitteln. So hat jemand mit einer Nahrungsmittelallergie weniger Mittel, um satt zu werden, und jemand, der immer und überall ehrlich ist, weniger gute Chancen, erfolgreich durch alle Prüfungen zu kommen.

Wie aber verhält es sich mit den Mitteln in unserem Kopf, wenn wir ein Ziel vor Augen haben? Werden immer sofort alle verfügbaren Mittel aktiviert wie bei anderen assoziativen Netzen im Kopf – so wie wir immer Salz aktivieren, wenn Pfeffer aktiviert ist?

Wir können ein Ziel verfolgen oder wir können einfach nur an es denken, ohne dabei Lust zu verspüren, es momentan anzugehen. Ich kann zum Beispiel an «korrigieren« denken, selbst wenn ich gerade gar keine Klausuren korrigieren muss. Ich kann aber auch an »korrigieren« denken und das Ziel haben, mich gleich an den Schreibtisch zu setzen, um soundso viele durchzuschauen. Arie Kruglanski und Kollegen zeigen, dass Mittel nur dann aktiviert werden, wenn Ziele gegenwärtig von einem Menschen konkret verfolgt werden. Muss ich tatsächlich eine bestimmte Anzahl an Klausuren korrigieren, aktiviere ich: roten Stift suchen, Tee bereitstellen und tief durchatmen. Das Gedächtnis stellt mir also mental automatisch Mittel zur Zielerreichung zur Verfügung, allerdings nur dann, wenn ich tatsächlich ein Ziel verfolge. Mit anderen Worten: Ich weiß wohl, dass man einen Nagel mit einem Hammer in die Wand schlägt. Wenn ich allerdings gerade keine Bilder aufhängen will und im Moment kein Interesse an handwerklichen Aufgaben habe, dann aktiviert »Bilder aufhängen« auch nicht notgedrungen »Hammer suchen«, sondern vermutlich eher andere Assoziationen wie Umzüge, Szenen in Museen oder Ähnliches. Auch wenn ich mich über das Nachbarspaar amüsiere, das sich darüber streitet, wie hoch das neue Bild von Mutti hängen soll, dann ist mir der Begriff »Bild aufhängen« sicherlich zugänglich, nicht aber die Mittel, die ich nötig hätte, um es selbst zu tun. In dem Moment spukt mir keine Handlung im Kopf herum, die mich von der Aktivität, die ich eigentlich gerade in Angriff nehmen möchte (z.B. mich hinter dem Vorhang zu verstecken), ablenken würde. Wenn ich jedoch in eine andere Wohnung ziehe und Bilder aufhängen muss, dann erkennt mein Autopilot, dass ich handeln muss, und unterstützt mich bei der Zielverfolgung, indem er automatisch die richtigen Mittel anschaltet.

Zudem zeigten Kruglanskis Studien: Je weniger Mittel für ein Ziel zur Verfügung stehen, desto stärker wird es aktiviert. Bei einer Studentin, die weiß, die einzige Chance, ein gutes Examen zu machen, ist Lernen, Lernen, Lernen, wird dieses Mittel hoch aktiviert sein, sobald sie an das Ziel Studienabschluss denkt. Bei einem Studenten, für den aber auch Abschreiben, Spickzettel etc. in Frage kommen, um die Prüfung zu bestehen, verteilt sich die Aktivierung mehr oder weniger auf alle Optionen, und keine ist besonders hoch aktiviert.

Interessanterweise belegen Studien, dass es im Unbewussten Unterschiede in der Verfügbarkeit legitimer und illegitimer Mittel gibt. Skeptiker (unter ihnen auch viele Wissenschaftler) denken ja, alle Menschen hätten eine dunkle Seite und dass eigentlich jeder Mensch gerne mogeln und möglichst ohne viel Aufwand zum Ziel kommen würde. Was Menschen davon abhalte, sei allein die Kultur und das Bewusstsein, das ihn erst zum Menschen macht. Wie Forschung jedoch beweist, kommt es nur dann im Unbewussten zu einer Aktivierung illegitimer Mittel, wenn man sie bereits in sein Verhaltensrepertoire aufgenommen hat. Jemand, für den Schummeln partout nicht in Frage kommt, hat dieses Mittel auch gar nicht in seinem Gedächtnis repräsentiert und kann dieses Verfahren daher auch nicht aktivieren. Das heißt, jemand, der von vornherein nicht mogeln will, wird auch nicht durch sein Unbewusstes dazu verführt werden; jemand, für den es in Frage kommt, aber sehr wohl.

Der Vorteil weniger Mittel zur Zielerreichung ist, dass alles auf ein Pferd gesetzt werden kann. Alle Energie fließt in eine Handlung. In meinem Beispiel mit der Studentin also allein ins Lernen. Anders der zum Schummeln bereite Student. Er wird seine – körperliche wie mentale – Energie in viele verschiedene Aktivitäten stecken: Spickzettel schreiben, Strategien überlegen, wie man den Zettel in den Wasserkasten der nächsten Toilette schmuggelt, ohne dass er nass wird, und auch lernen. Für letzteres bleibt dann allerdings weniger Zeit, und die Motivation dazu ist geringer. Nur ein einziges Mittel zur Zielerreichung zur Verfügung zu haben, kann jedoch auch nachteilig sein. Funktioniert dieses eine Mittel nämlich nicht, kann nicht automatisch ein anderes aktiviert werden. Das gilt übrigens auch für große Lebensziele wie »ein schönes Leben zu haben« oder »das Leben zu einem Meisterwerk zu machen«. Wenn man gerade vor den Trümmern einer Beziehung steht und diese das Haupt»mittel« war, um zu diesem Ziel zu gelangen, dann wiegt es schwerer, als wenn man noch ein anderes Mittel dafür zur Verfügung hat wie einen tollen Beruf. Wer mehrere Mittel zur Verfügung hat, mit deren Hilfe er sein Leben gelingen lassen kann, – Beruf, Hobby und Beziehung – konzentriert sich, wenn er auf einem Gebiet Misserfolg hat, eben auf ein anderes. Er reduziert dadurch die psychische Belastung, die durch das Scheitern in einem Bereich entstanden ist. Patricia Linville bezeichnet dieses Phänomen als *Selbstkomplexität,* und es beinhaltet vor allem, mehrere Interessen und Ziele oder Selbstaspekte zu haben, die sich nicht überlappen, sodass ein Misserfolg in einem Bereich keinen Einfluss auf einen anderen hat. Ich habe es oben bereits gesagt, meine beiden Berufe (die sich kaum überlappen) haben den Vorteil, dass eine Pleite in einem von beiden keine Auswirkungen auf den anderen hat; wenn ich als Sänger mal versage, ist das nicht so dramatisch, denn mit einiger Wahrscheinlichkeit kann ein schöner Erfolg im wissenschaftlichen Betrieb das kompensieren. Und im Notfall retten mich sowieso mein Partner und mein Freundeskreis, die wiederum andere mir wichtige Selbstaspekte sind. Eine gute Beziehung fängt Misserfolge im Beruf genauso auf wie ein erfüllendes Hobby. Schon aus diesem Grund sollte man jedem Menschen raten, nicht alles im Leben auf eine Karte zu setzen, den Sinn nicht allein in der Beziehung *oder* in der Karriere zu suchen. Ein komplexeres Selbst bereichert nicht nur, es ist auch grundsätzlich nicht ungesund, wie Linville zeigt.

Fünf auf einen Streich

Ein (konkretes) Mittel kann mehreren Zielen genügen. So fahre ich jeden Morgen mit meinem Fahrrad über die Prins Hendrikkade zu meinem Büro, bei Wind und Wetter. In jedem Fall komme ich so zur Uni (Ziel 1), bleibe schlank (Ziel 2), härte mich gegen Erkältungen ab (Ziel 3), schone die Umwelt (Ziel 4) und spare viel Geld im Gegensatz dazu, wenn ich mit dem Auto führe (Ziel 5). Fünf Fliegen mit einer Klappe, die ich im Amsterdamer Gourmet-Tempel »Fünf Fliegen« gerne in ein opulentes Mahl münden lasse.

Solche »vielseitigen« Mittel sind natürlich besonders attraktiv – ein Tatbestand, der gerne von Werbeagenturen genutzt wird. Wer will nicht lecker und gesund essen und dabei noch schnell einen Beitrag zu einer sauberen Natur und politisch korrekter Tierhaltung leisten? Und dabei noch preiswert davonkommen? Werber versuchen nur allzu gerne, sich diese Struktur unserer Ziele im Kopf zunutze zu machen, und preisen uns vermeintlich multifunktionale Produkte an. Denn natürlich ist es unmöglich, ein glückliches Huhn heranzuzüchten, das gleichzeitig schmackhaft und billig ist. Die Welt ist nun mal kein Ponyhof, und gute Dinge haben ihren Preis.

Ich finde es immer lustig, wenn deutsche Touristen durch die Grachten wandeln und es »toll« finden, dass es in Amsterdam noch so viele kleine Geschäfte gibt. Es gibt sie, weil Touristen sie putzig finden und ihnen im Urlaub das Geld locker sitzt. Es gibt sie aber vor allem, weil die Amsterdamer diese Geschäfte unterstützen – finanziell, wie denn sonst? Indem sie dort kaufen. Klar, ich hatte als Student selbst wenig Geld und habe meine Lebensmittel im Supermarkt gekauft. Wer über wenig Geld verfügt, hat weniger Optionen. Aber wer aus lauter Sparsamkeit nur die billigsten Schnäppchen in fies gemanagten Supermärkten kauft, um sich dadurch noch mehr Ramsch leisten zu können, der hat es nicht anders verdient, als in Innenstädten zu leben, in denen es keinen Spaß mehr macht spazieren zu gehen, weil ein Havariegeschäft an das nächste gereiht steht. Jedem die Stadt, die er verdient, jedem die Kultur, die er verdient, und die kleinen, persönlich geführten Geschäfte sind ein Teil unserer europäischen Kultur.

Springen Sie über Ihren Schatten, und kaufen Sie den Espresso das nächste Mal im kleinen Kaffeegeschäft um die Ecke. Sagen Sie sich: Zwei Fliegen mit einer Klappe geschlagen: Ich habe einen guten Kaffee gekauft und habe dabei einen kulturellen Beitrag geleistet. Leisten Sie sich das nächste Mal einen Sitzplatz weiter vorne im Theater und sagen Sie sich: Damit habe ich *auch* etwas für die Kunst getan. Kaufen Sie sich ein fair produziertes T-Shirt und sagen Sie sich: Das ist ein von Erwachsenen unter vernünftigen Bedingungen geschaffenes Produkt – für mich musste sich kein Kind die Hände blutig sticken. Naja, ich sollte hier nicht so weltverbesserisch sein, übertragen Sie einfach dieses Viele-Fliegen-Prinzip auf einen für Sie wichtigen Bereich.

Dieses für die meisten von uns sehr attraktive Prinzip spiegelt sich darin wider, dass wir uns gerne Multifunktionsjacken, -fahrzeuge , -lutscher (kennen Sie nicht? Das sind die, auf denen man pfeifen kann und die einen Kaugummikern haben) und Ähnliches kaufen. Und es zeigt sich darin, dass wir für ein geliebtes Verhalten gerne Gründe dazuerfinden, um es noch häufiger zu tun. Ich mache das als in meinem tiefsten Inneren geiziger Ostwestfale gerne – Sie haben es oben vielleicht schon gemerkt. Wenn ich sage, ein Logenplatz im Theater oder eine Flasche Wein in einem Drei-Sterne-Restaurant für 300 Euro »unterstützten die Kultur«, dann dürfen Sie dabei getrost mit dem Kopf schütteln. Vielleicht ist das schlichtweg eine Rechtfertigung für verschwenderisches Verhalten, Trunksucht und Eitelkeit – die Konstruktion vieler Beweggründe rechtfertigt unter Umständen viele Torheiten und bewahrt mich davor, mich als verschwenderischen Angeber zu sehen. Wir alle kennen doch die Raucher, die einem weismachen wollen, dass sie Rauchen als »seelische Stütze« brauchen, nur dieses eine Laster haben und ohne Nikotin sowieso nicht auf die Toilette können.

Je mehr Fliegen man mit einer Klappe schlagen kann, umso attraktiver ist eine Handlungsweise und umso gerechtfertigter erscheint es, sie auch nach außen hin zu zeigen. Letztendlich bleibt: Das Viele-Fliegen-Prinzip funktioniert, auch wenn wir es manchmal sehr kreativ gebrauchen, um damit ungewünschtes Verhalten zu rechtfertigen.

Abstrakte Ideale, konkrete Pflichten

Menschen formulieren ihre Ziele unterschiedlich. Manche bleiben gerne im Abstrakten, wollen »die Welt verändern« oder »einfach nur im Reinen mit sich selbst sein«, während andere gerne konkreter denken im Sinne von »Morgen bringe ich erst Mal Sönke zum Ballett, und dann kaufe ich mir ein Hackbrötchen«. Ideale sind generell abstrakter als Pflichten, und so kommt es, dass Menschen mit einem Promotion-Fokus wie Zö ihre Vorhaben und Ziele, die meist in der Ferne liegen, eher abstrakt formulieren. Wer dagegen damit beschäftigt ist, Sicherheit herzustellen, dem helfen vor allem konkrete Handlungsweisen. Menschen im Prevention-Fokus wie Mark-Rüdiger stellen sich daher alles konkret vor und befassen sich am liebsten mit Zielen, die in einem überschaubaren Zeitraum zu realisieren sind.

Ich erinnere mich noch, wie Mark-Rüdiger an seiner Hochzeit sagte: »Ob Gesine eine Frau fürs Leben ist? Davon gehe ich mal aus, aber weiter als fünf Jahre denke ich sowieso nicht. Erst mal wollen wir ein Kind, und dann sehen wir weiter.« Menschen im Prevention-Fokus konzentrieren sich gerne auf *ein* Ziel, das möglichst realisierbar ist, während Menschen im Promotion-Fokus häufig mehrere Ziele und viele Interessen (»mehr ist mehr«) haben, die einem abstrakten Ziel unterzuordnen sind (beispielsweise »ein glücklicher Mensch zu sein«).

Wer es als seine Pflicht ansieht, am Wochenende zu seinen Eltern zu fahren, der wird alles daran setzen, dies auch zu tun. Und wenn ihm etwas in die Quere kommt, etwa eine Einladung zu einer tollen Party bei Freunden, wird er versuchen, dieser Verlockung zu widerstehen oder sie einfach zu ignorieren. Für Menschen im Promotion-Fokus könnte so ein alternatives Party-Ziel eine weitere Möglichkeit sein, etwas Tolles zu erleben und damit ihrem Ideal näherzukommen, ein erfülltes, glückliches Leben zu führen. Für eine Zö würden die beiden Alternativen attraktiv sein und daher eher einen Konflikt darstellen; sie würde deshalb alles daransetzen, beiden Zielen nachzugehen. Allerdings kann sie das auch ganz gut: Eine Annäherungsmotivation und die damit einhergehende Kreativität helfen ihr nämlich dabei, mehrere Ziele gleichzeitig zu verfolgen.

Wir haben das in einem Experiment belegt, in dem wir den Versuchspersonen entweder das Käse-Labyrinth oder das Eulen-Labyrinth gegeben haben (Prinzip 2). Danach mussten die Probanden die oben schon einmal beschriebene Farbaufgabe lösen: Sie sollten die Farbe von Farbwörtern bestimmen, die in anderen Farben geschrieben waren (also rot in Blau oder blau in Gelb) – ein Zielkonflikt also. Menschen, bei denen durch das positive Käse-Labyrinth ein Promotion-Fokus ausgelöst worden war, konnten diese Aufgabe besser lösen als die, bei denen ein Prevention-Fokus aktiviert worden war. Mit anderen Worten, sie konnten mit mehreren gleichzeitig aktivierten Zielen besser umgehen. Dementsprechend würde Zö furchtlos ihre Eltern einfach mit zu der Fete einladen und es auch hinbekommen, sich gleichzeitig um sie und ihre Freunde zu kümmern. Zielkonflikte wie diese, die für Mark-Rüdiger der reine Horror wären, sind für sie eher eine Herausforderung.

Diese Erkenntnisse kann man für sich nutzen, indem man komplexe Aufgaben besser auf einen Moment verschiebt, in dem man sich sicher fühlt oder insgesamt »gut drauf ist«. Positive Stimmung und eine Annäherungsmotivation sind eine gute Basis, um verwirrende Situationen zu managen und Konflikte zu lösen. In positiven Situationen behalten wir den Überblick, haben die Energie zum Multitasking und verbeißen uns nicht in Details, die in dem Moment ohnehin nicht weiterhelfen.

Kurz gefasst

Ziele können abstrakt oder konkret formuliert und abgespeichert sein. Abstrakte Ziele beinhalten häufig mehrere Wege der Zielerreichung als konkrete, und sie weisen häufig in die

Zukunft. Liberman und Trope beschreiben das als einen Automatismus. Weil wir üblicherweise weniger Konkretes über zukünftige Ereignisse wissen als über gegenwärtige, wird dieser Zusammenhang – »wenn weit entfernt, dann denk abstrakt« – schließlich zur gedanklichen Routine. Irgendwann denken wir über alles, was in der Zukunft liegt, abstrakt nach. Wenn wir abstrakte oder in der Zukunft liegende Endzustände bedenken, dann haben wir vor allem die Attraktivität vor Augen, nicht so sehr die Machbarkeit. Je näher und je konkreter ein Zielzustand ist, umso stärker beziehen wir Aspekte der Machbarkeit in unsere Überlegungen mit ein. Die Attraktivität spielt dann weniger eine Rolle für die Motivation, das Ziel weiter zu verfolgen.

Jemand, der das Gefühl hat, er nehme zu viele Termine an, mag sich vornehmen, konkreter über die Einladungen nachzudenken, die in weiter Ferne liegen. Generell sollte man sich klarmachen, dass aus der Ferne vieles rosiger aussieht, als es tatsächlich ist. Ansonsten aber motiviert die positive Sicht auf die Zukunft durchaus dazu, etwas zu wagen, vor dem man eigentlich bang ist.

Ziele sind in einer besonderen Weise in unserem Gedächtnis abgespeichert, so dass (meist verschiedene) Mittel mit ihnen assoziiert werden. Diese werden aber nur dann aktiviert, wenn man das Ziel auch wirklich verfolgt; nur daran zu denken, reicht nicht. Das wiederum dient der effizienten mentalen Vorbereitung von Handlungen. Manche Handlungsweisen sind Mittel zu mehreren Zielen und deshalb sehr beliebt.

Annäherungsmotivation in einem Promotion-Fokus aktiviert abstrakte Ziele, die in der Zukunft liegen, wenn man auf Ideale fokussiert. Vermeidungsmotivation in einem Prevention-Fokus bringt konkrete, zeitlich nahe Ziele hervor, wenn man auf Sicherheit fokussiert. Der globale Adlerblick im Promotion-Fokus erlaubt einem, viele Ziele zu gleicher Zeit zu verfolgen, der engere, fokussierte Blick im Prevention-Fokus hilft einem dagegen, sich auf ein Ziel zu konzentrieren.

Auch Menschen sind, wissenschaftlich betrachtet, häufig Mittel für bestimmte Ziele. Natürlich war meine Hymne auf die Freundschaft zu Beginn des Kapitels ein wenig anekdotisch gemeint, aber nicht nur. Wir sozialen Wesen wollen gemocht werden, wollen (auf nette Art und Weise) kritisiert werden, wenn wir einen Fehler begehen, wollen uns fallen lassen, lachen und miteinander weinen – all dies wollen wir mit anderen Menschen tun. Menschen, die einen bei vielen Zielen unterstützen, mit denen wir viele Ziele erreichen oder sie überhaupt angehen, erfüllen »mehrere Funktionen«. Sie sind ein Wundermittel für ein glückliches Leben und für Erfolg. Sie helfen uns in guten und in schlechten Zeiten, regulieren unsere Stimmung, erhöhen unsere Motivation und die Qualität unserer Arbeit. Die beste Medizin für den Menschen ist immer noch der Mensch.

Es gibt aber noch einen anderen Vorteil: Freunde erkennen Fehler unseres Autopiloten viel besser als man selbst. Wie das »linke Socken«-Experiment zeigte, haben wir kaum Zugang zu unseren psychologischen Prozessen, weshalb es im Einzelfall nicht unbedingt nützt, dass man weiß, wie fehlerbehaftet die eigene Wahrnehmung ist. So fiel es meinem Freund Gustaf nicht auf, wie negativ sein Blick auf die Welt war. Mir schon. Freunde können einen auf Urteilsfehler aufmerksam machen. Aus einer Untersuchung von McKinsey ist bekannt, dass Entscheidungstrainings die Rendite in Unternehmen um bis zu 7 % erhöhen. Dabei wird aber weniger das Urteilsvermögen des Trainierten verbessert als dessen Talent, bei anderen dysfunktionales Verhalten treffsicher zu entlarven. Kommt ein solches Feedback von Freunden, dann tut es noch nicht einmal besonders weh.

Ich schließe dieses Kapitel mit einem Ratschlag, der wie aus einem kitschigen Lore-Roman klingt, aber tatsächlich aus knallharter wissenschaftlicher Expertise abgeleitet werden kann: Sucht euch Freunde unter den Kollegen. Wenn ihr dort keine findet, sucht sie euch außerhalb. Wenn nötig, verbessert eure soziale Kompetenz. Ein Leben, das allein aus einem Beruf besteht, ist auf Dauer nicht genug. Vor allem dann, wenn es einmal nicht läuft, trifft es einen zu hart, was sich wiederum negativ auf das eigentliche Ziel, den Beruf, auswirken kann. Statt selbst oben zu stehen, muss man dann den anderen beim Seiltanzen zuschauen. Das Meisterwerk Leben beinhaltet den Aufbau eines sozialen Netzes, über dem man als Akrobat Kapriolen schlagen kann.

PRINZIP 7

Wert: Schnäppchen, Duty free und Mogelpackungen

Warum meine Oma meinen Bruder kneift und Nudeln obszön findet. Von innerer und äußerer Motivation. Wie wir durch Schlussfolgerungen unsere Motivation selbst in die Hand nehmen können. Von wetterfühligen Interpretationen. Warum manche ihre Erfolge beim Abnehmen mit Frankfurter Kranz feiern und manche gerade nicht. Wann ein Lob das Gegenteil bewirkt. Und wann Versuchsleiter zu Mitläufern werden.

Meine Oma hatte immer schon eine starke Meinung. In den siebziger Jahren fand sie die Entwicklung in der Nudelfabrikation grundsätzlich obszön. Um ihren Unmut öffentlich kundzutun, ging sie eines Tages, wie immer schwarz gewandet, in den Lübbecker Konsum, stöhnte und ließ sich zu Boden fallen. Meine beiden Tanten, die sie bei allem, was sie tat, begleiteten, mussten ihr Luft zufächeln, Riechsalz unter die Nase halten und gut zureden, bevor sie schließlich mühevoll wieder zu Sinnen kam. Dann machte sie den Supermarktleiter zur Schnecke: »Früher«, zeterte sie, »früher, gab es eine Sorte Nudeln, eine. Die war deutsch und mit Ei, und die hatte festgelegte Formen! Und heute?« Sie stöhnte bei jedem Wort. »Meter um Meter Nudeln! Ekelig! Widerlich! Dicke, dünne, runde, frische, italienische, österreichische, mit Ei, ohne Ei, aus Vollkorn, mit Karotten, ja, sogar mit Spinat! Teure, billige, liederlich ausgefranste … Wer soll die denn um Himmelswillen alle kaufen? Und woher soll man wissen, welche die richtigen sind? Wenn das so weitergeht, dann gute Nacht, Deutschland.« Erhob sich bzw. erstand aus einem schwarzen Stoffmorast, verschaffte sich wieder Halt bei den Tanten und ging mit einer Packung deutscher Eiernudeln unterm Arm nach Hause, nachdem sie dem armen Mann an der Kasse noch ein »Ich finde das obszön!« zugezischt hatte.

In einem Punkt hatte sie recht: Die heutige Fülle an Möglichkeiten in fast jedem Bereich ist unglaublich. Aber die wenigsten von uns überfordert das.

Sie machen es sicherlich wie ich, wenn Sie viel Pasta essen. Sie haben eine Marke, die Sie gerne mögen, greifen zielsicher nach Ihrer Lieblingssorte, packen sie in den Einkaufswagen, und damit hat es sich. Präferenzen für bestimmte Objekte sind in unserem Gedächtnis abgespeichert; sind sie aktiviert, sind wir imstande, aus einer Menge von Möglichkeiten mit traumwandlerischer Sicherheit das auszuwählen, was uns am liebsten ist. Und am Ende kaue ich zufrieden meine italienische Lieblingspasta, während meine Oma auf ihrem Gaumenknochen deutsche Nudeln zermanscht.

Auch was unsere Lebensgestaltung betrifft, haben wir heute eine unendlich große Auswahl. Tagtäglich stehen uns im Supermarkt der Ziele Hunderte zur Verfügung: Wollen wir eine Malerlehre beginnen oder doch lieber eine als Krankenpfleger? Wollen wir Mathematik studieren oder erst mal ein Jahr im Ausland verbringen? Gehen wir am Abend mit unseren Freunden einen trinken, oder legen wir uns lieber in die Badewanne? Streben wir eine Großfamilie an, oder wollen wir allein bleiben? Finden wir es wichtig, tolerant zu sein, oder organisieren wir uns in einer Gruppe gegen den Islam? Wollen wir, nachdem die Kinder aus dem Haus sind, einen Akrobatikkurs besuchen oder lieber einen in Gebärdensprache? Und was ist mit Kung Fu? Allein die Frage, für welche Ziele sich Menschen entscheiden, ist ein interessantes psychologisches Phänomen. Selbstmanagement beinhaltet das kluge Setzen von Prioritäten, so dass wir vor allem diejenigen Ziele verfolgen, die wir auch wirklich verfolgen wollen. Deshalb sollte unser Autopilot in dieser Vielfalt diejenigen erkennen, die uns wirklich wichtig sind. Er sollte selektiv diejenigen Dinge orten, die unseren Interessen gemäß sind, uns motivieren, sie und keine anderen zu verfolgen und die entsprechenden zielführenden Programme aktivieren. Wie aber macht er das, und was motiviert uns dabei?

E × W

Motivation ist ein Produkt aus Erwartung und Wert. Habe ich in einem Bereich eine hohe Erfolgserwartung und bedeutet mir eine Aufgabe sehr viel (= hoher Wert), dann werde ich ihr mehr Aufmerksamkeit widmen und mich entsprechend mehr anstrengen, wenn ich sie bewerkstellige. Die Tatsache zum Beispiel, dass ich gerne die Lieder für meine Chansonabende selbst schreibe, beruht unter anderem darauf, dass ich es *wichtig* finde, nicht allein Interpret zu sein, und dass mir das Komponieren *Spaß* macht. Es sind diese beiden Komponenten, die den *Wert* dieser Aufgabe bestimmen. Zudem wird meine Motivation dadurch gestützt, dass die Lieder gut bei meinem Publikum ankommen und mir Musikerkollegen und Kritiker Kompetenz zusprechen. Das führt bei mir zu der *Erwartung*, dass sie meine neuen Lieder auch mögen werden.

Daraus ergibt sich eine Art Multiplikation: Erwartung × Wert = Motivation. Keine Angst, diese Art von Mathematik ist sehr, sehr simpel. Nehmen wir an, Sie könnten auf einer Skala von »0 = nicht wertvoll« bis »100 = sehr wertvoll« bestimmen, wie wichtig, spaßig oder wertvoll Ihnen ein Ziel erscheint. Nehmen wir weiter an, das Komponieren von Liedern hat auch bei Ihnen persönlich einen ziemlich hohen Wert, so wie bei vielen in unserem Kulturkreis, sagen wir mal 80. Trotzdem komponieren Sie nicht unbedingt Lieder, was vermutlich an einer geringen Erfolgserwartung liegt. Wahrscheinlich denken Sie, »Ich könnte zwar etwas zu Papier bringen, aber ich denke nicht, dass das jemanden interessieren würde«. Oder: »Ich liebe Musik, aber komponieren, das kann ich sicherlich nicht.« Dementsprechend läge Ihre Erfolgserwartung auf einer Skala von »0 = überhaupt keine Erfolgserwartung« bis »100 = hohe Erfolgserwartung« bei null. Multiplizieren Sie 80 mit null, so ergibt das nach Adam Riese null. Und das ist exakt Ihre Motivation, ein Lied zu komponieren. Selbst wenn Sie denken, wie cool es wäre, selbst ein Lied zu schreiben, Sie werden es nicht tun.

So ergeht es uns mit vielen Dingen: Viele von uns fänden es toll, eine Goldmedaille bei den Olympischen Spielen zu gewinnen (Wert = ca. 95), aber deshalb fangen wir noch lange nicht damit an, jeden Tag knochenhart zu trainieren. Denn wir glauben, wir wären nicht talentiert genug (Erwartung = 0). Viele Menschen machen keine Diät, obwohl sie Schlanksein superklasse finden (Wert = ca. 90). Sie sind jedoch pessimistisch, ob sie bis zum Ende durchhalten würden, oder bezweifeln deren Wirksamkeit (Erwartung = 0). Und viele Menschen beginnen gar nicht erst damit, die Welt zu verändern, obwohl sie denken, dass dies dringend nötig wäre (Wert = ca. 95), weil sie nicht daran glauben, dass ein Einzelner irgendetwas bewirken kann (Erwartung = 0).

Nicht minder motiviert sind wir – trotz hoher Erwartungen –, wenn der Wert einer Aufgabe gleich null ist. So würden sich viele Menschen zutrauen, in einer Fabrik zu arbeiten. Ihre Erwartung, diese Aufgabe zur Zufriedenheit aller ausführen zu können, liegt sogar bei 100. Da es sich bei Fabrikarbeit jedoch um eine Tätigkeit handelt, die selbst Karl-Marx-Fans nicht wirklich attraktiv erscheint (Wert = 0), heuern sie dann doch nicht bei der nächstbesten Fabrik an (denn 100 × 0 = 0).

Eine hohe Motivation ergibt sich nur dann, wenn sowohl die Erwartung hoch ist als auch der Wert. Im Idealfall lautet die Gleichung: Erwartung 100 × Wert 100 = 10 000. Mit dieser Formel lässt sich relativ exakt vorhersagen, wie motiviert eine Person ist, etwas zu tun – oder auch nicht. Manchmal hat ein Mensch Zugang zu diesen Informationen, das heißt, ich kann ihn fragen, wie wichtig ihm bestimmte Ziele oder Objekte sind und welche Erfolgserwartungen er diesbezüglich hat. Manchmal allerdings entstehen Wert und Erwartung auch erst in der Situation, und sie sind ihm nicht bewusst. Ich werde dem Prinzip der Erwartung noch ein eigenes Kapitel (nämlich 8) widmen. Hier soll es um die Ingredienzen des Wertes eines Ziels gehen und die Fragen, warum und wann etwas für uns wertvoll ist und wie wir den Wert einer Handlung erhöhen können.

Vom Wert der Statistik

Wussten Sie eigentlich, dass man als Psychologiestudent in den ersten Semestern vor allem Statistik büffelt? Die braucht man nämlich, um die Ergebnisse aus einem Experiment auf die Zufallswahrscheinlichkeit hin untersuchen zu können. Finde ich etwa heraus, dass die 20 Versuchspersonen, die das Käse-Labyrinth von Seite 88 lösen mussten, im Schnitt 5,1 tolle Einfälle in einer Kreativitätsaufgabe haben, während die anderen 20 Probanden nach dem Eulen-Labyrinth durchschnittlich nur 4,0 kreative Einfälle haben, dann gilt es zu erforschen, ob dieser Unterschied tatsächlich Substanz hat und sich auch in anderen Labors wiederholen lässt. Schlecht wäre es, wenn ich in der Käse-Labyrinth-Gruppe ein Genie sitzen hätte, das gleich 25 kreative Lösungen aufgeschrieben hätte, während alle anderen Versuchsteilnehmer, egal in welcher Gruppe, vier abgeliefert hätten. Solche systematischen Ausreißer werden mit Hilfe der Statistik fair verrechnet. Im vorliegenden Fall würden wir von einem »nicht signifikanten Unterschied« sprechen, da ein Einzelner einen Unterschied bewirkt, dessen psychologische Prozesse sich nicht auf die Allgemeinheit übertragen lassen. Die Statistik, furztrocken wie sie ist, gibt uns einen Hinweis darauf, ob ein Unterschied systematisch ist oder auf Zufällen beruht.

Allerdings macht das Erlernen von Statistik den wenigsten Studenten Spaß. Schließlich entscheiden sich viele für Psychologie, weil sie das Menschliche durchdringen und Menschen helfen wollen. Und dann Mathe? Neun Kurse lang nichts als Zahlen und Formeln pauken?

Auch ich musste mich als Student aktiv motivieren, Statistik zu büffeln. Meine Unlust stieg von Woche zu Woche, und im zweiten Semester belegte ich zusätzlich Germanistik, Kunstgeschichte und Philosophie. Schon wollte ich die Psychologie zum Teufel schicken, da hatte ich plötzlich eine Idee für ein eigenes kleines Experiment. Ich fragte mich, ob Studierende bei lustigen Vorlesungen weniger lernten als in solchen, in denen die Vortragenden gänzlich auf Humor verzichteten. Es war mir aufgefallen, dass ich anfangs lieber in lustige Vorlesungen ging, dann aber schnell die Lust an ihnen verlor. Am Ende des Semesters hörte ich nur noch bei ernsten Professoren. Ich hatte den Eindruck, dass ich dort mehr lernte. War das generell der Fall, oder war dies allein mein subjektiver Eindruck?

Um dies herauszufinden, entwarf ich meinen ersten eigenen kleinen Versuchsplan, der damals freilich noch ziemlich primitiv war. Ich fragte zufällig ausgewählte Kommilitonen im Anschluss an ihre Vorlesungen, woran sie sich aus dem eben Gehörten erinnerten. Das Ergebnis war niederschmetternd. Die Leute hatten kaum etwas behalten, obwohl sie währenddessen konzentriert an ihren Stiften gekaut und von »Guten Morgen, liebe Studenten!« bis zu »Viel Erfolg beim weiteren Studieren!« jedes Wort mitgeschrieben hatten. Dabei, so schien es, blieben aus den ernsten Vorlesungen wenigstens einige wenige Einzelheiten bei den Studenten hängen, während sie sich aus den lustigen Vorlesungen vor allem die Witze gemerkt hatten, aber so gut wie gar keine inhaltlichen Details. Damit hatte ich Daten in der Hand, die ich fair analysieren wollte. Ich wollte wissen, wie bedeutsam diese Unterschiede waren, und kontaktierte dazu meine Statistikprofessoren. Ich glaube, sie fanden mich damals sehr putzig; sie schickten mich in die Bibliothek, damit ich mich intensiver mit Statistik beschäftigte. Interessanterweise wurden meine Noten von dem Moment an, wo ich ein eigenes Interesse an dieser zähen Materie entwickelt hatte, sichtlich besser. Obwohl die Studie letztlich keinerlei Schlüsse zuließ – dafür war sie zu unprofessionell durchgeführt worden –, hatte ich im Handumdrehen Statistik gelernt. Und ich hatte neue Fragen entwickelt: Wie lernen Leute eigentlich? Woran erinnern sie sich unter welchen Umständen? Und inwiefern werden Erinnerungen verfälscht? Dadurch stieg mein Interesse an der Psychologie – und mein weiteres Studium erledigte sich fast wie von selbst.

Innen oder außen

Ein persönliches Interesse an etwas zu entwickeln, eine intrinsische Motivation, ist etwas, was Leistungen ungemein beflügelt. Vielleicht erinnern Sie sich noch an die Sortierer aus den Chipsfabriken, die sich innere Motivation verschafften, indem sie nach Elvis-Chips Ausschau hielten. Natürlich kann der Wert einer Arbeit auch von außen erhöht werden, indem man beispielsweise entsprechende Belohnungen oder Strafen als Motivatoren einsetzt. So können bestimmte Studiengänge auch deswegen attraktiv sein, weil die Berufsaussichten gut oder die zu erwartenden Gehälter hoch sind. So mancher BWL-, Medizin- oder Jurastudent ist in erster Linie durch das Häuschen im Grünen, das er irgendwann einmal sein Eigen nennen wird, oder den Status, der mit seinem Beruf einhergeht, motiviert, sein Studium zu absolvieren. Konzentriert sich jemand vor allem auf das Ergebnis (die Arztpraxis, das Geld, die stolzen Eltern) und weniger auf die Tätigkeit selbst (Menschen zu helfen, Unternehmen zu beraten, juristische Zusammenhänge zu lernen), nennen wir die Motivierung extrinsisch, also »von außen« kommend. Gesellschaftliche Strukturen, Eltern, Lehrer, Freunde, Belohnungen und Bestrafungen können uns dazu motivieren, etwas zu tun, was wir »eigentlich« (d.h. ohne diese externen Motivatoren) nicht tun würden.

Natürlich sind die Begriffe »innen« und »außen« in diesem Kontext ein wenig schwammig, und in vielen Fällen ist es ungeheuer schwierig, die »eigene« Motivation von einer von außen beeinflussten abzugrenzen. Daher gibt es in der Psychologie auch eine sehr lebendige Diskussion darüber, was intrinsisch oder extrinsisch eigentlich genau bedeutet. Die meisten Werte und Einstellungen, die wir haben, entstehen schließlich im kulturellen Kontext. Die Tatsache etwa, dass wir nicht so gerne scharf essen oder Kricket nicht unbedingt der beliebteste Sport bei uns ist, hängt schließlich vor allem damit zusammen, dass uns der Klapperstorch nicht in Mexiko oder Australien abgeworfen hat.

Zudem ist es schwierig nachzuweisen, ob es überhaupt Werte gibt, die nicht von außen an uns herangetragen wurden. Wer kann schon genau sagen, ob das Interesse an einem Medizinstudium darauf zurückzuführen ist, dass jemand »einfach nur Menschen helfen« will, oder auf eine geschickte Erziehung ehrgeiziger Eltern (Arztkoffer mit sechs Jahren, ein Buch über Albert Schweitzer mit zehn etc.). Und wäre man auch Ärztin geworden, wenn Mediziner so bezahlt würden wie Friseure?

Edward Deci und Richard Ryan, die Meister auf dem Gebiet der intrinsischen Motivation sind, gehen wie viele andere Psychologen davon aus, dass Menschen Gruppentiere sind, die sich für die Werte ihrer Gemeinschaft einsetzen wollen. Da ein Mensch grundsätzlich ein Bedürfnis nach Selbstbestimmung hat, eignet er sich das Wertesystem der Gesellschaft an und integriert es in sein Selbst, so die beiden Forscher. Das führt dazu, dass er sich selbstbestimmt *fühlt*. Das Gefühl der Selbstbestimmung ist daher entscheidend dafür, ob ein Ziel intrinsisch ist oder nicht. Die Werte, die uns antreiben, wirken wie Verstärker unseres Handelns, sie motivieren uns, etwas zu tun und sogar in die Zukunft zu planen. Während Tiere sich neben ihren Trieben vor allem von sichtbaren Verstärkern leiten lassen – der Tiger läuft auf ein Kaninchen zu, sobald er es sieht, der Gamsbock giftet, sobald er einem anderen begegnet, diesen an – brauchen Menschen, wenn sie sich für eine Handlung entscheiden, keine externen Verstärker. Ihnen reicht ein internes, innerlich gefühltes Verlangen, etwas zu wollen, auch wenn es nicht direkt vor ihnen steht. Evolutionär gesehen bedeutet die Unabhängigkeit von einem äußeren Auslöser einen Vorteil, denn wir Menschen sind dadurch in der Lage, Durststrecken zu begreifen und durchzustehen und über das unmittelbar anstehende Ziel hinaus zu planen.

Leistung kommt von innen

Generell gilt: Je selbstbestimmter wir uns fühlen, desto besser sind wir. Wenn ein Kind den Eindruck hat, sich aus freien Stücken für den Russischkurs entschieden zu haben, wird es in besonders hohem Maße motiviert sein, die Sprache zu lernen. Es wird überdurchschnittlich gute Leistungen erbringen und sich darüber hinaus vielleicht für Russisch-CDs und die neueste Lern-Software für den Computer interessieren. Hat das Kind keine intrinsische Motivation entwickelt, weil es beispielsweise gegen seinen Willen von den Eltern dazu überredet wurde, können äußere Anreize es motivieren, etwa ein kleines Geschenk, wenn es eine gute Note geschrieben hat. Eine solche Belohnung fruchtet allerdings vor allem dann, wenn das Kind keine eigene Motivation mitbringt. Andernfalls, so haben Experimente gezeigt, kann die eigene Motivation durch Belohnungen korrumpiert werden. Wenn ein Kind gerne und mit großer Leichtigkeit Russisch lernt, plötzlich aber dafür belohnt wird, schließt es daraus, so als würde es sich selbst von außen beobachten: »Wenn mir jemand für das, was ich tue, etwas gibt, muss ich nicht unbedingt motiviert sein, es zu tun.« Der Wert der Aufgabe sinkt, die Motivation nimmt ab. Es ist wenig wahrscheinlich, dass ein

Kind Ihnen solche Motivationsveränderungen und die Gründe dafür genau darlegen kann, denn auch diese Gedankenschleifen sind uns nicht immer bewusst.

Dieser Korrumpierungseffekt wurde in vielen Studien nachgewiesen, aber er hat auch seine Grenzen. Externe Verstärker bewirken nicht immer das Gegenteil, und so haben Gehaltserhöhungen, Schulterklopfen oder liebe Aufmerksamkeiten als Motivatoren durchaus ihren Nutzen. Die Wirkung solcher externen Verstärker kann erhöht werden, wenn man uns selbst an ihrer Höhe demokratisch mitwirken lässt. Ein Fabrikarbeiter, der mit darauf Einfluss gehabt hat, wie er und die anderen bezahlt werden, ist auch bei guter Bezahlung hoch motiviert. Weil er das Gefühl hat, die Motivatoren in der Organisation mit zu kontrollieren, erlebt er sich wenigstens zum Teil als selbstbestimmt. Wird ohne Mitspracherecht der Angestellten über eine Gehaltserhöhung entschieden, liegt der Schluss nahe, dass die Motivierung allein von außen kommt.

Paradoxerweise darf die Belohnung nicht direkt auf eine Leistung folgen. Folgt sie der Leistung auf den Fuß, schließt der Empfänger daraus, dass man ohne eigentlich keine Lust auf die Aufgabe hatte, und es wird ein eher demotivierender Bezug zwischen Arbeit und Belohnung hergestellt. Aber ein gutes Gehalt korrumpiert die Motivation nicht unter allen Umständen: Schließlich werden Gehälter in den meisten Berufen monatlich gezahlt und sind damit zeitlich unabhängig von einer Leistung. Dazu kommt, dass der Bonus häufig inhaltlich unabhängig von einer Einzelleistung ist. Hohe Löhne können deshalb positive Effekte zeitigen. Wichtig ist allein, dass die Belohnten eine Einzelleistung vom Lohn unterscheiden, in dem Sinne: »Ich habe auch ohne Belohnung gut gearbeitet, mein Gehalt kriege ich ja sowieso. Ich muss also motiviert sein.« Das Problem an zeitnaher und inhaltlich stark bezogener Belohnung ist, dass man nicht mehr genau auseinanderhalten kann, was einen motiviert, man selbst oder ein Anreiz von außen.

Hört sich kompliziert an? Ist es aber nicht. Wir alle kennen eine alltägliche Situation, bei der wir dies alles, ohne groß nachzudenken, vollkommen richtig machen: beim Sex. Oder haben Sie schon einmal direkt nach einer Liebesnacht ein Geschenk gemacht? Natürlich nicht. Man würde sich ja wie eine Prostituierte vorkommen, wenn dem Orgasmus sofort die lang ersehnte Einbauküche oder der Porsche folgte. Die Weisheit, »Schenke nicht in unmittelbarer zeitlicher Nähe zum Akt, der an sich Spaß macht«, spiegelt unser intuitives Verständnis um den Korrumpierungseffekt wider.

Anfeuern statt Kneten

Wie Decy und Ryan gezeigt haben, gibt es eine Form von Verstärkung, die durchaus gleichzeitig mit der Leistung erfolgen kann, ohne dass man Motivation einbüßt: das Anfeuern. In ihrem Experiment haben sie die intrinsische Motivation aus der Zeit erschlossen, die Versuchsteilnehmer freiwillig mit einer Aufgabe verbrachten, an der sie vorher schon gearbeitet hatten. Die Versuchsleiter hatten die Teilnehmer gebeten, ein Puzzle zu legen, und sie dabei entweder angefeuert oder mit Dollars belohnt. Eine Kontrollgruppe wurde nicht belohnt. Nachdem die Probanden diese Aufgaben zu Ende geführt hatten, verließ der Versuchsleiter den Raum. Die Versuchspersonen bat er, noch ein bisschen zu warten und in der Zeit zu machen, was sie wollten. Neben Magazinen, Spielen und anderen Dingen lag auch noch das Puzzle im Labor herum. Durch eine Einwegscheibe beobachteten die Versuchsleiter, ob und wie lange sich die Probanden aus eigenem Antrieb mit dem Puzzle beschäftigen würden. Es zeigte sich: Waren sie vorher angefeuert worden, spielten sie länger damit als Versuchsteilnehmer der Kontrollgruppe, die überhaupt nicht motiviert worden waren. Am wenigsten griffen aber die Versuchspersonen zu dem Spiel, die mit Dollars für ihre Leistungen belohnt worden waren. Während hier also der typische Korrumpierungseffekt eintrat, erhöhten verbale Verstärkungen, die wohlgemerkt ja ebenfalls von außen kommen, die Motivation.

Die Schlussfolgerung: »Ich werde belohnt, also bin ich nicht motiviert«, wurde in diesem Fall offensichtlich ausgehebelt. Letztlich macht der Versuchsleiter nichts anderes als die Versuchsperson selbst, denn auch wir sprechen uns bei guten Leistungen ja selbst zu. Wie der Versuchsleiter finden auch wir, dass wir das »super, toll, gut gemacht« haben. Und so liegt die Schlussfolgerung nahe: »Der sagt dasselbe, was ich denke – und das bedeutet nicht, dass ich nicht motiviert bin – im Gegenteil, es spiegelt meine eigene Begeisterung wider!« Der Unterschied zwischen externer Verstärkung und innerem Anfeuern verwischt hier also. Eine Belohnung durch Geld dagegen wirkt als Motivationsbremse, weil man sich selten selbst durch Geld motiviert.

Man kann solche »Grauzonen« nutzen, denn ideal wäre es, wenn der andere motiviert wird, ohne sich von außen korrumpiert zu fühlen. Äußere Motivierung verwischt ebenfalls mit der eigenen, wenn man das Gruppentier Mensch darauf hinweist, dass seine Leistung Teil einer Gesamtleistung ist und einem gemeinsamen Wertesystem entspricht. Wollen Sie die Freude Ihres Kindes am Russischunterricht aufrechterhalten, reicht es, wenn Sie sich mit ihm gemeinsam über seine Erfolge freuen und darauf hinweisen, dass sein Handeln wunderbar in die Wertestruktur der Familie passt: »Wir (also auch du) finden das in unserer Familie toll!« Auch in diesem Fall entsteht das gute Gefühl, die Aufgabe aus freien Stücken gemeistert zu haben, denn man selbst ist ja auch »wir«. Dies ist vor allem dann der Fall, wenn das Kind stolz auf seine Familie ist, denn dann beinhaltet »wir wollen« auch häufig »ich will«. Dieses Prinzip lässt sich auch auf Betriebe übertragen: Wenn »ich« ein Teil von »uns« ist (was, wie oben beschrieben, meistens Selbstbestimmung voraussetzt), dann will ich auch, was die anderen wollen. In einem solchen Fall verwischen die Grenzen zwischen mir und den anderen und damit auch die Grenzen zwischen dem, was ich will, und dem, wozu mich die anderen bringen wollen. »Das haben wir gut gemacht« verringert Korrumpierungseffekte.

Weitere Verwirrungen durch Sonneneinfluss

Aus der Urteilsforschung ist bekannt, dass positive Empfindungen oder Gefühle auf Personen und Objekte abfärben. Ist man guter Laune, mag man einen Fremden tendenziell lieber, lässt sich eher dazu verleiten, etwas zu kaufen, und sieht die Welt insgesamt positiver. Dieser Effekt kann jedoch verschwinden, wenn man die Leute auf die Ursache ihrer Stimmung aufmerksam macht. So haben Norbert Schwarz und Jerry Clore in einem berühmten Experiment Menschen jeweils an einem Regentag und an einem Sonnentag angerufen und sie nach ihrer allgemeinen Lebenszufriedenheit gefragt. Zweifelsohne hatte diese Frage nichts mit dem Wetter zu tun. Und trotzdem fanden die Psychologen einen Wettereffekt. Schien draußen die Sonne, empfanden die Angerufenen ihr Leben als lebenswerter als bei regnerischem Wetter. Offensichtlich floss die Stimmung, in der sie sich jeweils befanden, ungefiltert und ungewollt in das Urteil mit ein.

Generell ist Stimmung ja durchaus ein Indikator für die eigene Zufriedenheit. So ist es nicht ungewöhnlich, wenn man sie, nach seiner Befindlichkeit befragt, zurate zieht. Wird die Stimmung jedoch durch etwas verursacht, was nichts mit dem Leben im Allgemeinen zu tun hat, dann verzerrt sie das Urteil. Jemand, der sich allein bei schönem Wetter gut fühlt und dann antwortet: »Ich bin mit meinem Leben zufrieden«, der hat die Quelle seiner Stimmung nicht wirklich erkannt. Er verkennt, dass die gegenwärtige Stimmung gar nicht auf dem Umstand beruht, dass er mit seinem Leben zufrieden ist, sondern an diesem Tag allein der Sonne geschuldet ist. Könnte gut sein, dass er im Allgemeinen mit seinem Leben eher unglücklich ist, nur eben nicht an sonnigen Tagen. Ein kleiner Hinweis auf das Wetter müsste es ihm dann ermöglichen, die Quelle seiner Stimmung zu erkennen. Und dies war auch der Fall, wenn die Wissenschaftler, kurz bevor sie sich nach der Lebenszufriedenheit ihrer Probanden erkundigten, ausdrücklich danach fragten: »Oh, sagen Sie mal, wie ist denn eigentlich das Wetter bei Ihnen?« Dann nämlich stellte sich kein Wettereffekt ein. Ein leichter, subtiler Hinweis reicht also schon aus, um die momentane Stimmung, in der jemand ist, nicht in sein Urteil einfließen zu lassen.

Empfindungen spielen auch bei der Motivation eine Rolle. So können Handlungen durch positive Anreize von außen, die nicht unterscheidbar von der eigenen Motivation sind, attraktiver erscheinen. Ruud Custers und Henk Aarts haben in ihren Experimenten solche Situationen nachgestellt. Sie ließen Handlungen mit relativ neutraler Wertigkeit wie »sich umkleiden«, »umziehen« und »studieren« so kurz über einen Computerbildschirm flimmern, dass die Versuchsteilnehmer sie nicht bewusst lesen konnten. Kurz nach jeder Handlung wurden entweder positive oder neutrale Wörter, die nichts mit den Handlungen zu tun hatten (wie »nett«, »lustig«, »gut«, »Sonne«, oder »angenehm« im Gegensatz zu »weiterhin«, »daher«, oder »schließlich«), so lange eingeblendet, dass sie lesbar waren. Neutrale Handlungen wurden also mit positiven oder neutralen Begriffen konditioniert.

Da die Handlungen unter der Bewusstseinsschwelle dargeboten wurden, hatten die Versuchspersonen keine Chance, den Einfluss der positiven Empfindung, die positive Wörter auszulösen imstande sind, auszumachen. Wurden die Versuchsteilnehmer später gefragt, wie gerne sie die – nun lesbar dargebotenen – Aktivitäten angehen würden, färbte die Positivität der damit gekoppelten Wörter deutlich ab: Sie hatten zum Beispiel eher Lust darauf, umzuziehen, wenn das Verb mit »Sonne« statt mit einem neutralen Wort wie »weiterhin« gekoppelt worden war.

Offensichtlich kann man Handlungen positiv konditionieren. Dies ist auch einer der Gründe dafür, warum sich schöne und freundliche Arbeitsumgebungen, eine gute Stimmung und nette Kollegen indirekt, aber dadurch eben sehr nachdrücklich auf unsere Motivation und die Leistung auswirken. Positive Empfindungen, die ausgelöst werden, ohne dass man sie von der Arbeit oder Handlung unterscheiden kann, erhöhen den Wert einer Aktivität. Werden Verstärker in zeitlichem Zusammenhang zu einer Handlung gegeben, dann sollte das also möglichst subtil geschehen. Sonst können, wie wir oben gesehen haben, Korrumpierungseffekte auftreten.

Selbst ist der Mann

Natürlich kann man sich auch selbst belohnen. Ich tue das manchmal nach anstrengenden, stressigen Tagen – so wie heute, wo ich zur Begutachtung eines Forschungsprojektes fahren musste, stundenlang in einem viel zu heißen Zug saß und sich das Ganze als furchtbar langweilig und anstrengend herausstellte. Nach einem solchen Tag gibt es nichts Schöneres, als durch Amsterdam zu laufen, in die lachenden Gesichter der Menschen zu schauen und sich einen japanischen Pfannkuchen zu gönnen. Und wenn ich dann noch an meinem Buch weiterschreiben kann, wird ein herrlicher Tag daraus! Solche Aussichten tragen einen durch manches tiefe Tal.

Da es oftmals schwierig ist zu sagen, ob man etwas aufgrund intrinsischer oder extrinsischer Motivierung tut, ist der Verzicht auf solche Belohnungen ein interessanter Hinweis darauf, was man tief in seinem Inneren eigentlich will. Ich habe mich früher abends oft mit üppigen, fleischreichen Kochorgien belohnt, zu denen auch das ein oder andere Glas Wein gehörte. Letztes Jahr hatte ich einen Gichtknoten am Finger, und mit einem Mal musste ich meine Ernährung umstellen: kein Fleisch, kein Fisch, kein Alkohol. Von da an trank ich abends Tee und versuchte mich an neuen Gerichten, von denen ich bis jetzt noch nicht so recht überzeugt bin – für einen eingefleischten Würstchenesser sind Zucchini mit Ricotta oder Nudeln mit Gorgonzolasauce nicht wirklich ein Ersatz.

Und ich habe gemerkt, dass mir bestimmte Aufgaben keinen Spaß mehr machten. Mit anderen Worten: Offensichtlich hatte ich für manche Dinge die Aussicht auf eines meiner Lieblingsessen gebraucht, um sie überhaupt anzugehen. Andere dagegen tat ich genauso gern wie früher, und dies waren offensichtlich jene, für die ich intrinsisch motiviert war. Lassen Sie, falls das geht, die Belohnungen, die Sie sich selbst verordnen, eine Zeit lang weg, und schauen Sie, was Sie auch ohne gerne tun! Wenn Sie herausgefunden haben, welche Aufgaben Sie aus freien Stücken und mit Freude angehen, sollten Sie versuchen, ihnen noch mehr Zeit und Aufmerksamkeit zu widmen, sodass letztendlich das Programm so sicher sitzt, dass selbst der Autopilot routiniert darauf Kurs nimmt. Denn es sind vermutlich die Tätigkeiten, die Sie wirklich gut können und die Ihnen gut tun. Im Umkehrschluss überlegen Sie sich, ob Sie sich nicht bestimmter Aufgaben entledigen können, die Sie nur tun, weil Ihnen eine Belohnung winkt. Und wenn Sie das nicht können, weil es sich dabei um Verpflichtungen handelt, dann setzen Sie ruhig weiterhin geeignete Belohnungen ein, um ihren Wert zu erhöhen und sich selbst zu motivieren.

Es muss (ein wenig) wehtun

Menschen mögen Herausforderungen. Sie bevorzugen Aufgaben »mittleren Schwierigkeitsgrades«, also solche, die nicht zu leicht, andererseits aber auch nicht unlösbar sind. Und sie schlussfolgern aus ihrer Anstrengung, ob sie etwas gerne mögen oder nicht: Habe ich Arbeit in etwas gesteckt, hat mich etwas

Mühe, Aufwand und Zeit gekostet, ohne dass ich extern dafür belohnt wurde, dann muss ich interessiert daran gewesen sein. Das Interesse, und damit der Wert einer Aufgabe, ist dann am höchsten, wenn sie nicht zu leicht und nicht zu schwierig ist.

Die katholischen Christen wissen das schon lange. Wenn ich den Jakobsweg bis an sein Ende gegangen bin und dabei Muskelkater, Regen, Tieren in den Betten und anderen Schwierigkeiten getrotzt habe, dann muss mir die Sache etwas wert gewesen sein. Und wenn ich so viel investiert habe, dann muss ich sicher keine Zweifel an meinem Glauben haben. Manchmal erschweren Katholiken kürzere Wallfahrten, die ihnen möglicherweise zu leicht erscheinen, indem sie Erbsen in ihre Schuhe stecken. Vordergründig mögen sie dies tun, um sich für etwas zu bestrafen, aber unbewusst wirkt sich dies auch auf die Bewertung der Tätigkeit aus: Was schwer fällt, muss Dir wichtig sein. Wenn Du solche Qualen auf dich nimmst, dann musst du motiviert sein. Dadurch dass man bestimmte Handlungen erschwert, werden sie wertvoller. Ein Prinzip, von dem tatsächlich viel zu wenig Gebrauch gemacht wird.

Sehen Erzieher bei Kindern eine geringe Motivation, etwas zu tun, vereinfachen sie häufig die Aufgaben. Quizsendungen im Fernsehen, bei denen man etwas gewinnen kann, spiegeln dasselbe Unwissen über diesen Effekt wider. Gestern konnte man in einer Show ein Auto gewinnen, wenn man folgende Frage richtig beantwortete: »Wird Musik in einem Tonstudio oder in einem Kochstudio aufgenommen?« Wer ruft denn bei so etwas an? Und wer findet schon einen Club gut, den man einfach so betreten kann, ohne eine Stunde lang zu bangen, ob der Türsteher einen reinlässt oder nicht? In Amsterdam gibt es eine Reihe von Bars, die man von außen gar nicht als solche erkennt. Man muss sich also erst mal mühsam erkundigen. Dann muss man in solchen Bars reservieren! Kein Scherz! Und selbst dann muss man noch die Türsteherin passieren. Nimmt man das alles in Kauf, muss man schon richtig Lust auf einen

Abend in einem solchen Lokal haben. Man muss intrinsisch motiviert sein.

Anstrengung ist eine Basis für Schlussfolgerungen hinsichtlich intrinsischer Motivation. Wiederum scheinen wir uns selbst zu beobachten, um dann aus unserem Verhalten zu schließen: »Das war schwierig, aber ich habe es trotzdem gemacht, also muss es mir das wert gewesen sein.« Der letzte Kausalzusammenhang ist spannend, weil man die Aufgabenschwierigkeit ja von außen fast unmerklich erhöhen kann, was aber dazu führt, dass sich Menschen plötzlich mehr für etwas interessieren. Also: Je schwieriger das Rätsel der TV-Show, desto größer das Interesse der Zuschauer, mitzumachen und anzurufen!

Nira Liberman und ich haben kürzlich gezeigt, dass die Schwierigkeit bei einer Entscheidung die Attraktivität von zwei positiven Alternativen erhöhen kann. Die Idee kam uns vor zehn Jahren bei einer Preisverleihung für die beste Doktorarbeit, bei der Nira leider nur den zweiten Platz geholt hat. Während die Gewinnerin ihre Rede hielt, kam ein Jurymitglied auf Nira zu, legte seine Hand auf ihre Schulter und sagte: »Nira, die Entscheidung ist uns sehr schwer gefallen.« Was er vermutlich damit sagen wollte, ist: Die beiden Alternativen lagen sehr dicht beieinander, und sowohl Platz eins als auch Platz zwei waren einfach klasse.

In einer Serie von Experimenten profitierten wir von dieser Beobachtung. Wir baten Versuchsteilnehmer, sich zwischen zwei Alternativen – etwa einem Kreativitätstest und einem Intelligenztest – zu entscheiden. Dabei spielten wir ihnen Musik vor oder versprühten Düfte im Labor und legten ihnen nahe, dass dies ihre Entscheidung erleichtere oder erschwere. Tatsächlich hatte dieser Eingriff den gewünschten Effekt: Versuchspersonen empfanden die Entscheidungsaufgabe als unterschiedlich schwierig. Zudem konnten wir unsere Hypothese belegen, dass diejenigen, die sich schwer mit der Entscheidung taten, beide Alternativen ziemlich attraktiv fanden. Diejenigen, denen die Entscheidung leichtgefallen war, fanden die gewählte Alternative sehr attraktiv, die abgewählte hingegen gar nicht.

Diese Logik kann man sich im Alltag zu Nutze machen. Wenn ein Verkäufer dem Kunden gegenüber die Entscheidung zwischen zwei Pullovern erschwert, kann es durchaus sein, dass er damit die Attraktivität beider Pullover erhöht. Und selbst wenn der Kunde dann einen ausgewählt hat, wird ihm der andere, gegen den er sich ja schweren Herzens entschieden hat, noch länger im Kopf herumschwirren. Schließlich haben ihm beide Pullover gefallen. Es ist deswegen nicht unwahrscheinlich, dass er am Tag darauf noch einmal zu dem Geschäft hasten wird, um sich auch den zweiten Pulli zu kaufen. Hätte der Verkäufer ihm die Entscheidung leichter gemacht, wäre das vermutlich nicht passiert.

Dieser Effekt tritt jedoch nur dann ein, wenn man sich die zweite Alternative, hier das zweite Kleidungsstück, noch leisten kann – bei Konsumentscheidungen ja nicht ungewöhnlich. Hat man letztlich nur das Geld für einen Pulli, greift das hedonistische Prinzip: Da der Hedonist immer die beste Entscheidung fällt, wertet er gerne im Nachhinein die nicht gewählte Alternative ab. Geht also mit einem Pulli nach Hause und sagt sich: »Der ist aber auch schön!«, und ist froh, den anderen, der in seiner Erinnerung immer mehr an Attraktivität verliert, nicht genommen zu haben.

Auszeit oder »Nun mal los«?

Wir Menschen interpretieren also unser Verhalten und entwickeln als Folge davon ein weiteres Interesse für ein bestimmtes Ziel. Strenge ich mich an? Dann muss ich ja motiviert sein. Fühlt es sich gut an? Dann muss ich es ja mögen. Dabei beziehen wir Stimmungen und Gefühle, die uns gerade zur Verfügung stehen, mit ein. Außerdem spielt eine Rolle, wie wir einen Erfolg oder Teilerfolg bewerten.

Und damit sind wir bei der Forschung von Ayelet Fishbach angekommen, einer der umtriebigsten Wissenschaftlerinnen meiner Generation. Fishbach ist ständig unterwegs, düst von einem amerikanischen Großkonzern zum anderen, um den Unternehmensspitzen Nachhilfe in Motivation zu geben, und lässt keinen internationalen Kongress aus. Vermutlich, so will es die Gerüchteküche, hat sie auch Obama beraten, denn die beiden kennen sich aus Chicago, wo ihre Kinder auf dieselbe Schule gingen.

Fishbach hat sich viel mit dem inneren Schweinehund in uns beschäftigt und damit, wie man ihn überwinden kann. Mit anderen Worten: Sie hat sich so präsidentiellen Fragen gewidmet, ob und wie man sich morgens um fünf aus den Federn kämpft, obwohl man absolut keinen Bock auf ein Treffen mit Angela Merkel hat und eigentlich lieber mit dem allergiefreien Präsidentenpudel spielen will. Mit solchen Situationen der Selbstkontrolle und Disziplin werden wir uns vor allem in Prinzip 9 befassen. Eine wichtige Unterscheidung, die allgemein für unsere Motivation von Bedeutung ist, sei hier aber schon mal vorweggenommen.

Nehmen wir an, Sie haben sich nun endlich dazu aufgerafft, regelmäßig ins Fitnessstudio zu gehen. Nehmen wir an, Sie haben das Ziel, fünf Kilo abzunehmen. Und nehmen wir an, nach zwei Monaten sind drei Kilo runter und Ihr Fitnesstrainer sagt: »Klasse, weiter so, das ist ja fantastisch!« Fishbach beobachtet, dass manche Menschen sich nach dem Erreichen solcher Teilerfolge noch mehr anstrengen. Sie halten sich dann noch strikter an den Trainingsplan, achten noch ernsthafter auf ihre Ernährung, lesen ein drittes Buch zum Thema und haben einige Monate später ihr großes Ziel erreicht. Andere, so Fishbach, freuen sich über das positive Feedback zu ihrem neuen Gewicht (»Super, das ist ja schon mehr als die Hälfte!«) und sitzen eine Stunde später im Stadtcafé Rubino vor einem Stück Frankfurter Kranz und einer heißen Schokolade mit Sahne.

Fishbach argumentiert, dass Menschen einen Teilerfolg unterschiedlich interpretieren. Die einen bewerten ihren Fortschritt

(»Super, das ist ja schon ein toller Erfolg!«), die anderen das Ziel (»Wow, drei Kilo weniger, hätte gar nicht gedacht, wie wichtig mir das Ziel ist.«). Wenn man an den erreichten Fortschritt denkt, kann es passieren, dass man sich in dem Teilerfolg sonnt und das eigentliche Ziel aus den Augen verliert. In diesem Falle nehmen sich Menschen gerne eine Auszeit. Schließlich hat man alle Zeit der Welt und gönnt sich ja sonst nix – im wahrsten Sinne des Wortes. Schließt man allerdings aus dem Erfolg, dass einem das Ziel sehr wichtig ist, dann motiviert es einen sogar noch mehr als vorher. Eine solche Interpretation fördert Verhaltensweisen, die zum Ziel hinführen.

Generell findet Fishbach, dass Zielbewertungen motivierender sind als Fortschrittsbewertungen. Aber – Sie ahnen schon, worauf ich hinauswill – in der Selbstregulation ist, je nach Situation, mal die eine, mal die andere Interpretation besser. So haben Zielbewertungen vor allem bei Erfolgen einen Vorteil. Bei Misserfolgen trifft genau das Gegenteil zu. Nehmen wir an, ich höre von meinem Fitnesstrainer: »Auweia, wie lange sind Sie hier? Was? Einen Monat schon? Zwei Monate sogar? Und haben erst drei Kilo abgenommen? Was essen Sie denn? Jeden Abend Chips und Torte?« Ein Zielbewerter würde daraus schließen: »Ich scheine ja nicht richtig motiviert zu sein, abzunehmen. Wäre es mir wichtig, hätte ich mich wohl mehr angestrengt.« Er glaubt, dass das Ziel ihm nichts bedeutet, es entschwindet seinem Gedächtnis, und er geht Torte essen. Die Fortschrittsbewerter hingegen haben in dieser Situation einen klaren motivationalen Vorteil, sie können sich nicht zurücklehnen. Sie sagen sich: »Jetzt aber mal weiter ran, sonst wird das nie was!«

Bei Fortschritts- oder Zielbewertern handelt es sich nicht um zwei grundsätzlich verschiedene Persönlichkeitstypen. Vielmehr ist jeder von uns mal der eine, mal der andere. Daher kann jeder von uns das Wissen um diese beiden Möglichkeiten der Interpretation flexibel nutzen, um mit Teil- oder Misserfolgen besser umzugehen oder aber um andere zu motivieren. »Toll, klasse, das hast du ja schon halb geschafft!,« wird ein Kind nicht gerade motivieren; vielmehr sollte man darauf verweisen, was die bisherige Leistung für das Ziel bedeutet, nämlich dass es wichtig ist: »Ist das nicht toll, dass du jetzt schon die Vergangenheitsformen im Russischen beherrschst? Nicht alle Kinder finden Russisch so toll wie du, aber sie wissen ja auch gar nicht, was ihnen da entgeht!« Damit haben Sie sowohl gelobt, als auch nahegelegt, dass das Ziel wichtig ist. Im Misserfolgsfall sollte man betonen, dass man einfach noch mehr tun muss, um das Ziel zu erreichen, ohne es aber grundsätzlich in Frage zu stellen. Entscheidend ist, zu wissen, dass einem diese Interpretationen jederzeit zur Verfügung stehen. In den meisten Fällen sind beide möglich, man kann sich die beste, am meisten motivierende heraussuchen. Es gibt keine Wahrheit. Man schafft sie sich selbst.

Vom Schön- und Schlechtreden

Meine Oma schaffte es, meinem Bruder jeden Erfolg kaputt zu reden. Während ich ihr Lieblingsenkel war – sie nannte mich immer »der gute Junge« –, konnte sie meinen Bruder Uli nicht ab. Der Arme verbrachte seine Besuche bei ihr immer unter dem Esstisch, um ihren Kniffen zu entgehen. Meine Großmutter hatte zeit ihres Lebens zwei Zentimeter lange Fingernägel, und niemand hat sie sie je schneiden sehen. Uli konnte machen, was er wollte, alles war falsch, immer wurde er durch ihre Krallenhände bestraft. Besiegte ich ihn im Memory, schrie meine Omi entzückt: »Unglaublich, der wird mal Professor!« Und ich bekam ein Mimosen-Ei*. Wenn Uli gewann, hieß es: »Glück gehabt.«

* Die sind, glaube ich, ausgestorben. Man halbiert ein gekochtes Ei, schmiert Teewurst in die Höhle und krümelt das Eigelb wieder darauf, sodass es nach Mimosen aussieht. Ein typischer 70er-Jahre-Partyknaller.

Oder: »Haste wohl gemogelt!« Oder: »Da hat dich dein Bruder, der gute Junge, gewinnen lassen!« Erfolg war plötzlich keiner mehr. Verständlicherweise entwickelte mein Bruder, obwohl er bei manchen Spielen gewann und dann auch ein Mimosen-Ei bekam (natürlich aus »Mitleid«), kein großes Interesse an den Spielen, die wir bei meiner Omi machten. Er hasste die Besuche bei ihr. Wie man sieht, lässt sich selbst ein Erfolg so interpretieren, dass man danach in Tränen ausbricht. Und dann motiviert er natürlich nicht.

In Prinzip 2 war schon einmal die Rede davon, dass man Erfolg entweder generell auf sich selbst beziehen kann, dann wirkt er motivierend; legt man ihm externe Faktoren zu Grunde, also Dinge wie Glück, bestimmte Umstände, Hilfe durch andere, die man nicht selbst in der Hand hat, bleibt die positive Motivierung aus. Ähnliches gilt, wenn wir Zweifel an der Echtheit eines Feedbacks haben. Haben wir den Eindruck, unser Chef ist nach einem Motivationstraining besonders aufmunternd zu uns, lässt sich das leicht damit erklären: »Naja, das hat er ja auch gerade gelernt.« Dasselbe geschieht, wenn jemand nach dem Gießkannenprinzip positives Feedback ausschüttet. Und wenn wir denken, dass wir nur gelobt werden, weil der andere etwas im Schilde führt, wirkt es ebenfalls nicht. Lob muss authentisch rüberkommen, nur dann beziehen wir es auch auf unsere eigene Leistung.

Wie die Forschung von Jennifer Crocker eindrucksvoll zeigt, kann der Effekt besonders dramatisch sein, wenn Minderheiten oder benachteiligte Menschen gelobt werden. In ihren Experimenten wurden schwarze Versuchsteilnehmer von weißen Versuchsleitern gelobt. In der einen Versuchsgruppe hatten die schwarzen Versuchspersonen Augenkontakt mit den weißen Versuchsleitern; in der anderen gab es keinerlei Kontakt, und die Probanden hatten den Eindruck, der Versuchsleiter wüsste nichts über alle Teilnehmer außer das Ergebnis eines Tests, den sie durchführen sollten. Nachdem das Resultat feststand, bekamen alle Versuchsteilnehmer das gleiche Lob. Die Ergebnisse zeigten, dass bei denjenigen Schwarzen, die dachten, sie würden quasi anonym und nur nach Leistung beurteilt, der Selbstwert stieg. Bei denjenigen hingegen, die von den weißen Beurteilern gesehen wurden, sank der Selbstwert – obwohl sie gelobt worden waren. Sie dachten offenbar, dass der Weiße sie nur aus Mitleid, Freundlichkeit oder politischer Korrektheit mit Lob bedacht hatte.

In zwei weiteren Gruppen erhielten die schwarzen Versuchsteilnehmer von einem weißen Versuchsleiter negatives Feedback, teils anonymisiert, teils direkt. Und auch hier war zu beobachten: Negatives Feedback, das von einem Weißen kam, von dem die Probanden wussten, dass ihm ihre Hautfarbe bekannt war, wurde von ihnen nicht ernst genommen. Ihr Selbstwert sank trotz negativer Rückmeldung nicht. Jedoch sank der Selbstwert bei denen, die glaubten, fair, sozusagen »farbenblind« beurteilt worden zu sein.

Die Ergebnisse von Crocker zeigen, wie schwierig es ist, Menschen zu motivieren, deren Grundvertrauen durch jahrelange Diskriminierungen zerstört worden ist. In einem solchen Fall muss das Vertrauen sowohl in den Beurteiler als auch in das Feedback erst langsam aufgebaut werden. Nur eine Atmosphäre gegenseitiger Wertschätzung kann ungewollte Interpretationen verhindern. Zudem hilft es, Lob und Tadel so konkret wie möglich zu formulieren, sodass wenig Raum für ungewünschte Interpretationen bleibt.

Allgemeiner Wertzuwachs?

Schon in Prinzip 3 hatte ich anklingen lassen, dass der Wert eines Zieles mit der Nähe der Zielerreichung zunimmt. Je näher wir einem Ziel sind, umso mehr Energie investieren wir, um es zu erreichen. Während wir drei Wochen vor dem Examen noch relaxt unsere Bücher zusammensuchen, wächst eine Woche vor dem Prüfungstermin unser Arbeitspensum mit jedem Tag ebenso wie die Freude darüber, dass es bald hinter uns liegt. Gleichzeitig nimmt die Angst zu versagen zu. Schließlich, am Abend vor dem Examen, strengen wir uns noch einmal so richtig an, versuchen früh schlafen zu gehen und uns vorher die wichtigsten Dinge noch einmal anzusehen. Mit anderen Worten: Wir optimieren unseren Energieaufwand: Das Ansteigen unserer Motivation, je näher wir unserem Ziel kommen, ist ein wichtiger selbstregulatorischer Akt.

Nira Liberman und ich haben dieses klassische Phänomen genauer unter die Lupe genommen. Wie ich in Prinzip 4 gezeigt habe, denken Menschen über ihre Zukunft relativ abstrakt nach; alles, was die Gegenwart betrifft, ist dagegen relativ konkret. Das heißt: Konkrete Aspekte rücken mit der Zeit näher, und abstrakte Aspekte rücken in den Hintergrund. Sind konkrete Ziele also auch motivierender, je näher man ihnen kommt?

Untersuchungsmarathon

Um das herauszufinden, schrieben wir in Bremen Laufgruppen an und fragten, ob sie bereit wären, an einer Untersuchung zur Motivation teilzunehmen. Einige Läufer ließen sich auf das Experiment ein. In einem ersten Gespräch baten wir die Versuchsteilnehmer, uns zu sagen, warum sie bei der Laufgruppe waren. Einige hatten relativ konkrete Ziele wie »10 Pfund in einem halben Jahr verlieren« oder »500 Kalorien per Lauf verbrennen«. Andere nannten abstrakte Ziele wie »Gesundheit verbessern« oder »etwas für mich tun«. Da abstraktere Ziele, wie wir in Prinzip 4 gehört haben, in der Zukunft liegen, so argumentierten wir, würden diese Läufer ihre motivierende Kraft mit der Nähe zum Ziel eher verlieren. Mit anderen Worten, bei einem bestimmten Lauf sollte ein Ziel wie »fit bleiben« immer weniger motivieren, je länger ich laufe. Die Motivation bei konkreten Ziele, wenn ich etwa 500 Kalorien verbrennen will, steigt dagegen mit der Dauer des Laufs an.

Unseren Versuchsleitern stand eine schwierige Aufgabe bevor. Sie wurden an den 1000-, 2000-, 3000-, 4000- und 5000-Meter-Marken eines 6000-Meter Laufes postiert, um den Läufern Fragen nach ihrer Motivation zu stellen. Sie fragten die Läufer jedes Mal aufs Neue, wie wichtig es für sie war, das Ziel auch zu erreichen. Ihre Antworten bestätigten unsere Hypothesen: Für Läufer mit konkreten Zielen wurde das Ziel, je näher sie ihm kamen, immer wichtiger und attraktiver. Diese Leute holten kurz vor der Zielgerade das Letzte aus sich heraus. Bei Leuten mit abstrakten Zielen sank die Motivation, je länger sie liefen. Sie hielten das Ziel zunehmend für unwichtiger und strengten sich immer weniger an. Abstrakte Ziele erscheinen aus der Ferne attraktiver als konkrete. Je näher man ihnen kommt, umso mehr sinkt ihr Wert und umso weniger motivieren sie.

Ähnliches war hinsichtlich eines Promotion-Fokus und eines Prevention-Fokus zu erwarten. Auch den maßen wir in einer Laufgruppe und stellten fest: Menschen mit Idealzielen – etwa der abstrakten Vorstellung Zös, beim Joggen eine Einheit mit der Natur zu bilden – starteten mit großer Begeisterung in den Lauf. Jedoch nahm ihre Motivation schnell ab. Menschen wie Mark-Rüdiger dagegen – der Laufen als »seine verdammte Pflicht« betrachtet – mögen anfangs zwar weniger motiviert sein, sie steigern aber mit der Nähe zum Ziel ihre Motivation, nach dem Motto: «Wat mut, dat mut, und die letzten Meter bringen wir auch noch hinter uns.«

Hat man einmal verstanden, wie wir Menschen unsere Ziele für uns selbst formulieren, versteht man besser, wann wir mehr, wann weniger motiviert sind. Nicht jedes Vorhaben spornt mit der Nähe zum Ziel mehr an. Abstrakte Ziele motivieren uns am Anfang, konkrete am Ende. Das Ideal wäre also, mit abstrakten Zielen zu beginnen und langsam konkreter zu werden. Hier kann man dem Autopiloten, der zumindest bei unseren Läufern ein wenig unflexibel zu sein schien und entweder auf abstrakt oder konkret geschaltet hatte, ruhig ein wenig überlisten, indem man sich selbst das Ziel immer konkreter vorstellt.

Kurz gefasst

Unsere Motivation ist ein Produkt aus Erwartung x Wert. Der Wert einer Handlung basiert auf ihrer Wichtigkeit und dem Spaß, den wir dabei haben. Intrinsische Motivation verspricht am meisten Erfolg, kann jedoch durch Belohnungen korrumpiert werden, wobei dies weniger der Fall ist, wenn die Belohnungen in zeitlichem Abstand zur Leistung liegen oder wenn verbal statt monetär motiviert wird. Menschen schlussfolgern ihre Motivationslage auf der Basis von Gefühlen. Wenn wir beobachten, dass wir uns anstrengen, wenn wir beobachten, wie wir lästige Hindernisse überwinden, und wenn wir beobachten, dass wir etwas umsonst und zweckfrei tun, dann schließen wir daraus, dass wir uns dieser Aufgabe gerne widmen. Ursprünglich geht dieser Mechanismus auf einen natürlichen Prozess zurück. Wir investieren mehr Arbeit in etwas, das wir mögen. Jedoch etabliert sich irgendwann eine starke Verbindung zwischen Anstrengung und Motivation, und wir sind geneigt, auch dann bei Anstrengung auf unsere Motivation zu schließen, wenn die Aufgabe künstlich von jemand anderem erschwert wurde. Umgekehrt können wir aber auch andere motivieren, indem wir ihre Aufgaben anspruchsvoller gestalten. Vielleicht machen wir es ihnen ja oft zu leicht statt zu schwer.

Teilerfolge sollten wir als dahingehend interpretieren, wie wichtig uns ein Ziel ist, und nicht, wie weit wir schon vorangeschritten sind. Letzteres führt nämlich zum Aufgeben eines Zieles. Misserfolge während der Zielerreichung sollten wir durchaus als Ansporn werten; wir sollten uns dadurch nicht den

Spaß an der Aufgabe verderben lassen. Die Interpretation liegt häufig in unserer eigenen Hand – ähnlich wie bei der Betrachtung eines Glases, das uns halbleer, aber auch halbvoll erscheinen kann. Auch Feedback kann sehr unterschiedlich aufgefasst werden. Man kann nicht davon ausgehen, dass es so ankommt, wie es gemeint war. Erst Glaubwürdigkeit, Wertschätzung und die Fähigkeit, sich in den anderen hineinversetzen zu können, ermöglichen eine erfolgreiche Kommunikation.

Ich möchte an dieser Stelle betonen, dass niemand von uns frei von Zweifeln an der Gültigkeit eines Feedbacks ist. Man sollte aus der Forschung an Minderheiten deshalb nicht den Schluss ziehen, dass nur sie schwierig oder zimperlich sind. Lieber sollte man sich vor Augen halten, woher das fehlende Vertrauen eigentlich kommt. So kann das Misstrauen eines türkischen Mitarbeiters gegenüber unserem positiven Feedback darauf zurückzuführen sein, dass Mitglieder unserer eigenen Gruppe jahrelang immer wieder Gastarbeiter diskriminiert haben. Auch wenn wir uns persönlich in dieser Hinsicht nichts zuschulden haben kommen lassen, sollten wir uns als Mitglieder einer dominanten Gruppe, die weniger Sorgen und Ängste hat, die Zeit nehmen, verlorenes Vertrauen wieder aufzubauen. Wir profitieren vom Status unserer Gruppe, und damit übernehmen wir neben den Privilegien, die uns daraus entstehen, auch Verantwortung.

Ein allgemeines Motivationsgesetz besagt, dass der Wert mit der Nähe zum Ziel steigt. Dies ist jedoch vor allem dann der Fall, wenn Ziele konkret formuliert sind. Der Wert abstrakter Ziele, und damit ihre motivierende Kraft, ist zu Beginn einer Aufgabe stärker als der konkreter Ziele, er nimmt jedoch ab, je länger man an einer Aufgabe arbeitet. Es sollte einem deshalb helfen, Ziele konkreter zu formulieren, je näher man dem gewünschten Zielzustand kommt.

Bleibt die Frage, welcher Zusammenhang zwischen dem Wert einer Aufgabe und unserem Autopiloten besteht. Zunächst einmal sind unsere persönlichen und gesellschaftlich geprägten Werte im Programm des Autopiloten gespeichert; er navigiert automatisch auf diejenigen Objekte und Personen zu, die einen hohen Wert für uns haben. Dies erleichtert uns Entscheidungen, und zwar ohne viel Nachdenken. Die Entwicklung von Werten können wir als Menschen teilweise nachvollziehen, teilweise werden bestimmte Interessen aber konditioniert, das heißt, Wichtigkeit und Vorlieben von Dingen verändern sich, ohne dass wir das wahrnehmen. Diese Werte motivieren uns, und wir mobilisieren unmittelbar Ressourcen, um wertvolle Ziele zu erreichen. Um Ziele anzugehen, die nicht Teil des Autopiloten sind, müssen wir ihn einen Moment ausschalten; neue Ziele müssen erst einmal an Wert gewinnen. Der Wert ist eine Unbekannte in unserer Multiplikation (Erwartung x Wert), die andere ist die Erwartung. Aus welchen Komponenten sie sich zusammensetzt, werden wir im nächsten Kapitel sehen.

PRINZIP 8

Erwartung: Training mit Perspektive

Der Teufel hat den Schnaps gemacht. Oder: der Teufelskreis und seine tödliche Wirkung auf Whiskyflaschen. Wenn weiße Männer schlechter springen und schwarze Männer langsamer werden. Wie man aus Erfolg und Misserfolg Sinn und Unsinn herausliest. Von automatisch motivierenden Deadlines, Notwendigkeiten, Schwierigkeiten und Selbstwirksamkeit. Oh, und gut zu wissen: Dagobert Duck ist selbst als Star nicht glücklich. Und: Warum Optimisten keine Faulpelze sind, während Pessimismus für nichts, aber auch für gar nichts gut ist.

Nachdem Sie schon fast alle meine Freunde kennen, möchte ich Sie nun noch mit Martin bekannt machen. Martin ist ein großer Geist, aber er war, so hieß es, von Kindheit an nicht so besonders geschickt in motorischen Dingen. Man könnte denken: angeboren. Ständig ließ er etwas fallen, stieß sich an Möbeln, trat auf Matchbox-Autos, und nicht selten lief ihm sein Kaninchen beim Bürsten davon. Er konnte nicht Laubsägen, war schlecht in Sport und brachte seinen Vater damit ziemlich auf die Palme. Wenn ich mir Martin heute rückblickend anschaue, kann ich nachvollziehen, was seinen Vater so an ihm aufregte. Eine Geschichte aus seiner Kindheit öffnete mir allerdings die Augen.

Martin war mit seinem Vater zum Einkaufen gegangen. Den ganzen Nachmittag über hatte dieser ihn kujoniert. »Fass das nicht an, das fällt nur runter.«, »Geh gerade, nimm die Hände an dich, und hör auf, damit rumzuschlenkern.« und »Wenn hier was runterfällt, ziehe ich dir das vom Taschengeld ab.« Sie hatten für ein Fest eingekauft, und brachten die Einkäufe in zahlreichen Tüten, die bis obenhin mit Torten, Blumen, Champagner, Weinflaschen und anderem zerbrechlichen Zeug gefüllt waren, im Auto nach Hause. Es regnete. Der Wagen stand im Parkverbot vor dem Haus, der Junge vor dem Auto, um die Polizei im Falle eines Falles zu beschwichtigen. Martins Vater trug Tasche um Tasche ins Haus. Einmal hatte er sich übernommen und nahm, in der einen Hand eine Tüte mit teurem Wein, in der anderen einen Malt Whisky, die Hilfe seines Sohnes in Anspruch. »Ich gebe dir jetzt diese Flasche zu halten, Martin, aber eins sage ich dir: Das ist ein 18 Jahre alter Malt Whisky, der hat über 60 Deutsche Mark gekostet, hörst du? Wenn du den fallen lässt, dann hat der Arsch aber so dermaßen Kirmes …! Haben wir uns verstanden?«

Die Geschichte würde hier nicht erzählt werden, wenn nicht folgendes passiert wäre. Exakt vier Minuten stand der Knabe, die Flasche in der Hand, schlotternd im Regen. In dem Moment, wo sein Vater sie ihm abnehmen wollte, trat Martin zaghaft auf ihn zu, ihre Hände verfehlten sich, die Flasche fiel zu Boden, zersprang, und das edle Zeugs floss gepanscht mit Regenwasser in den Gully. Beweist diese Story etwa nicht, dass Martin ein absoluter Tollpatsch ist?

Und doch lässt sich die Geschichte auch anders interpretieren. Lassen Sie uns einen Abstecher in das uns nicht mehr ganz unbekannte Reich der sich selbst erfüllenden Prophezeiungen machen. Diesem Konzept zufolge können Erwartungen, die andere an uns haben, auf uns selbst abfärben. Martin hatte zuvor sicher schon viele Flaschen Wasser, Saft oder was auch immer in Händen gehalten – ohne dass es schief gegangen wäre. Warum also ließ er ausgerechnet den Whisky fallen, auf den aufzupassen der Vater ihm ganz besonders eingeschärft hatte? Die Emotionspsychologie liefert eindeutige Befunde dafür, dass Furcht nicht nur unsicher macht, sondern zudem die Wahrnehmung verengt: Martin konzentrierte sich so sehr auf die teure Flasche, dass er gar nicht mehr imstande war, auf eine sich ändernde Umgebung, eine uneindeutige Bewegung zu reagieren. Er verkrampfte sich, und indem er dauernd daran dachte, was nicht passieren durfte, aktivierte er den befürchteten Endzustand – und führte ihn letztendlich herbei. Befürchtungen schaffen Realität. Traut man einem Menschen nicht zu, etwas zu können, ist er darin auch schlechter, als er eigentlich sein müsste. Und schließt aus seinen Misserfolgen, dass er bestimmte Dinge wirklich nicht kann.

Bestehen in Leistungsbereichen wie Sport, Sprachenlernen, Kochen, Mathematik, Technik etc. Misserfolgserwartungen, verliert der Mensch auf Dauer das Interesse an diesen Dingen und widmet sich ihnen nicht länger. Wir sprechen dann von Des-Identifikation. Mir erging es (lange Jahre) mit Sport so. Warum sollte ich Zeit in eine Tätigkeit investieren, wenn ich doch augenscheinlich schlecht darin war? Kein vernünftiger Mensch steckt Energie in etwas, worin er keinen Erfolg haben wird. Das wäre nicht im Sinne der Selbstregulation, schließlich will jeder Mensch seine Energie optimal einsetzen. Wenn Menschen allerdings Leistungsbereiche völlig für sich abschreiben, weil sie sich einbilden, sie seien darin nicht gut, fehlt ihnen auf Dauer die Übung, und sie schneiden tatsächlich schlecht ab darin. Es entsteht ein Teufelskreis, der dazu führt, dass Ziele, die unerreichbar scheinen, irgendwann tatsächlich unerreichbar werden.

Ähnlich wie der Wert einer Aufgabe stellen Erfolgs- und Misserfolgserwartungen, keine festen, objektivierbaren Größen dar. Erwartungen sind Kopfgeburten, sie spiegeln nicht notwendigerweise unsere tatsächlichen Fähigkeiten oder realistische Wahrscheinlichkeiten wider. Erwartungen, die *andere* an uns haben, beeinflussen unmerklich und nachhaltig unsere *eigenen* und prägen unser Bild von uns selbst. Im Folgenden möchte ich Ihnen einige Faktoren aufzeigen, die unsere Erwartungen beeinflussen.

Stereotype Bedrohung

Erwartungen bestehen nicht nur bezüglich Einzelpersonen, sondern auch in Bezug auf ganze Gruppen von Menschen. So glaubt man zum Beispiel gerne, dass Blondinen dumm und Professoren zerstreut sind. Welchen Einfluss solche stereotypen Erwartungen auf eine Leistung haben, hat Claude Steele untersucht. Seine Forschung war bereits Teil meines ersten Buches, weshalb sie hier nur kurz und vor allem unter dem Aspekt der Motivierung erwähnt werden soll.

Steele geht davon aus, dass Mitglieder stereotypisierter Gruppen Erwartungen und Vorurteile über ihre eigene Gruppe im Gedächtnis gespeichert haben. So wissen schwarze Amerikaner um das Vorurteil, dass sie als weniger intelligent gelten, während weiße Amerikaner in ihrem Gedächtnis verankert haben, dass sie nicht so sportlich sind. Steele nimmt weiterhin an, dass diese Erwartungen automatisch aktiviert werden können und sich selbst erfüllende Prophezeiungen bewirken, vor allem dann, wenn den Menschen ihre Gruppenmitgliedschaft in den Sinn kommt.

In seinen Studien erinnerte Steele schwarze und weiße Amerikaner entweder daran, welche Hautfarbe sie hatten (sie sollten vor dem Lösen eines Tests ihre Hautfarbe angeben), oder vermittelte ihnen subtil, was genau getestet werden sollte: die *allgemeine* oder die *intellektuelle* Leistung. Schwarze schnitten dann schlechter ab, wenn sie sich zuvor ihre Hautfarbe bewusst gemacht hatten oder die Testbezeichnung »intellektuell« beinhaltete, offenbar weil so gleichzeitig das Vorurteil bei ihnen aktiviert wurde, dass sie in solchen Tests nicht gut sind. Wurden sie nicht an ihre Hautfarbe erinnert oder lösten sie dieselbe Aufgabe als »allgemeinen Leistungstest«, unterschieden sich ihre Leistungen nicht von denen der Weißen.

Hunderte von Experimenten mit verschiedenen Gruppen in unterschiedlichsten Bereichen (Frauen und Mathematik, Frauen und Autofahren, Asiaten und Mathematik, Männer und Sprachen, weiße Männer und Sport, Angehörige der Unterschicht und Intelligenz etc.) und selbst ein Test vor laufender Kamera haben diesen Effekt belegt. So hatten wir für Frank Elstners und Ranga Yogeshwars »Show der Naturwunder« blonde und nicht blonde Frauen aus der Gegend von Halle zusammengetrommelt und sie gebeten, erst Blondinen- oder Beamtenwitze nach ihrer Witzigkeit zu bewerten und danach Teile eines IQ-Tests zu lösen. Wie zu erwarten, schnitten die Blondinen, die durch Blondinenwitze an ihre vermeintlich mangelnde Intelligenz erinnert worden waren, dabei schlechter ab als alle anderen Versuchsteilnehmerinnen.

Ein neuer Fokus auf stereotype Bedrohungen

Mittlerweilen wissen wir auch, woran das liegt. Beate Seibt und ich nahmen an, dass negative Erwartungen einen Prevention-Fokus auslösen, während positive Erwartungen einen Promotion-Fokus aktivieren. Auf der Grundlage dieser neuen Idee gingen wir davon aus, dass negative Erwartungen auch positive Effekte haben können, denn ein Prevention-Fokus kann beim Lösen einer analytischen Aufgabe ja durchaus nützlich sein. So erzählten wir Versuchspersonen, die alle studierten, aber ausdrücklich nicht Studierende der Psychologie waren, dass die anstehenden Aufgaben von Psychologiestudenten besser bzw. schlechter bewältigt würden. Dadurch schufen wir zwei Versuchsgruppen: eine, die annahm, sie werde bei beiden Aufgabe gut, eine andere, die davon ausging, sie werde schlecht abschneiden. Schließlich stellten wir den Teilnehmern eine kreative und eine analytische Aufgabe, die sie individuell lösen sollten. Das Ergebnis entsprach den Vorhersagen: In den kreativen Aufgaben waren diejenigen Versuchsteilnehmer erfolgreicher, die glaubten, die Aufgaben lägen ihnen. Sie schnitten allerdings in der analytischen Aufgabe schlechter ab als diejenigen, die vorher durch die vermittelte Erwartung »ihr könnt das nicht« verunsichert worden waren. Denn: Die

Verunsicherung führte zu einem Tunnelblick, der für analytische Aufgaben nützlich ist – den Erwartungen entsprechend versagten diese Probanden jedoch in der kreativen Aufgabe, in der eine zu enge Sichtweise wenig hilfreich ist.

In einem Prevention-Fokus konzentriert man sich relativ rigide auf das Wesentliche, schaut weder rechts noch links. Man ist durchaus motiviert, wobei die Motivation sich aus Befürchtungen nährt und daraus, etwas Negatives zu verhindern. In Martins Fall passierte das Malheur interessanterweise erst dann, als ein Wechsel von einer Handlung (festhalten) zu einer anderen (übergeben) stattfand. Vermutlich hätte er die Flasche noch stundenlang halten können, er war ja darauf fixiert. Was ihm nicht gelang, war, die gesamte Situation zu erfassen und flexibel und spontan darauf zu reagieren, sobald sie sich verändert.

Insgesamt legen unsere Untersuchungen nahe, dass stigmatisierte Minderheiten und alle anderen, denen Skepsis bezüglich ihrer Leistungen kommuniziert wird, die ausgelöste Prevention-Motivation für die erfolgreiche Bewältigung konkret fokussierter, analytischer Aufgaben nutzen können. Und wie immer bei einem Prevention-Fokus können sie ihre Leistung vor allem dann steigern, wenn sie nicht unter Zeitdruck sind, da sie langsamer, dafür aber genauer arbeiten.

Neuere Forschung zeigt, dass man den Autopiloten, der durch eigene Erwartungen oder die anderer gezündet wird, auch ausschalten kann. Manchmal reicht es schon, sich der Tatsache bewusst zu werden, dass man von einer negativen Erwartung beeinflusst wird, und sich zu sagen: Jetzt erst recht! Mit welchem Recht denken die, dass ich als Frau nicht führen kann? Jetzt erst recht! Mit welchem Recht denken die, dass ich als Homosexueller eine Memme bin? Jetzt erst recht! Mit welchem Recht denken die, dass ich mich als heterosexueller Mann nicht gut ausdrücken kann? Es ist also durchaus nützlich, sich einmal zu fragen, ob ein Vorurteil daran beteiligt sein kann, wenn man in bestimmten Situationen versagt. Und dann heißt es: Jetzt erst recht!

Für Erwartungen bei zukünftigen Leistungen ist das Feedback anderer entscheidend. Wenn ich bereit bin, ein Lob für eine Leistung anzunehmen, dann bedeutet das auch, dass ich generell Vertrauen in die Lösung ähnlicher Aufgaben habe. Aufgrund von Erfolgen und Misserfolgen entwickele ich ein Wissen über mich selbst, über das, was ich kann und was ich nicht kann. Und ich lerne, was am besten zum Ziel führt. Diese Kompetenz nennen wir mit Albert Bandura *Selbstwirksamkeit*.

Selbstwirksamkeit beinhaltet eine gute und positive Einschätzung der eigenen Kompetenz für einen Aufgabenbereich, etwas wie: »Wenn ich täglich eine Stunde Niederländisch lerne, dann werde ich mich in zwei Jahren einigermaßen gut verständigen können.« Hinzu kommt eine Einschätzung dessen, wie gut man das Pensum durchhalten wird: »Es ist wahrscheinlich (oder unwahrscheinlich), dass ich mir jeden Tag eine Stunde Zeit dafür nehme.« Für bestimmte Bereiche haben wir eine hohe Erfolgserwartung, für andere nicht.

Natürlich hat man in dieser Hinsicht keinen wahren, objektivierbaren Wert über sich abgespeichert. Vielmehr ist eine solche Einschätzung eine Idee von sich selbst, die auf eigenen Erfahrungen beruht. Zugegeben, manchmal basieren Erfahrungen auf tatsächlichen, relativ objektivierbaren Ereignissen. Wenn ich mit 32 Jahren bereits in 15 Autounfälle verwickelt war, dann sollte ich mir Gedanken über meine Kompetenz als Autofahrer machen. In dem Moment, wo die Situation nicht so eindeutig ist (sagen wir, Sie wären in dem genannten Alter in zwei Unfälle verwickelt gewesen), sind der Interpretation Tür und Tor geöffnet. Kann ja sein, dass immer ein anderer den Unfall verschuldet hat und Sie unschuldig waren. Und selbst wenn – sind zwei Unfälle schon ein Zeichen dafür, dass Sie nicht Auto fahren können? Bei der Interpretation eines Ereignisses sind uns andere oft eine »Hilfe«. So ist es etwa nicht unentscheidend, wie unser

Partner darauf reagiert. Je nachdem, zu welcher Interpretation er neigt (»Ab jetzt bleibt die Karre in der Garage!« oder »Pech gehabt, das passiert jedem!«), wird auch unsere Erwartung an uns beeinflusst.

Misserfolge oder Erfolge können sowohl als selbst (internal) als auch von außen verursacht (external) interpretiert werden. Oft ist es ja nicht klar, welchen Anteil Sie selbst – oder jemand anderes – am Ausgang einer Handlung tatsächlich haben. Als ich zum Beispiel vor kurzem in Amsterdam einen Touristen mit meinem Fahrrad angefahren habe, nachdem er total bekifft auf den Fahrradweg gelaufen war, war für mich natürlich er der Schuldige. Und ich für ihn.

Weiterhin können Misserfolge (und Erfolge) stabile oder instabile Ursachen haben, das sind solche, die »immer« oder »manchmal« auftreten. Ich kann mir sagen: »Ich bin generell ein schlechter Fahrradfahrer!« (stabil und internal) oder »Ich war an dem Tag nicht konzentriert.« (instabil und internal). Oder: »Niederländische Fahrräder haben nun mal keine Handbremse.« (stabil und external) oder »Es war ein bisschen nebelig.« (instabil und external). Und sie können als kontrollierbar oder unkontrollierbar interpretiert werden. Ich kann mir sagen: »Mensch, da hätte ich ja rechtzeitig bremsen können!« (kontrollierbar, internal und instabil) oder »Tja, niederländische Räder haben nun mal keine Bremsen, da kann man nichts machen.« (nicht kontrollierbar, external und stabil).

Diese drei Ingredienzien gut gemixt lassen interessante Motivationstypen entstehen*: Jemand, der sich einredet, dass immer er (stabil) der Schuldige ist (internal), der einen Unfall als Zeichen für seine allgemeine Schwäche, das Leben zu bewältigen, sieht (stabil) und daran nichts ändern kann (nicht kontrollier-

* Diese drei Ingredienzien gehen auf Weiners Motivationstheorie zurück und tauchen in vielen Motivationstheorien auf, teils unter anderen Bezeichnungen.

bar), ist vermutlich ein depressiver Mensch. Er wird generell wenig Motivation zeigen, das Leben anzupacken. Jemand, der sich sagt: »Mist, das habe ich echt verbockt (internal), da muss ich was dran ändern (instabil), und das kann ich natürlich auch, indem ich in den Niederlanden endlich mal die deutsche Bremse einführe (kontrollierbar)«, der tut vielen bekifften Touristen Amsterdams, vor allem aber sich selbst einen Gefallen.

Auch Interpretationen von Erfolgen lassen sich so durchdeklinieren. Jemand, der sich sagt: »Naja, die Eins in Mathe war wohl eher Glück!« (external, instabil und unkontrollierbar), wird sich aufgrund eines objektiven Erfolgs keine großen Hoffnungen auf eine weitere gute Zensur machen. Bei jemandem, der sich sagt: »Dafür habe ich auf viel verzichtet (internal). Und das kriege ich auch beim nächsten Mal wieder hin, denn ich werde wieder ranklotzen (kontrollierbar). Und die werden mich kennenlernen, das war ja noch längst nicht alles (stabil)!«, steigt die Erfolgserwartung.

Man kann solche Interpretationsmuster durchaus lernen. In vielen Fällen lässt sich ja gar nicht so genau sagen, inwieweit Glück oder Zufall, Sie selbst oder andere an einem Erfolg oder Misserfolg beteiligt waren. Gesunde Menschen, so habe ich ja schon in Prinzip 2 zu verdeutlichen versucht, beziehen Erfolg gerne auf sich selbst. Und zwar nicht nur auf ihr Talent (das tut natürlich auch gut), sondern auf die Arbeit, die damit verbunden war. Sie denken, sie bringen die dafür erforderlichen Fähigkeiten mit, und wenn sie sich anstrengen und etwas investieren, ist ein Erfolg auch machbar: Internal, stabil und kontrollierbar ist bei Erfolg ein Interpretationsmuster, das, so die Forschung, zu besserer Gesundheit, Erfolg im Beruf und sogar zu einem längeren Leben führt.

Misserfolge sollte man bestenfalls als kontrollierbar und instabil ansehen. Darüber hinaus sollte man ein gutes Gespür dafür entwickeln, inwiefern man selbst oder andere für ein Misslingen verantwortlich waren. »Habe ich den Fahrradunfall größtenteils selbst verschuldet, dann mache ich es nächstes Mal eben besser« (kontrollierbar, internal, instabil). Auf jeden Fall bedeutet es nicht, dass ich ein Idiot bin (heißt, es ist *nicht* stabil). Und vielleicht hatte ja doch der andere an dem Malheur Schuld (external). Blöde Kiffer!* Ein wichtiger Bestandteil vieler Therapien ist das Umprogrammieren ungesunder Interpretationsmuster. Automatismen, die sich eingeschlichen haben, lassen sich durchaus ändern. Das tut noch nicht einmal weh und ist erfolgsträchtig.

Insgesamt ziehe ich für mich aus dieser (und aus der gesamten Motivations-)Forschung noch einen anderen, in mancher Hinsicht frustrierenden Schluss: Von nichts kommt nichts. Man sollte sich nicht allein auf sein Glück verlassen, vielmehr ist jeder seines Glückes Schmied. Fleiß macht Erfolg kontrollierbar. Man muss die Dinge angehen. Und auch wenn ich immer wieder auf die vielen Automatismen hingewiesen habe, die uns überall bei der Zielverfolgung unterstützen, so muss man doch selbst in die Klötze kommen, Entschlüsse fassen und Kompetenzen entwickeln. Auch wenn man nicht für jeden Misserfolg die Schuld bei sich selbst suchen muss, Erfolge fallen in die eigene Verantwortung.

Allerdings gehen solche Aussagen sicherlich an der Tatsache vorbei, dass in vielen Bereichen noch keine Chancengleichheit besteht. Nach wie vor hat eine Frau weniger gute Chancen, auf einen Chefsessel zu kommen, als ein Mann und ist es für einen Homosexuellen schwieriger, eine Professur in Deutschland zu bekommen, als für einen Heterosexuellen. Dadurch sollte man sich aber nicht entmutigen lassen. Fleiß macht das Leben kontrollierbar. Ist so.**

* Übrigens: Amsterdamer mögen an Drogen und kiffenden Touristen tatsächlich vor allem die Einnahmen für ihre Stadt. Sie selbst greifen viel seltener zu Soft drugs als alle anderen Europäer, vermutlich weil sie täglich sehen, wohin das führt.

** Oder hat hier die niederländische calvinistische Arbeitsmoral schon auf mich abgefärbt?

Emotionaler Wetterbericht: Als Star bin ich schön!

Manchmal konstruieren wir auch Erwartungen, die nicht viel mit dem tatsächlichen Zielzustand zu tun haben. Viele Leute finden die Vorstellung attraktiv, ein großer Star zu sein – mit Millionengagen, einem sexy Partner und einem Stall voll Kindern. Umso schwerer fällt es uns, zu begreifen, warum es manchen Stars schlecht dabei geht. Warum sie Depressionen haben, Drogen nehmen oder Selbstmord begehen. Offensichtlich klaffen hier Realität und Wunschtraum weit auseinander, und viele berücksichtigen die Stolperfallen und Nachteile nicht, die ein Leben als Star auch mit sich bringen. Nicht wenige berühmte Leute sind dem Druck nicht gewachsen, immer den Erwartungen anderer zu entsprechen. Ein Super-Hit bedeutet eben noch lange nicht, dass der nächste wieder einer wird. Außerdem wird gerne unterschätzt, wie fürchterlich der Verlust des Privatlebens sein kann.

Generell können wir also mit unseren Erwartungen auch danebenliegen. Die meisten Menschen überschätzen das Glück, das man an seinem Hochzeitstag, nach einem Lottogewinn oder bei der Oscarverleihung empfindet. Vor allem hinsichtlich unserer Gefühle hegen wir häufig übertriebene Erwartungen, was uns andererseits aber wieder motiviert, neue Ziele anzupacken. Wenn sich aber, am Ziel angekommen, die Realität nur als ein schwacher Abklatsch unserer Träume herausstellt, sind wir frustriert.

Dabei hängt unser Glück nicht so sehr vom Ergebnis ab als vielmehr von der Freude am Tun selbst. Manche Enttäuschung, mancher Frust, der sich einstellt, wenn man etwas erreicht hat, spiegelt lediglich mangelnde intrinsische Motivation wider. Ist man zufrieden mit dem, was man tut, dann macht man sich unabhängig vom Ausgang der Ereignisse, von Geld, Kritik und der Häme der Kollegen, man vermeidet damit, zum Spielball der anderen zu werden. Wenn wir *von uns selbst* erwarten, mit Freude unser Bestes zu geben, stellt sich der Erfolg von selbst ein.

Wie wir weiter oben gesehen haben, nimmt die Motivation mit der Nähe zum Ziel zu. Konkrete Werte werden über die Zeit hinweg wertvoller und motivierender. Aber auch die Erfolgserwartung verändert sich mit der Zeit. Man kennt das: Wenn man täglich für eine Klausur lernt, steigt die Erfolgserwartung mit der Nähe zum Ziel zwangsläufig. Zumindest dann, wenn man Erwartung als *Selbstwirksamkeit* versteht, also als Gewissheit, dass man die Sache im Griff hat, den Stoff beherrscht.

Nira Liberman und ich haben in diesem Punkt auf wichtige Ausnahmen von der Regel aufmerksam gemacht. Manchmal nämlich verlieren Menschen auch die Kontrolle über die Situation. Etwa dann, wenn einem Studierenden die Fülle des Stoffes über den Kopf wächst, weil ihm etwas Unvorhergesehenes dazwischenkam, er seine Fähigkeiten oder die Menge falsch eingeschätzt oder sein Lerntempo überbewertet hat. Panik setzt ein und führt nicht selten zu einem mentalen und schließlich zu einem totalen Ausstieg. In solchen Situationen nimmt die Selbstwirksamkeit ab.

Neben der Selbstwirksamkeit spielt *Notwendigkeit* eine Rolle bei der Erwartung. Nehmen wir an, eine Klausur ist auch ohne Lernen zu schaffen. Dann erhöht Büffeln zwar die Selbstwirksamkeit, ist jedoch nicht notwendig. In einem anderen Fall kann Büffeln notwendig sein, muss jedoch nicht unbedingt die Selbstwirksamkeit erhöhen, etwa dann, wenn man für einen Test lernen muss, aber nicht gesichert ist, dass das auch tatsächlich zum Erfolg führt. Bei meinem Lehrer Birkenkötter konnte man sich zum Beispiel nie sicher sein, was in der Klausur drankam. Er prüfte gerne auch Stoff, den man Jahre vorher durchgenommen und längst vergessen hatte. Handlungen sind dann selbstwirksam und notwendig, wenn eine bestimmte Maßnahme tatsächlich zielführend und unabdingbar ist und man dabei das Gefühl hat, die Sache im Griff zu haben.

Die Notwendigkeit zu handeln steigt bei vielen Aufgaben mit der Nähe zum Ziel, vor allem dann, wenn sie mit einer Deadline behaftet sind. Drei Wochen vor der Prüfung ist es durchaus legitim, noch mal einen Tag im Schwimmbad zu vertrödeln, aber drei Tage davor kann man gar nicht anders, als das Badelaken gegen den Schreibtischstuhl einzutauschen. Einen Tag vor dem Geburtstag des Vaters *muss* man die Krawatte gekauft haben. Gibt es eine solche Deadline nicht, etwa weil man sich vornimmt, einem Bekannten »irgendwann mal« etwas zu schenken, steigt die Motivation nicht unbedingt mit der Zeit an. Im Gegenteil: In solchen Fällen – das hat sicherlich jeder von uns schon selbst erlebt – kann es sogar passieren, dass man sein Vorhaben in die Tat umzusetzen vergisst. Dem kann man abhelfen, indem man sich selbst eine Deadline setzt: »Bis morgen muss Frau Lieckenbröcker das Usambaraveilchen haben!«, und schon profitiert man wieder von einem fast automatischen Motivationsanstieg.

Ich setze mir im allgemeinen immer eine eigene, persönliche Deadline, und zwar so, dass sie vor der »offiziellen« liegt; ich programmiere meinen Autopilot also nach meinen eigenen Standards. Ich fühle mich so freier, selbstbestimmter. Es hat außerdem den Vorteil, dass ich im Falle des Kontrollverlusts nachregulieren kann. Vier Wochen vor dem Stichtag hat man nämlich noch die Möglichkeit, sich Hilfe von außen zu holen, vier Tage davor meist nicht mehr. Und gelingt es einem nicht, den selbst gesetzten, früheren Termin einzuhalten, hat man immer noch Luft, die Aufgabe bis zur offiziellen Deadline fertigzustellen. Das beruhigt. Und wenn man es doch vorher schafft, kann man die gewonnene Zeit mit einem »Koffie verkeert« am Strand genießen. Sich selbst frühzeitige Deadlines zu setzen, ist ein absolutes Muss gesunder Selbstregulation, denn es hat, wie so wenig anderes, *allein Vorteile*[*]! Es dauert ein bisschen, bis

* Eine Ausnahme sind natürlich stupide Lernaufgaben. Für die besteht aufgrund unseres Gedächtnisses eine Notwendigkeit, zeitnah zu lernen.

man in den neuen Rhythmus gefunden hat, aber von da an wird alles gut.

Neben Selbstwirksamkeit und Notwendigkeit spielt der *Schwierigkeitsgrad* eine Rolle bei Erfolgs- oder Misserfolgserwartungen. Die objektive Schwierigkeit einer Aufgabe bleibt für gewöhnlich konstant. Wir wissen, dass eine Führerscheinprüfung nicht ganz einfach ist, wir kennen die Wahrscheinlichkeit, mit der jemand beim Staatsexamen durchfällt bzw. mit der man einen bestimmten Job bekommt – diese Größen bleiben objektiv unverändert. Wenn der Schwierigkeitsgrad aber *subjektiv* abnimmt, kann dies ein Zeichen für uns sein, dass wir die Aufgabe mehr und mehr beherrschen, und dann steigt die Motivation. Die meisten von uns kennen auch das Gegenteil, den »Kalte-Füße-Effekt« – nämlich, dass Aufgaben, je näher sie rücken, subjektiv schwieriger zu bewältigen scheinen. Mir geht das vor Auftritten in Fernsehsendungen immer so. Kurz bevor es losgeht, schiebe ich Panik: Habe ich zu dem Thema wirklich etwas zu sagen? Was wenn Henryk Broder doch die besseren Argumente hat? Hoffentlich vermische ich nicht wieder die Sprachen, wie letztes Mal, als ich in schönem Niederländisch: »Ich bin begonnen« und »ich frage mich ab« sagte. Lampenfieber und Prüfungspanik sind typische Beispiele für den »Kalte-Füße-Effekt« – die vor einem liegende Aufgabe scheint kaum zu bewältigen. Das kann so weit gehen, dass man manchmal krank wird oder gar nicht erst antritt. In diesem Fall müssen wir alle selbstregulatorischen Ressourcen bemühen, um durchzuhalten. Die meisten von uns schlagen sich viel zu lange mit diesen Ängsten herum. Zwar gibt es keine Standardlösung, individuelle aber sehr wohl: Falls es ganz schlimm ist, ein Therapeut um die Ecke kann sicherlich eine mit Ihnen entwickeln. Ich habe nach langem Suchen mit Hilfe eines Dozenten an der Schauspielschule ein paar Yoga-Übungen gefunden, die mir dabei helfen, Gesangsauftritte ohne lästiges Zittern in der Stimme durchzustehen.

Unsere Motivation wird also dann ohne unser Zutun immer größer, wenn wir ein Ziel mit klarer Deadline angehen, wenn wir das Gefühl haben, die Sache mehr und mehr im Griff zu haben, sie so kontrollierbar wird und wir sie als zunehmend leichter zu bewältigen empfinden.

Auf wackligem Terrain

Wir erinnern uns, Selbstwirksamkeit bezeichnet in der Psychologie die eigene Erwartung, aufgrund eigener Kompetenzen gewünschte Handlungen erfolgreich selbst ausführen zu können. Sie muss sich in verschiedenen Lebensstadien und je nach Anforderungen immer wieder neu entwickeln. Wer eine neue Beziehung beginnt, ins Ausland geht, die Schule wechselt, verliert zunächst einmal seine Selbstwirksamkeit. Mit anderen Worten: Er weiß dann in vielen Situationen nicht mehr, was zu tun ist, um ein Ziel zu erreichen. Kam ein Schüler mit seiner unfreundlichen Art in Ostwestfalen noch als »ehrliche Haut« durch, kann diese in Köln auf wenig Gegenliebe stoßen (Meine Großmutter nannte lächelnde Menschen gerne »überfreundlich«. Voll obszön.). Wusste man bei seinem früheren Partner genau, welche Knöpfe man drücken musste, um ihn an schlechten Tagen aufzumuntern, verzweifelt man kurzfristig an seinem neuen, weil man ihn noch nicht so gut kennt. Zieht man in ein anderes Land, müssen viele Basiskompetenzen wie Sprache, Gestik, Manieren und soziale Regeln neu erlernt werden, bevor man überhaupt etwas bewirken kann.

Gestern Morgen zum Beispiel stand ich in Amsterdam in der Apotheke, weil ich die Sprechstundenhilfe des Arztes so verstanden hatte, dass sie mein Rezept dorthin faxt. Aber da war nichts. Also ging ich zurück zum Arzt, vielleicht hatte ich es einfach nicht richtig verstanden. So gut ist mein Niederländisch noch nicht, und vieles funktioniert hier ohnehin anders. So muss man sich bei einer Apotheke registrieren lassen und darf dann nicht mehr zu einer anderen gehen. Und alles läuft über den Hausarzt. Der einen aber nicht immer unbedingt sehen will, sondern nur dann, wenn man dem Tode nah ist, vor Schmerzen schreit oder einem deutlich sichtbar ein Körperteil fehlt. Zurück in der Praxis fanden die Sprechstundenhilfen es schon komisch, dass ich da so aufgeregt vor ihnen stand. In so einem Fall ruft man dort einfach an. Genervt meinten sie, sie hätten vergessen, das Fax zu senden, das könne ja mal vorkommen, ich solle mal wieder »in aller Ruhe« in die Apotheke fahren. Dort sagte man mir, dass das häufiger passiere, damit müsse man rechnen. Dafür hätten mir die Sprechstundenhilfen nun eine besonders große Dosis aufgeschrieben… Ehrlich gesagt, und hier nehme ich den Tonfall meiner Omi an: »Das wäre in Deutschland nicht passiert!« Ich hatte eine Stunde Zeit verloren, stand jetzt grün im Gesicht mit einer Tüte Pillen da, mit der man in OWL 500 Schweine hätte high machen können, fühlte mich allein gelassen und so, als gleite mir meine kleine Welt aus der Hand.

Alles eine Frage der Zeit – und wieder einmal des Fleißes und guter Planung. In neuen Situationen sollten möglichst früh Basiskompetenzen erlernt werden. Lieber am Anfang jeden Tag eine Stunde Vokabeln pauken und später relaxen. Lieber am Anfang die neuen Kollegen direkt fragen, was sie von Ihnen erwarten. Lieber am Anfang einer Beziehung Fragen klären wie: «Stören dich meine Tampons im Aschenbecher?« Man mag Sie für komisch halten – wie oft habe ich hier gehört: »Was für eine unsinnige Frage!«, wenn ich etwas für alle anderen Selbstverständliches gefragt habe. Aber da müssen Sie drüber stehen. Aus der Forschung zur Migration ist bekannt, dass das Fehlen von Selbstwirksamkeit bei einem Umzug in ein anderes Land das Immunsystem schwächt und Krankheiten begünstigt. Je schneller man sein Leben wieder im Griff hat, umso besser.

Und wenn es doch mal schiefläuft, dann sagen Sie sich: Jeder Wechsel ist ein Gewinn. *Sie* sind auf einer besseren, cooleren

Schule, *Sie* sind in einem neuen Land und lernen unglaublich viel, *Sie* haben einen neuen Freund, *Sie* befinden sich in einer spannenden Lebensphase, die nicht viele erleben dürfen. Beim Wechsel von einer in die andere Lebensphase ist das Erlangen von Selbstwirksamkeit eine wichtige Basis für Zufriedenheit und Gesundheit. Je früher und positiver man sie angeht, umso besser. Denn: Mit der Selbstwirksamkeit steigt die Erfolgserwartung und damit auch der Erfolg.* Sie werden schon sehen: Am Ende stehen *Sie* als Sieger da.

Optimismus und Pessimismus

Generell sind wir Menschen Hedonisten, und Hedonismus geht mit Optimismus einher. Mit anderen Worten: Im Allgemeinen neigen wir dazu, unsere Erfolgsaussichten zu überschätzen, und gerade das motiviert uns. Wir haben in Prinzip 2 die stärkende Wirkung positiver Erwartungen gesehen, indem Menschen, die viel (zu viel Gutes) von ihrem Partner erwarteten und optimistisch waren, dass er sich nur zum Guten bessern würde, damit auch eine sich selbst erfüllende Prophezeiung bewirkten: Der Partner fühlt sich geschmeichelt, verstanden, angestachelt und bessert sich tatsächlich. Rosige Erwartungen haben also auch eine selbstregulatorische Funktion: Sie schaffen bessere Wirklichkeiten.

* Forschung von William Maddux & Adam Galinsky zeigte kürzlich, dass Menschen, die lange in einem anderen Land gelebt hatten, kreativer waren als solche, die nie über den Tellerrand geschaut hatten. Auslandsaufenthalte trainieren die Flexibilität, und flexibles Denken ist eine wichtige Basis für Kreativität. Eine Grundvoraussetzung für diesen Kreativitätszuwachs, der auch durch viele andere internationale Studien belegt ist, ist eine gelungene Anpassung an ein neues Land. Also, wer umzieht, und sich nicht in der neuen Umgebung eingewöhnen kann, profitiert auch nicht davon.

Optimismus kann eine erlernte Persönlichkeitseigenschaft sein. Optimisten zeichnen sich dadurch aus, dass sie nicht nur in einem bestimmten Bereich hohe Erwartungen haben (das wäre Selbstwirksamkeit), sondern sich generell für Sonntagskinder halten. Charles Carver und Michael Scheier haben umfangreiche Studien zu diesem Persönlichkeitsfaktor durchgeführt und gefunden, dass Optimisten tatsächlich eher ihre Ziele verwirklichen als Pessimisten.

In Prinzip 4 habe ich bereits erwähnt, dass Paare, die ein Baby erwarten, grundsätzlich unterschätzen, was auf sie zukommt. Wenn der Nachwuchs dann da ist, befällt sie der Frust. Allerdings neigen Frauen, wie Scheier und Carver herausfanden, die generell optimistisch sind, weniger zu Depressionen nach der Schwangerschaft als Pessimistinnen. Offensichtlich hilft ihnen die rosa Brille dabei, gesund zu bleiben und mit der neuen stressigen Situation umzugehen. Studien an Patienten, die sich einer Bypass-Herzoperation unterziehen mussten, zeigten sogar, dass Optimisten im Vergleich zu Pessimisten weniger Änderungen im Kardiogramm aufwiesen und weniger der Enzyme während der Operation ausstießen, die gelegentlich zu einem myokardialen Infarkt führen. Die Optimisten erholten sich auch besser von der OP. Sie nahmen schneller wieder ihren Alltag auf, und es ging ihnen früher wieder besser. Dies ist umso erstaunlicher, als es Pessimisten und Optimisten in der Studie vor der OP gleich schlecht ging. Es hört sich an wie Zauberei, aber selbst das Immunsystem funktioniert bei Optimisten besser.

Warum ist das so? Die Forschung zeigt, dass Optimisten trotz der rosa Brille durchaus Schwierigkeiten sehen können, sie im Gegensatz zu Pessimisten aber aktiv angehen. Sie sind davon überzeugt, ihre Lage zu ihren Gunsten ändern zu können. Mit anderen Worten, wenn jemand davon ausgeht, seine Handlungen führen zum Erfolg, wird er tätig bzw. entwickelt bei Komplikationen konkrete Pläne zu deren Lösung. Pessimisten dagegen gehen Schwierigkeiten vor allem aus dem Weg.

Sie versuchen, Probleme zu ignorieren, und wenn sie sich nicht von selbst in Luft auflösen, jammern sie oder erstarren wie ein vom Autoscheinwerfer geblendetes Kaninchen, sobald sich als Folge mangelnder Aktionsbereitschaft neue Probleme auf sie zubewegen. Schließlich kommen sie sich überrollt vor und geben überfordert auf.*

Diese unterschiedlichen Strategien, Probleme zu bewältigen, sind teilweise erworben. Bereits als Kinder lernen wir direkt von unseren Eltern oder durch Beobachtung unseres Umfelds, uns entweder Problemen zu stellen oder aber sie zu vermeiden. Die Erwartung, ob das eigene Tun tatsächlich etwas bringt, spielt dabei eine entscheidende Rolle.

Dem Pessimismus können Carver und Scheier in ihrer Forschung schlichtweg keinen Vorteil abgewinnen. Sie widerlegten selbst die naheliegende Vermutung, dass sich Optimisten auf ihren Lorbeeren ausruhen. Im Gegenteil: Optimisten scheinen generell sehr aktive Menschen zu sein. Und selbst in wirklich ausweglosen Situationen haben sie die besseren Karten, weil sie die Situation so annehmen, wie sie ist. Sie verstehen Durststrecken eher als Lernerfahrungen und gehen entspannter mit unvermeidlichem Stress um. Untersuchungen an Brustkrebspatientinnen zeigen, dass Optimistinnen die Situation akzep-

* Sie kennen doch sicherlich auch Männer, die weniger attraktiv sind als Sie und dennoch die besseren Chancen bei Frauen haben. Meistens baggern sie aber auch viel umtriebiger. Mit anderen Worten: Sie überschätzen sich offensichtlich ein klein wenig und labern, ohne mit der Wimper zu zucken, drauf los, während Sie, schön wie die Sünde, noch überlegen, was der für ein blödes Zeug redet und ob Sie auch gut genug aussehen. Während der andere dann mit einer schönen Dame und einer Flasche Schampus auf dem Hotelzimmer verschwindet, bleibt Ihnen nur noch die Minibar mit den leblosen Johnnies und den ranzigen Nüssen. Probieren Sie es doch mal aus! Quatschen Sie drauf los und lassen Sie sich nicht entmutigen, wenn es nicht gleich beim ersten Mal zum Erfolg führt.

tieren, versuchen, das Beste daraus zu machen, und tatsächlich länger und zufriedener mit der Diagnose leben als Pessimistinnen, die sie – leider nur mit mäßigem Erfolg – verdrängen.

Eine Ausnahme von dieser Regel bildet der sogenannte *defensive Pessimist*, den Nancy Cantor und Julie Norem entdeckt haben. Während der landläufige Pessimist vor allem auf seine Misserfolge schaut (deren Häufigkeit er tendenziell überschätzt), erlebt der defensive Pessimist kaum Misserfolge: Zwar hat er beispielsweise vor jeder Klausur Angst, zu versagen, schreibt aber dennoch eine Eins nach der anderen. Diese Form des Pessimismus hat Vorteile: Sie motiviert, sich auf den Hosenboden zu setzen, und sie baut vor, wenn wirklich mal aus der Eins nur eine Zwei plus geworden ist. Letztendlich ist eine solche von Stress und Angst getragene Motivierung jedoch alles andere als gesund. Defensive Pessimisten haben häufig unter Stresssymptomen zu leiden, und dies obwohl sie doch im Allgemeinen erfolgreich durchs Leben schippern. Glücklich sind sie selten.

Kurz gefasst

Misserfolgs- und Erfolgserwartungen sind wichtige Einflussfaktoren unserer Motivation. Häufig kommen sie mit einer Sicherheit daher wie Realitäten, und tatsächlich entwickeln sie sich im Nu zu sich selbst erfüllenden Prophezeiungen. Am Fall der stereotypen Bedrohungen sehen wir, wie unmerklich und geradezu gemein Misserfolgserwartungen ihr Eigenleben führen: Sind wir Mitglied einer Gruppe, die angeblich etwas nicht kann (stricken, Autofahren, rechnen etc.), reichen subtile Erinnerungen an unsere Gruppenzugehörigkeit aus, um uns auszubremsen; wir werden langsamer und häufig auch schlechter. Wer sich dessen bewusst ist, kann teilweise gegensteuern und dem in diesem Fall dysfunktionalen Autopiloten den Saft abdrehen, im Sinne von: Jetzt erst recht! Oder man nutzt die Erkenntnis, indem man in Situationen, in denen ein Prevention-Fokus ausgelöst wird, Aufgaben bearbeitet, die vom Tunnelblick profitieren.

Eine positive Grundhaltung motiviert und führt dazu, dass Ziele auch angegangen werden. Forschung zum Optimismus zeigt, dass Optimisten das Glück nicht einfach zufliegt. Wir können von ihnen lernen, dass man anstehende Schwierigkeiten angehen, Hindernisse anpacken muss. Probleme wegzuschieben und auszusitzen funktioniert dagegen nur selten. Und da man sich ja ohnehin irgendwann mit ihnen auseinandersetzen muss – lieber früher als später!

Legen Sie gleich los, dann schlafen Sie wenigstens bald wieder besser und zwingen die blöden Stresshormone in die Knie! Das gilt allerdings nicht, wenn wir vom Problemlösen so erschöpft sind, dass wir eine Auszeit nötig haben, zum Beispiel wenn wir trauern; denn natürlich schluckt jedwede Aktivität auch Energie. Zwar ist es grundsätzlich gut, sich aktiv mit einem schmerzlichen Verlust auseinanderzusetzen, aber in manchen Fällen kostet das so viel Kraft, dass Ablenkungen und Zerstreuungen psychologisch eine sehr positive Wirkung haben können. Margaret Stroebe hat in ihrer bahnbrechenden Arbeit zur Trauer gezeigt, dass ein stetiger Wechsel zwischen Auseinandersetzung und Zerstreuung in vielen Fällen besser ist als ständige Konfrontation oder ständiges Verdrängen.

Erfolg und Misserfolg können unterschiedlich interpretiert werden, und oftmals liegt es im Auge des Betrachters, wer dafür verantwortlich ist. Wenn einem etwas nicht gelingt, dann ist es oft nicht klar, inwiefern man es selbst verschuldet hat oder ob der Grund anderswo zu suchen ist. Selten lassen einzelne Niederlagen global auf eine Persönlichkeit schließen (nach dem Motto: der Autounfall bedeutet, ich kann nicht Auto fahren), und sehr selten bedeutet ein Misslingen, dass man ähnliche Aufgaben in Zukunft überhaupt nicht mehr bewältigen kann. Und sollte man tatsächlich einmal in eine ganz ausweglose Situation geraten, dann sollten wir es wie die Optimisten machen und sie als Lernerfahrung ansehen.

Natürlich gibt es auch Erfahrungen, die so negativ sind, dass man sie in der Zukunft meiden sollte. Als mir letztens angetragen wurde, eine Tagung zu organisieren, und dabei sehr vieles nicht so lief, wie ich es mir vorgestellt hatte, sagte ich mir: »Das machst du zwar nicht wieder, aber selbst hieraus kannst du nur lernen! Schreib einfach alles auf, was nicht funktioniert hat.« Obwohl ich mich weiterhin mühte und oft ärgerte, entstand so eine gute, kompetente »Gebrauchsanweisung«, die dem nächsten Organisator der Tagung tatsächlich von großem Nutzen war. Und für mich hatte die Aufgabe plötzlich einen ganz neuen Wert. Ich erkannte durch das Aufschreiben auch, dass ich tatsächlich manchmal mehr als andere darunter leide, wenn Menschen neben mir nicht organisiert sind. Da ich vermutete, dass ich das auch in Zukunft nicht ändern würde können, zog ich daraus relativ emotionslos den Schluss: So etwas solltest du nicht noch einmal machen. Konzentriere dich auf die Dinge, die du kannst. Dazu muss ich sagen, dass ich diese Aufgabe sowieso von vornherein nicht besonders attraktiv fand, obwohl sie sehr prestigeträchtig ist. Wenn man denselben Fehler nicht wieder machen will, ist es wichtig, negative Erlebnisse festzuhalten, denn der Hedonist vergisst sie schnell wieder. Wenn Sie also das Gefühl haben: »Das sollte ich nie nie wieder tun!«, schreiben Sie es auf! So wird aus einer miesen Erfahrung eine Lernerfahrung.

Auch um meinen Tag zu gestalten, arbeite ich für mich selbst mit einer ganz einfachen Methode. Statt wie früher morgens in mein Büro zu stürzen, den Computer anzustellen, dabei gleichzeitig den Mantel in die Ecke zu pfeffern, und während der Drucker hochfährt, zu meinem Briefkasten zu laufen, setze ich mich fünf Minuten (die sind lang!) an meinen Schreibtisch und stelle mir vor, wie ich am Abend aus dem Büro gehen werde und wie der Tag bis dahin wohl aussehen wird. Ich entwickele also bewusst Erwartungen. Manchmal sind sie hoch, und dann freue ich mich auf den Tag. Manchmal wird mir aber auch klar, dass ich nicht viel von diesem Tag zu erwarten habe. Dass er schwierig werden wird. In diesem Fall schraube ich meine Erwartungen zurück und sporne mich selbst an: »Wenn das alles so doch noch hinhaut, dann gönne ich mir eine warme Apfeltorte im Café Winkel!« Nicht zu viel zu erwarten verhindert Enttäuschungen und führt gleichzeitig dazu, sich die Schwierigkeiten vor Augen zu halten. Und wenn sie dann so konkret vor mir stehen, sind sie nicht mehr gruselig. An manchen dieser Tage gehe ich dann doch beschwingter aus dem Büro als ursprünglich gedacht. Seitdem ich mir täglich diese fünf Minuten nehme, schlafe ich besser.

Wenn wir eine Deadline haben, immer mehr Selbstwirksamkeit erleben, Kontrolle über die Situation gewinnen und die Schwierigkeiten dadurch geringer werden, steigt unsere Motivation mit der Nähe zum Ziel automatisch. Bleiben diese Faktoren aus, müssen wir uns bewusst selbst motivieren. Indem wir uns zum Beispiel eigene Deadlines setzen. Sie sind ein Teil der Selbstwirksamkeit, die man gewinnt. Man sollte sie sich gemäß seiner Fähigkeiten setzen und, wenn man sie dann doch nicht einhält, nicht so streng mit sich selbst sein. Aber auch nicht zu lasch. Irgendwann wollen Sie ja mal zu Potte kommen.

PRINZIP 9

Selbstkontrolle: Flugzeuge im Bauch statt am Himmel

Von Eva, derentwegen wir den Salat haben, den wir ja eigentlich ständig essen sollten und dies ja auch manchmal können, dabei aber häufig der Körperlichkeit des Mäusespecks erliegen. Wie die kleinen Mäuse, die sich gar nicht beherrschen können. Weil ihnen ein Muskel fehlt, der sich erst noch entwickeln muss. Den Dr. Roy, der auf einem Baum sitzt, studiert. Der findet, dass uns u.a. Zuckercola, vor allem aber Blattspinat beim Verwirklichen hehrer Ziele helfen. Wobei uns unser Gedächtnis zu Hilfe kommt, das uns ans Studieren erinnert und vor vielen Freundinnen abschirmt. Aber das ist zu abstrakt. Und hilft Ihnen doch, die Zigarette JETZT in die Tonne zu kloppen.

Dass Menschen Versuchungen überhaupt widerstehen können, ist für mich ein faszinierendes Phänomen. Fast biblisch, würde Zö sagen. Und das wäre gar nicht so weit hergeholt, schließlich beginnt die Schöpfungsgeschichte damit: Was hätte Eva tun können, um sich nicht durch den saftigen Apfel verführen zu lassen? Denn: Hätte sie ihn einfach hängen lassen, wären wir heute noch im Paradies!

Ich will die Religionsgeschichte nicht umschreiben, aber der Urkonflikt der Schöpfungsgeschichte wiederholt sich im Alltag immer wieder aufs Neue: Es ist der Konflikt zwischen einem eigenen konkreten Impuls, etwas zu tun, und einer von außen aufgestellten, abstrakten, höherwertigen Regel. Der liebe Gott hatte Eva verboten, den Apfel zu essen, doch sie war, wie wir wissen, der Aufgabe – trotz Androhung immerwährender Pein – nicht gewachsen. Verlassen wir das Paradies, und beschäftigen uns mit hehren Zielen, die wir Menschen uns selbst oder anderen in Form moralischer Gebote und Verbote oder höherwertiger Standards auferlegen.

Auch Sie sind diszipliniert!

Oft sind wir uns dessen gar nicht so sehr bewusst, aber ist es nicht faszinierend, wie gut wir Menschen uns selbst zurückhalten können? Ist es nicht beispielsweise toll, wie viele Mediziner wir haben, die uns rundum versorgen? Gut, sie verdienen dafür einiges, aber auf der anderen Seite profitieren wir, die Patienten, davon, dass sie sich jahrelang auf den Hosenboden gesetzt, ihren Ekel überwunden haben, als sie die erste Leiche aufschneiden mussten, und sich immer wieder der großen Verantwortung gestellt haben. Und schon höre ich meinen Lehrer Birkenkötter sagen: »Lehrjahre sind keine Herrenjahre!«

Der Spruch trifft natürlich nicht nur auf Ärzte zu: Niemandem fliegt ein Abschluss einfach so zu. Oder glauben Sie, es macht einem Fußballer Spaß, tagelang unter einer Beinstretchmaschine zu sitzen? Oder einem Friseurlehrling, wochenlang nur Haare zu waschen? Wie kommt es aber, dass wir am Ball bleiben und nicht das Handtuch werfen – obwohl doch überall interessante Ablenkungen und Versuchungen lauern? Wieso bleiben Studenten in einer staubigen Bibliothek über ihren Büchern sitzen, obwohl draußen die Sonne lacht? Und warum widmen wir uns nicht stundenlang diesen tollen Spielen, die man aus dem Internet herunterladen kann, sondern schreiben und arbeiten stattdessen? Warum liegt seit zwei Tagen die *Cavalleria Rusticana* mit Maria Callas ungeöffnet auf meinem Schreibtisch, die einzige Aufnahme, die ich *nicht* kenne, während ich seit Tagen nichts als langweilige Gutachten schreibe? Aus einem einfachen Grund: Weil wir den *Aufschub von unmittelbarer Belohnung*, das *Zurückstellen unserer unmittelbaren Impulse zugunsten höherwertiger Ziele* meistern – jedenfalls im Großen und Ganzen. Aber ist es trivial, dass wir das tun?

Für mich persönlich ist die Möglichkeit, einer Verführung widerstehen zu können, das, was den Menschen ausmacht. Belohnungsaufschub ist eine Fähigkeit, die, so scheint es, allein dem Menschen innewohnt. Auch deshalb wird der Umgang mit Verführung im ersten Kapitel der Bibel thematisiert. Gott schuf das Getier und die Blumen und die Bäume und alles Drum und Dran. Und schließlich den Menschen, dem er eine schwierige Aufgabe stellte: Hände weg von bestimmten Dingen, auch wenn sie im Moment attraktiv erscheinen.

Jeder von uns kann nachvollziehen, warum Eva der Versuchung *nicht* widerstehen konnte. Jeder von uns weiß aber auch, dass Menschen grundsätzlich einer solchen Verführung widerstehen *können*. Selbst wenn wir Hunger haben und uns den Ring Leberwurst in der Schlachterei am liebsten direkt einverleiben würden, sagen wir höflich Guten Tag, lassen ihn uns einpacken, zahlen, gehen nach Hause, decken den Tisch und schmieren uns artig anderthalb Brötchen damit. Was für ein famoses Ritual der Selbstkontrolle! Aber nehmen Sie Ihren Hund mal in eine Metzgerei mit und lassen die Leine los! Was macht er? Party! Er wird zuerst die Leberwurst essen, dann die Blutwurst, wird dann ein Hühnerbeinchen zernagen und irgendwann mit Bauchschmerzen in der Ecke liegen. Auch wenn man ihm täglich einen Besuch beim Metzger zugestände, er würde nichts dazulernen, er würde jeden Tag wieder genauso reagieren, dabei dicker und dicker werden, faul und irgendwann an den Folgen seines Verhaltens qualvoll sterben.

Im Grachtengürtel Amsterdams begegnet man häufig solchen Geschöpfen. Zwar dürfen sie nicht die wunderbaren Schlachtereien als Partyraum missbrauchen, aber sie werden von lieben reichen Damen und Herren so vollgefüttert, dass man sie, würde man sie rasieren, kaum von einem Hängebauchschwein unterscheiden könnte. Über Hängebauchschweine, die ja zunehmend als Haustiere in Mode kommen, ist mir wiederum berichtet worden, dass man den Ebern nicht abgewöhnen kann, sich ständig an den Möbeln und Knien der Gäste zu reiben. Hängebauchschweine haben einen starken Sexualtrieb und geben dem gerne nach. Sicherlich gibt es auch einige Menschen, die sich ähnlich wie Modehunde oder Hängebauchschweine verhalten, aber insgesamt scheinen wir doch ein besonderes Talent dafür zu haben, unsere Impulse zu unterdrücken oder, anders ausgedrückt, eine Lösung für Zielkonflikte zu finden.

Ein *Zielkonflikt* besteht dann, wenn ein attraktives Ziel einem anderen wichtigen Ziel widerspricht*, so wie zum Beispiel das Ziel abzunehmen der Lust auf Kuchen entgegensteht. Oder wenn es einem in den Fingern juckt, dem gut aussehenden Chef in den attraktiven Hintern zu kneifen, was aber dem Wunsch widerspricht, ein gutes Arbeitsverhältnis nicht durch unangemessenes Verhalten zu gefährden. Was meinen Sie, wie oft ich meinem Lehrer Sing-Sing-Birkenkötter gerne gesagt hätte, was für ein Idiot er ist – und mit mir Tausende von Schülern, die unter ihm gelitten haben? Tatsächlich hat nicht einer es gewagt, ihm die Stirn zu bieten. Offenbar wird der spontane eigene Impuls, ihm die Meinung zu geigen oder gar lustvolle Mordphantasien in die Tat umzusetzen, durch alternative, soziale Ziele in Schach gehalten – in dem Fall, die gesellschaftliche Regel, dass man sich als Schüler nicht mit seinen Lehrern anlegt oder sie gar umbringt. Am Beispiel Aggression wird deutlich, wie relevant diese Selbstkontrolle für unseren Alltag ist.**

* OK, es gibt auch Konflikte zwischen zwei unattraktiven Alternativen, etwa den zwischen einer riskanten Operation oder chronischen Schmerzen. Allerdings sind sie kaum untersucht und auch eher selten anzutreffen. Richten wir hier den Blick also aufs Positive.

** In einer bisher unveröffentlichten Studie habe ich gefunden, dass die Mehrheit einer Würzburger Gruppe von Studierenden schon einmal ausgeprägte Mordphantasien hatte. Es ist schon erstaunlich, wie selten sie dann doch ausgelebt werden.

Selbstkontrolle auszuüben oder unmittelbare Belohnung aufschieben zu können stellt einen evolutionären Vorteil dar. Bei unseren Vorfahren sicherte das Einteilen der Ernte über die Wintermonate hinweg das Überleben der Sippe. In manchen Gegenden war der Hunger im Winter so groß, dass eine – fast unmenschliche – Selbstkontrolle überlebensnotwendig war. Hier haben wir Menschen den Tieren, die sich lustvoll auf die vollen Speicher gestürzt hätten, ganz klar etwas voraus.

Aber auch heute, wo wir ohne Probleme unsere Grundbedürfnisse befriedigen können, stehen wir ständig vor Zielkonflikten: Nämlich mäßig und gesund zu essen (statt immer nur Pizza beim Lieblingsitaliener zu bestellen), Sport zu treiben (statt sich gepflegt im Fernsehen eine Soap reinzuziehen), langsam zu fahren (wo doch der Rausch der Geschwindigkeit so viel Spaß macht), zu studieren, zu arbeiten, sich abzumühen (statt den netten Italiener von nebenan zu verführen), eine große Spende für Bedürftige zu leisten (obwohl man sich von dem Geld doch auch eine Designer-Spitzenunterbuxe kaufen könnte), seinen Zorn zu unterdrücken (obwohl man den missratenen Sohn doch am liebsten an der nächsten Autobahn anketten würde), nett zu seinem Kollegen zu sein (obwohl er beim Italiener von nebenan hoch im Kurs steht), sich nicht nach der dicken Frau umzuschauen (obwohl sie irgendwie faszinierend aussieht) und die Lieblingspizza unseres Lieblingsitalieners aus Stolz nicht ganz aufzuessen (obwohl der Idiot uns sagt, er hätte sie aus Liebe für uns gemacht und den anderen Trottel zum Teufel geschickt). Die Liste von Zielkonflikten in unserem Alltag ist unendlich – und doch bewältigen wir die meisten von ihnen mit Bravour!

Dass der Aufschub einer Belohnung von evolutionärer Bedeutung sein kann, haben wir gesehen. Wenn wir aber unser Lachen unterdrücken, während unsere Tochter eine eher peinliche Figur beim Vorsingen abgibt, ist das ein Zeichen sozialer Intelligenz.

Wir spielen ein wenig Theater, schließlich wollen wir sie nicht entmutigen. Damit verfolgen wir ein höheres Ziel, das unsere Impulse im Zaum hält. Dass Selbstkontrolle eine wichtige Basis für die Ausbildung der eigenen Intelligenz sein kann, zeigen auch wissenschaftliche Studien.

Mit Speck fängt man Mäuse

Walter Mischel konnte in zahlreichen Untersuchungen zeigen, dass Kinder, die früh gelernt hatten, Verführungen zu widerstehen, intelligenter und erfolgreicher im späteren Leben sind. Für seine Experimente lud er Vierjährige in ein Labor ein. Sie sollten allein in einem Zimmer vor einem Marshmallow sitzen bleiben, ohne ihn anzuknabbern oder gar aufzuessen. Ein zweiter wurde ihnen in Aussicht gestellt, wenn ihnen das gelang, bis der Versuchsleiter nach etwa 15 Minuten wieder zurückkam. Sie durften jedoch jederzeit eine Klingel drücken und den Versuchsleiter früher zurückholen. In diesem Fall, so sagte man ihnen, dürften sie die Leckerei zwar essen, bekämen aber keinen zweiten Marshmallow. Damit war die Belohnung größer, wenn sie sich länger geduldeten, als die unmittelbare Genugtuung, wenn man dem Impuls, den Marshmallow zu vernaschen, sofort nachgab. Obwohl die spätere Belohnung größer war als die unmittelbare, gelang es vielen Kindern nicht durchzuhalten. Sie nahmen den Marshmallow in die Hand – und weg war er. Und damit auch die Belohnung.

Mischels erste Erkenntnis war, dass Kinder Selbstkontrolle offensichtlich erst lernen müssen. Denn als er den Versuch mit Kindern im Alter von fünf Jahren wiederholte, bewältigten fast alle von ihnen diese Aufgabe. Reste dieses mangelnden Belohnungsaufschubs sind allerdings auch bei Erwachsenen zu beobachten. Ich war heute am Strand, um einen ersten Entwurf dieses Kapitels zu skizzieren. Und es entging mir nicht, dass die meisten Sonnenanbeter vom Bahnhof aus den kürzesten Weg zum Strand wählen, um sich dann sofort auszukleiden und schnurstracks mit vielen anderen Sardinen auf den ölgetränkten Liegen Platz zu nehmen. Dieses erste Stück Strand hat Zandvoort jedoch mit Recht den Ruf als einem der unschönsten Badeorte der Niederlande eingehandelt. Würden die Sonnenanbeter nur 30 Minuten weiter laufen (Belohnungsaufschub), könnten sie ihre Zeit in wunderschöner, naturbelassener Dünenlandschaft verbringen.

Die zweite Erkenntnis, zu der Mischel kam, war der Zusammenhang zwischen Selbstkontrolle und Intelligenz. Einige der getesteten Kinder waren zehn Jahre später zu einem Intelligenztest eingeladen worden, und Mischels Vermutung bewahrheitete sich: Die Kinder, die dem Marshmallow länger widerstehen konnten, waren intelligenter, generell besser in der Schule und ehrgeiziger. Mehr noch, sie waren auch weniger aggressiv, konnten sich besser konzentrieren, waren sozial kompetenter und insgesamt weniger verhaltensauffällig. Woher diese Fähigkeiten genau kommen, ist weitgehend ungeklärt. Es verhärten sich aber Hinweise darauf, dass Kinder in Familien, die schon früh auf prosoziales Verhalten und Selbstkontrolle achten, Versuchungen generell leichter widerstehen. Insbesondere der Zusammenhang zwischen Impulskontrolle und schulischem Erfolg ist bemerkenswert. Offensichtlich erfordern sehr viele Aufgaben, die zum Erfolg führen, schlichtweg eine hohe Selbstkontrolle. Je früher man diese erlernt, umso besser.*

* Bedeutet das jetzt, man solle seinen Kindern ruhig mal etwas verbieten? Ich fürchte, ja. Lediglich Strafandrohungen müssen nicht sein. In Amsterdam wundert es mich immer, wie still die kleinen Kinder in meiner Nachbarschaft sind. Einen Spruch, den ich öfter höre und der offenbar Wunder wirkt, ist: »In *unserer* Familie schreien wir nicht so rum!«, oder: »*Wir van Vliets* passen beim Blumengießen auf, dass die Nachbarn kein Wasser abkriegen!« Kinder, so scheint's, können sich auch ohne Strafandrohung ganz gut beherrschen. Allerdings müssen die Eltern ihnen auch als gutes Beispiel vorangehen, denn Gruppennormen folgt man lieber, wenn die Gruppe, *wir van Vliets*, auch konsequent ist.

Das Heulen des inneren Schweinehunds

Trotzdem sind wir natürlich alles andere als perfekt und versagen – trotz prosozialer Erziehung – auch hin und wieder. Dann siegt der Schweinehund in uns, was – nicht nur psychologisch gesehen – interessant ist. Wir alle würden häufig gerne unseren Impulsen folgen, schließlich haben wir es gerne bequem, warm und lecker, ohne dass wir uns Herausforderungen stellen müssen. So haben mein Freund und ich eines Abends während unserer Milford-Track-Wanderung tatsächlich das gesamte Frühstück für den nächsten Tag verspeist – und es hinterher bitter bereut. Aber wir waren so ausgehungert, die Müsliriegel lagen ausgepackt und nach Kokos duftend vor uns, zwei niederländische Stewardessen hatten uns noch ein Glas Wein aus ihrem Riesenrucksack spendiert – und schwups waren die Riegel weg. Impulse haben etwas Körperliches, es *rührt* sich etwas in uns, egal ob wir vor einem leckeren Stück Kuchen sitzen, einem Nachbarn begegnen, den wir nicht (oder zu gut) leiden können, oder die Sonne draußen scheint.

Strom kommt aus der Steckdose

Wie wir gesehen haben, widersprechen Impulse häufig anderen, langfristig wichtigeren Zielen. Manche dieser Ziele nennen wir auch »höhere« oder »hehre« Ziele. Sie sind weniger körperlich, sie sind abstrakt und häufig von sozialer Bedeutung. So haben viele von uns das hehre Ziel, »ein ökologisch verantwortungsvoller Mensch« zu sein. Um dieses Ziel zu erreichen, müssen wir hier und da unseren inneren Schweinehund überwinden. Und oft gelingt das nur in Maßen. Lassen Sie zum Beispiel häufiger Ihr Auto stehen, weil es energiesparender ist, mit dem Bus zu fahren? Wirklich? Auch wenn es in Strömen regnet?

Mir fiel vor kurzem auf, dass ich selbst bei Strecken, die gut mit der Bahn zu bewältigen wären, gerne einen dieser sehr billigen, aber doch viel umweltschädlicheren Flüge buche. Und ich finde es persönlich ganz bequem, zusammen mit allen Amsterdamern meine Dosen und Flaschen in den normalen Hausmüll zu tun – vernünftig oder richtig finde ich es aber nicht. In diesen und vielen anderen Fällen geben wir Menschen häufig unserem Impuls, unserem Bedürfnis nach Bequemlichkeit nach; unser Wunsch nach persönlichem, unmittelbarem Wohlbefinden setzt sich dann gegenüber dem hehren Ziel durch, in diesem Falle, die Welt für unsere Nachkommen zu erhalten – ein Ziel, das noch dazu in der Ferne liegt und von dem wir noch nicht einmal wissen, ob wir es überhaupt erreichen können. Bestimmte Arten der Selbstkontrolle sind einfach anstrengend und zeitaufwändig, und manchmal lassen wir unseren inneren Schweinehund eben gerne von der Leine.

Andererseits kann Selbstkontrolle auch überhand nehmen. Was ist mit Personen mit Zwangsstörungen, die offensichtlich zu viel Kontrolle über sich ausüben? Was mit den anorektischen Jugendlichen, die sich jeden Brotkrumen versagen, und was mit den Ostwestfalen, die schlechtgelaunt den ganzen Samstag ihre Autos, ihre Garageneinfahrten und Fenster putzen, statt einmal alle fünf gerade sein zu lassen? Was ist mit den Workaholics oder den Meckerpötten, die ihr gesamtes Geld sparen, sich gar nichts gönnen und schlechtgelaunt den anderen alles neiden?

Ehrlich gesagt, gäbe es nur diese beiden Modelle, den Schweinehund oder den griesgrämigen Kontrollfreak, dann sähe ich mich lieber quiekend vor Glück in der Fleischablage nach Schinken, Bratwurst und Honiglebercreme wühlen. Es scheint so, als wollten wir eine Balance erreichen – irgendetwas zwischen Hölle, Impuls, und Himmel, Vernunft. Sich manchmal etwas Unvernünftiges zu gönnen ist genauso wichtig, wie sich am Riemen zu reißen und sich zu sagen: »Nein, ich kann wirklich nicht jeden Tag ein Dessert zum Abendessen haben.« Wir müssen nicht wie ein Hund jede Wurst verzehren, die man uns vor die Nase hält. Und wir müssen auch nicht, wie ein Eichhörnchen jede Nuss verbuddeln, weil uns unser biologisches Sparprogramm das befiehlt. Idealerweise kann ich mir sagen: »Ich trinke gerne mal ein Glas, aber eben nicht jeden Tag!« Im Prinzip haben wir Menschen es selbst in der Hand und können flexibel sein – im Gegensatz zu einem Autopiloten; denn hier müsste eine umfangreiche Software erst einmal bestimmen, wann das eine oder das andere adäquat ist.*

Der schlaffe Muskel Selbstkontrolle

Selbstkontrolle ist ein Muskel. So jedenfalls meint Dr. Roy, wie ihn mein Freund nannte, als wir ihn in Australien auf einem Baum sitzend begrüßten. Der da oben gemütlich zwischen den Ästen hockend winkte, war der Organisator eines Kongresses zum Thema Selbstregulation. Mein Freund wusste einmal mehr, warum er mich nur selten auf solche Veranstaltungen begleitet: »Klar, Psychologen sitzen gerne auf Bäumen.« Ich erklärte, zugegebenermaßen etwas unbeholfen: »Dies ist Roy Baumeister, einer der meistzitierten Psychologen der Welt.« Und mein Freund – keineswegs erleichtert – entgegnete: »Ach so. Und der spielt hier also Dschungel-Camp und beobachtet euch aus der Adlerperspektive.« Seitdem ist Roy Baumeister für uns einfach Dr. Roy, so wie der Arzt aus dem RTL-Dschungelcamp Dr. Bob genannt wird.** Das ist aber lieb gemeint, denn irgendwie hatte

* Manche Kollegen sprechen inzwischen von »automatischer Selbstkontrolle«. Hier haben Nils Jostmann und ich aber kürzlich angemerkt, dass es sich dabei um einzelne Strategien handelt, die man automatisieren kann. Selbstkontrolle an sich zu automatisieren wäre ein Widerspruch an sich und auch nicht erwünscht, denn wenn unser Autopilot versagt, dann können wir bewusst gegensteuern.

** Natürlich schauen wir auch Dokumentarfilme über kirgisische Liedermacher der 60er Jahre auf arte und schräge, durch den Gebrauch von Handkameras verwackelte norwegische Schwarzweißfilme.

ich Respekt vor einer Kapazität wie ihm, die sich auch einmal auf einem Baum niederlässt.

Dr. Roy vergleicht den Akt der Selbstkontrolle mit der anstrengenden Arbeit eines Muskels. Und wie einem Muskel, so Baumeister, steht dem Akt des Sich-Beherrschens nur eine begrenzte Energie zur Verfügung. Muskeln erschlaffen, wenn sie in Anspruch genommen wurden. Die Analogie, dass auch die Energieressourcen mentaler Selbstkontrolle begrenzt sind, haben Dr. Roy und seine Mitarbeiter eingehend untersucht.

Ihr bevorzugter Versuchsaufbau ist so elegant wie simpel: Wenn ich jemanden bitte, Selbstkontrolle auszuüben, sollte er, der Muskelmetapher folgend, in einer weiteren Aufgabe, in der er sich wieder stark kontrollieren muss, eher scheitern, als jemand, der sich vorher nicht beherrschen musste. Sprich: Habe ich den Muskel Selbstkontrolle stark beansprucht, ist »Flasche leer«. Dabei kann der Muskel durch vielerlei Tätigkeiten erschöpft werden. Das ist so, wie wenn man Tennis spielt und hinterher die Wohnung streicht: Unterschiedliche Tätigkeiten erschöpfen denselben Muskel.

In seinen Untersuchungen zeigt Dr. Roy, dass die Selbstkontrolle von Emotionen, während man einen dramatischen Film sieht, oder das Unterdrücken von Gedanken, wenn man eigentlich ärgerlich ist, Menschen mental erschöpft. Bittet man die Versuchsteilnehmer danach, den Arm, solange sie können, in Eiswasser zu tauchen, oder gibt ihnen etwas an die Hand, was sie zusammendrücken sollen, dann halten sie weniger lange durch als die Menschen, die vorher ihre Gefühle oder Gedanken nicht kontrollieren mussten. Diese und viele Befunde aus Dr. Roys Labor zeigen, dass eine Aufgabe, in der man Selbstkontrolle übt, inhaltlich völlig verschiedene Aktivitäten beeinflussen kann. So können sich Menschen, die Gedanken unterdrückt haben, hinterher nicht so gut das Lachen in einer unpassenden Situation verkneifen. Sie tun sich auch schwerer damit, die Farbe von Farbwörtern zu benennen, wenn diese in einer anderen Farbe dargeboten wurden, eine Aufgabe, die in Prinzip 5 beschrieben wurde. Je länger man Selbstkontrolle übt, umso mehr ermüdet der Geist.

Mentaler Spinat

Wie im Sport so gibt es auch für den Muskel Selbstkontrolle Möglichkeiten, seine Kraft optimal zu nutzen, und geeignete Mittel, um ihn etwas aufzublasen. Und sie sind sogar legal. Wenn Menschen wissen, dass eine vor ihnen liegende Aufgabe sehr wichtig ist oder für sie einen hohen Wert hat, dann teilen sie sich ihre Energien umso sorgfältiger ein. Sie sparen Kraft bei der Bewältigung von Aufgaben, die ihnen nicht so wichtig sind, und holen dann, wenn es ihnen wirklich um etwas geht, das Letzte aus sich heraus. Ähnlich wie beim Sport haben wir in Sache Selbstkontrolle immer noch eine gewisse Restressource, auf die wir kurz vor dem Ziel oder kurz vor einer uns wichtigen Aufgabe zurückgreifen können.

Auch konkrete Pläne, die man geschmiedet und für gewöhnlich dann parat hat, wenn man den Rubikon überquert hat (also, wenn man sich für ein Ziel entschieden hat, siehe Prinzip 5), wirken Ermüdungserscheinungen entgegen. Hat man sich vorher zurechtgelegt, was man im Falle der Selbstbeherrschung wie und wo zu tun hat, fällt sie uns leichter. Viele von uns wissen, dass es ratsam ist, wenn wir bittere Medizin schlucken müssen, die Nase zuzuhalten oder an etwas Schönes zu denken. Wir wissen, dass wir die angebrochene Chipstüte besser in den Schrank räumen, weil wir sonst versucht sind, zu viel davon zu essen. Solche kleinen und feinen Pläne, die leicht abrufbar sind, erleichtern dem Muskel Selbstkontrolle die Arbeit bzw. können die Leistung des Muskels sogar erhöhen.

Neuere Befunde zeigen, dass, wie bei einem wirklichen Muskel auch, Zucker bei der Selbstkontrolle hilft. Matt Gailliott und Kollegen gaben Versuchsteilnehmern Diät-Brausen oder nicht kalorienreduzierte Zucker-Brausen. Wie sich herausstellte, unterstützt Zucker die Lösung von Aufgaben, in denen Selbstkontrolle gefragt ist. So konnten Versuchsteilnehmer besser ungewünschte Gedanken unterdrücken, ließen sich weniger durch interessante Bilder oder Informationen bei der Bearbeitung von Leistungsaufgaben ablenken und konnten sich besser konzentrieren. Auch die oft beschriebene Farbnennaufgabe konnten sie besser bewältigen. Dabei wussten die Probanden nicht, was sie da tranken, d.h., man kann nicht von einem psychischen Einfluss des Zuckers auf die Selbstkontrolle ausgehen.

Was nicht heißen soll, dass Sie sich jetzt einen Schokoriegel nach dem anderen gönnen sollen! Weit gefehlt, denn Glukose wird viel besser und nachhaltiger durch Vollkornbrot und, wie Popeye uns lehrte, Blattspinat und anderes Grünzeug bereitgestellt. Die Befunde zeigen vor allem, wie viel Fleisch an der Muskel-Metapher sitzt. Wer seinen Muskel nicht stählt und ihn nahrungstechnisch falsch versorgt, indem er ständig zu wenig isst, der kann sich nicht vor letztlich unerwünschten Verlockungen schützen. Auch geistige Leistungen benötigen Glukose. Andernfalls können wir uns nicht konzentrieren.*

Wer allerdings eine positive Sicht auf sich selbst hat, braucht keinen Zucker. Daphne Wiersema von der Universiteit van Amsterdam zeigte, dass ein hoher Selbstwert an sich eine Ressource ist. Wenn Menschen im Allgemeinen von sich überzeugt sind, stärkt sie das und macht es ihnen leichter, sich negativem Feedback zu stellen – ebenfalls eine Aufgabe, für die man geistige Ressourcen und Selbstkontrolle benötigt. Man kann es auch

* Am Rande bemerkt: Wir wissen doch alle, dass diese Diätzucker hungrig machen, oder? Und dass man abends nicht zu viele Kohlehydrate zu sich nehmen soll? Und dass man nur das Beste essen soll, nämlich Bio, Vollwert, Gemüse. Das wissen wir alle zur Genüge und müssen es nicht wieder lesen, um uns dann nicht daran zu halten, oder? Halten Sie sich einfach dran.

anders ausdrücken: Ein hoher Selbstwert ermöglicht es, sich selbst für einen Moment zurückzustellen. Er ermöglicht es uns, über uns selbst dazuzulernen. Das gilt auch für Humor, der einem dabei hilft, sich selbst zu kontrollieren, und Ressourcen freilegt. Positive Stimmung öffnet den Zugang zum Selbst, sie aktiviert mehr Assoziationen im Gedächtnis als schlechte Stimmung und erlaubt einen Adlerblick auf die Dinge.

Was Dr. Roy genau auf dem Baum zu suchen hatte, haben wir bis heute nicht herausgefunden. Er lachte sich jedenfalls kaputt, als wir so verdattert zu ihm hoch starrten. Wer weiß, vielleicht wollte er sich einfach einen Spaß erlauben, bevor die anstrengende, ernste Konferenz losging. Oder er wollte sich einfach mal nicht benehmen und gab seinem Muskel Selbstkontrolle auf dem Baum eine entspannende Massage.

Warum Hitchcock doch Recht hatte

Aber wir sind mit der Muskelmetapher noch nicht am Ende. Denn so wie Muskeln sich nachhaltig stärken und aufbauen lassen, lässt sich auch Selbstkontrolle trainieren. Dr. Roys Team schulte Versuchsteilnehmer darin. So baten die Psychologen einige der Probanden, bestimmte alltägliche Aktivitäten mit der nicht dominanten Hand (das ist dann meist die linke) auszuführen, eine Aufgabe, die erfahrungsgemäß viel Selbstkontrolle erfordert. Tatsächlich wurde der so trainierte Muskel Selbstkontrolle (und nicht nur der der linken Hand!) mit der Zeit stärker, und die Versuchsteilnehmer konnten sich auch bei anderen Aufgaben besser und länger disziplinieren.

Ab wann eine hohe, antrainierte Selbstkontrolle schädlich oder nützlich ist, muss noch genauer geklärt werden. Nehmen wir einmal das sozial höchst relevante Beispiel der Aggression. Hat man nämlich spontan Aggressionen unterdrückt und damit Selbstkontrolle ausgeübt, gibt es einen sogenannten Rückschlageffekt. Mit anderen Worten: Nach Unterdrückung der Emotionen steigt die Gewaltbereitschaft, wie Markus Denzler, Nira Liberman und ich in einem Experiment zeigen konnten. Wir hatten Versuchsteilnehmer gebeten, sich vorzustellen, wie ihr Freund oder ihre Freundin sie mit der besten Freundin oder dem besten Freund betrügt. Mit einer Geschichte halfen wir der Phantasie der Probanden auf die Sprünge. Sie sollten sich vorstellen, wie sie nach Hause kämen, um für ihren Liebsten lecker zu kochen – und plötzlich Geräusche aus dem Schlafzimmer wahrnähmen. Sie sollten sich ausmalen, wie sie vorsichtig die Tür öffneten und durch den Schlitz den Partner mit der besten Freundin sähen! Nackt! Und nicht nur das. Die beiden stammelten sich auch noch Liebesbekundungen zu! Unsere Probanden kochten vor Wut, und während einige ihren aggressiven Gedanken freien Lauf lassen durften, bekamen andere die Aufgabe, ihre Gedanken und Gefühle zu unterdrücken.

Aggression lässt sich nur schwer im Labor messen. Schließlich können wir, aus ethischen Gründen, unsere Versuchsteilnehmer nicht dazu auffordern, die Versuchsleiter zu verkloppen oder den Kopf gegen die Wand zu wummern. Also wählten wir eine andere Methode, um ihren Aggressionsgrad zu messen. Nachdem sie ihre Gedanken und Aggressionen unterdrückt bzw. ihnen freien Lauf gelassen hatten, baten wie sie, für einen anderen Versuchsteilnehmer aus einem Konvolut von dreißig Bildern, von denen jeweils zehn vollkommen eklig, sehr schön und relativ neutral waren, zehn auszusuchen. Die Auswahl der Bilder spiegelte wider, wie aggressiv sie waren: Versuchspersonen, die vorher ihre Wut unterdrückt hatten, suchten tatsächlich mehr Ekelbilder aus, als die, die ihre Aggression vorher ausgelebt hatten.

Kann man auf der Grundlage dieser Experimente schließen, dass Hitchcock doch Recht hatte mit seiner Aussage, dass gerne die zu Mördern werden, die – im Alltagsleben grausam unterdrückt (meist von der Mutter, der Ehefrau oder dem Boss) – einmal losgelassen werden? Es scheint eher folgendermaßen zu sein: Muss ein extrem starker aggressiver Impuls, der plötzlich auftritt (wie in der In-flagranti-Situation), kurzzeitig im Zaum gehalten werden, kann das gewalttätige Folgen haben. Dr. Roys Forschung dagegen zeigt auch, dass diese Gefahr, wenn man tagtäglich Selbstkontrolle übt, reduziert werden kann – zumindest wenn es sich bei den Aggression auslösenden Situationen nicht um Extreme handelt. Das mag einer der Gründe dafür sein, warum so viele nervige Kinder noch am Leben sind. Ihre Eltern sind schlichtweg gut im Training. Was Hitchcocks Mörder betrifft, sollten wir uns zudem daran erinnern, dass die Sozialpsychologie sich mit dem Verhalten normaler Menschen befasst; seine Kriminellen haben vermutlich eine besonders seltene Art des Muskelschwunds.

Werfen wir noch einen Blick auf Dr. Roy, wie er auf dem Baum sitzt und lacht, und widmen uns der Rolle des Autopiloten bei der Selbstkontrolle.

Jenseits der hemmenden Mutter

Wie bereits mehrfach erklärt, haben wir Ziele im Gedächtnis abgespeichert, die aktiviert oder gehemmt werden können. Wenn ich zum Beispiel Salbeinudeln kochen will, dann wird dieser Gedächtnisknoten aufgeladen und mit ihm die Mittel zur Zielerreichung wie »Schere nehmen«, »Salbei abschneiden«, »Eier und Mehl mischen«, »Nudelteig kneten« etc. In dem Moment, wo ich ein Ziel anvisiert habe, treten andere Ziele – »schreiben«, »Raoul füttern« und »Blumen gießen« – in den Hintergrund. Den Gedanken an Gießkanne (zum Blumengießen) und Druckerpatrone nachfüllen (zum Schreiben) wird kurzzeitig der Saft entzogen, sodass ich mich eine Zeitlang auf das Kochen konzentrieren kann. Klar, wenn der Salbei, den ich für meine

Nudeln brauche, auf dem Balkon steht und daneben die Gießkanne und mein Amselkind Raoul währenddessen um Müsli bettelt, können schon mal andere Ziele beim Nudelmachen dazwischenkommen. So rigide ist unser Gedächtnis nicht, dass es uns mit dem Kopf durch die Wand laufen lässt. Allerdings müssen die alternativen Ziele sehr stark sein, um einen wichtigen Zielablauf zu unterbrechen.

James Shah, dessen Mutter-Studien ich in Prinzip 4 vorgestellt habe, konnte diesen Zielschutz mehrfach belegen. Er hatte in seinen Experimenten Versuchspersonen an ihre Mutter erinnert und, wenn deren Mutter mit Leistungszielen assoziiert war, eine Hemmung von ablenkenden Gedanken wie geselligen Saufgelagen im Freundeskreis vorgefunden. James Shah und Arie Kruglanski haben diesen Schutzmechanismus noch näher unter die Lupe genommen und dabei in zahlreichen Experimenten Erstaunliches zu Tage gefördert: Sie baten Versuchsteilnehmer, drei sehr wichtige Ziele aufzuschreiben und ein positives Ziel, das ihnen nicht so wichtig war. Nehmen wir an, Versuchsteilnehmer Nummer 12 heißt Ole und nennt »viel Computerspielen«, »erfolgreich im Studium sein« und »viele Freundinnen« als seine primären Lebensziele, und »gut aussehen« als Ziel, das er, obwohl er es als positiv wahrnimmt, nicht persönlich verfolgt. Diese Ziele und andere Wörter, die die Versuchsteilnehmer nicht genannt hatten, wurden dann am Computerbildschirm dargeboten und die Probanden gebeten, per Tastendruck so schnell wie möglich zu entscheiden, ob es sich dabei um eines ihrer persönlichen Ziele handelte oder nicht. Der Trick war folgender: Kurz vor dem Erscheinen der Worte (z.B. »viele Freundinnen«) blitzte, unterhalb der Wahrnehmungsschwelle, entweder ein anderes persönliches Ziel (z.B. »viele Computerspiele«) auf dem Bildschirm auf oder aber das Ziel, das der Versuchsteilnehmer zwar positiv bewertete, aber nicht aktiv in seinem Leben verfolgte (»gut aussehen«). Die Reaktionszeiten zeigten einen Hemmungseffekt bei persönlichen Zielen, wenn vorher ein anderes wichtiges persönliches Ziel eingeblendet worden war. Also: Wurde »Computerspielen« eingeblendet, konnte Ole danach *schlechter* angeben, dass »viele Freundinnen« ein persönliches Ziel für ihn ist als »gut aussehen«. War ein wichtiges Ziel wie »Computerspielen« aktiviert, so schienen andere, wichtige Ziele erst einmal gehemmt.

Dieser Zielschutz ist umso stärker, je wichtiger uns ein Ziel ist. Das ist durchaus nicht trivial, wenn man bedenkt, dass Ole im wirklichen Leben sicherlich viel über seine Liebschaften nachdenkt, dieses Ziel aber in den Hintergrund rückt, in dem Moment, wo er ein anderes wichtiges Ziel aktiviert hat, etwa »erfolgreich im Studium sein«. Der Hemmungsmechanismus hilft ihm dann, sich auf dieses Ziel zu konzentrieren und weniger an seine Mädels zu denken – trotz der vielen Lebkuchenherzen von Susanne, Chantal und Gabi-Desirée an der Wand. Unser Gedächtnis »weiß« also, was uns potentiell ablenken könnte, und »hilft« uns, uns nicht davon beirren zu lassen.

Interessant ist auch, dass die Hemmung stärker wird, wenn man Ziele als Pflichten auffasst. Und da sind wir wieder bei Mark-Rüdiger. Ein Mensch im Prevention-Fokus, der Ziele im Allgemeinen als Notwendigkeiten begreift und zudem noch ein Spezialist im Vermeiden negativer Einflüsse ist, kann sich besonders gut auf seine Aufgaben konzentrieren. »Wat mut, dat mut« bedeutet ja auch, dass man etwas machen *muss,* und was man machen *muss*, erfordert eine besonders wirksame Hemmung ablenkender Gedanken – alles andere muss hinter der Notwendigkeit zurückstehen. Nehmen wir ein krasses Beispiel: Wenn Ihr Partner nach einer Partynacht in eine Gracht fällt, springen Sie hinterher – die Notwendigkeit, ihn zu retten, hemmt konfligierende wichtige Ziele wie »es warm und sicher zu haben«.

Es ist faszinierend zu sehen, was unser Autopilot, sprich unser Gedächtnissystem in solchen Fällen alles übernehmen kann. Er kann so individuell programmiert werden, dass er »erkennt«, wann uns etwas eine Pflicht ist oder wann etwas wichtig für uns ist. Er erkennt, was uns besonders ablenken könnte und hemmt die störenden Gedanken ohne unser Zutun. Allerdings hat dieses wirkungsvolle System auch seine Grenzen. Ich hatte in meinem Büro mal ein Bild von Francis Bacon hängen, und, so fantastisch es war, es erinnerte mich doch dauernd an Tod, Folter und Verwesung und aktivierte bei mir das Ziel, mich mit dem eigenen Dasein auseinanderzusetzen, anstatt meine Arbeit zu tun. Deshalb sollte man auch Schlaf- oder Arbeitsbereich voneinander trennen. Arbeitsmaterialen aktivieren unmittelbar Ziele, motivieren dazu, sie bald anzugehen oder sich zumindest Gedanken darüber zu machen. Das kann ungesund werden und einem den Schlaf rauben.*

Wenn man arbeitssüchtig ist und dazu neigt, darüber andere wichtige Dinge zu vergessen, empfiehlt es sich, Erinnerungen an wichtige soziale Ziele zu installieren. Schon wieder vergessen, dass zu Hause eine Familie wartet? Einem solchen Familienvater, der dauernd zu spät nach Hause kommt, sollte man ein großes Familienfoto auf den Schreibtisch schrauben. Aber seien wir gnädig mit ihm. Schließlich werfen jüngste psychologische Befunde ein neues Licht auf Arbeitstiere wie ihn. Sie zeigen nämlich, dass dieses Verhalten nicht unbedingt ein unbewusstes Desinteresse an der Familie bedeutet. Es kann schlichtweg sein, dass solche Menschen einfach besonders konzentriert ihre Pflicht tun. Und es ist sogar nicht auszuschließen, dass ein Arbeitstier seine Familie ganz besonders liebt, denn paradoxerweise ist die Hemmung am größten, wenn beide Ziele extrem wichtig sind. Es klingt wie ein Satz aus einem zweitklassigen Chanson, aber: Wären ihm Familie und Frau egal, müsste er sie nicht vergessen.

* Falls Sie nur einen Raum haben, nützt es, wenigstens nicht im Bett zu arbeiten, und vor dem Schlafengehen ein Tuch über die Arbeitsfläche zu legen. Aus den Augen, aus dem Sinn.

Natürlich kann man Leute auch mit der Neandertalmethode auf andere Notwendigkeiten aufmerksam machen. Irgendwann kann selbst der konzentrierteste Koch Raouls klägliches Gejaule nicht mehr überhören. Und, so blöd es klingt, ein Anruf im Büro, wenn er mal wieder zu einem arbeitsintensiven Projekt nicht Nein sagen konnte, ist nicht die schlechteste Idee; »nicht anrufen und hinterher beleidigt sein« ist erstens zickig und zweitens wenig zielführend. Unser Gedächtnissystem für Ziele ist flexibel, einfach, aber nicht mechanisch, und das macht es so faszinierend. Durch gezielte, bewusste Interventionen können wir den Autopiloten anderer einfach ausschalten. Unser Autopilot spielt ja bei der Selbstkontrolle sowieso eine höchst merkwürdige Rolle, denn er hat hier zwei Ziele vor sich: Apfel (der unmittelbare Impuls) oder Ewigkeit (das hehre Ziel). Viele würden denken, dass er vor allem unseren Impulsen den Vorrang gibt, denn impulsgesteuertes Verhalten kommt ohne Nachdenken und Beteiligung von Willen und Bewusstsein aus. So wie wir schlafwandlerisch die vor uns liegenden Chips in uns hineinstopfen, sollte uns alles, was uns konkret anspricht, eher anziehen, als das, was wir nicht so konkret vor uns sehen, weil es in weiter Ferne liegt (z. B. die Bikinifigur). Jedoch haben wir schon vorher gesehen, dass es sich hier nicht um ein primitives Modell handelt, sondern dass Programme immer wieder an die Realität angeglichen werden und uns so bei der Bewältigung komplexer Probleme helfen. Man kann den Autopiloten sehr wohl so programmieren, dass er eher auf das hehre Ziel zusteuert als auf die Versuchung. Bei der Verwirklichung höherer Ziele unterstützen uns Prozesse im Gedächtnis, alternative Ziele zu hemmen.

In Shahs und Kruglanskis Studien wurden Ziele gleicher Wichtigkeit miteinander verglichen. Wie aber verhält es sich mit Zielkonflikten, wie den eingangs beschriebenen, wo ja ein durchaus wichtiger Diätwunsch von einem eher unwichtigen, aber attraktiven vor uns liegenden Stück Kuchen sabotiert wird?

Oder dem zwischen einem so hehren Ziel, ökologisch zu leben, und dem inneren Schweinehund, der absolut nicht im Regen zu den Glascontainern gehen will, sondern schwanzwedelnd vor dem normalen Mülleimer steht – in dem dann auch wir heimlich und mit rabenschwarzem Gewissen unsere Flaschen entsorgen? In Entscheidungen, die sich zwischen hohen Zielen und niedrigen Verlockungen abspielen, steckt etwas mehr Konfliktpotenzial als in einer Entscheidung zwischen zwei eher gleichwertigen Zielen. Hier haben wir es mit zwei entgegengesetzten Kräften zu tun: Auf der einen Seite will man das eine, auf der andere darf oder will man es gerade nicht; man steckt in einem Annäherungs-/Vermeidungskonflikt. Während man sich bei Konflikten zwischen zwei gleichwertigen Zielen vielleicht noch unbewusste Hemmungsprozesse vorstellen kann, ist es fast selbstverständlich, dass einem der Konflikt umso mehr bewusst wird, wenn man sich zwischen zwei sich im Wege stehenden Zielen oder Impulsen entscheiden muss.

Dr. Roy hat schon recht: Solche Akte der Selbstkontrolle setzen häufig einen starken Willen und damit auch ein Bewusstsein voraus – oder sie benötigen ein besonders aufwändiges Unterprogramm, von dem später noch die Rede sein wird. Jedenfalls ist es generell nützlich, dass Menschen in diesem Falle ihren Autopiloten ausschalten und selbst das Ruder übernehmen können, denn Selbstkontrolle ist in bestimmten Fällen schlecht zu automatisieren, sie benötigt Energie und Zeit. So ist es auch kein Zufall, dass wir vor allem dann, wenn wir müde oder unaufmerksam sind, Versuchungen erliegen. Wir gehen *nachts* zum Kühlschrank und genehmigen uns die in Hassliebe zugetane Schokoschnitte. Wir essen dann den letzten Müsliriegel auf dem Milford Track, wenn wir vom Alkohol der Stewardessen beduselt sind. In solchen Situationen nehmen wir den Konflikt gar nicht mehr wahr, scheint es. Wir verlieren das hehre Ziel vollkommen aus den Augen und folgen allein dem Impuls. Jedoch können Willensakte, so zeigte neuere Forschung, durch Routinen unterstützt werden, die uns ohne viel Energieaufwand helfen, hehre Ziele zu verfolgen. So dass man nicht mehr von reinen »Willensakten« sprechen kann.

Sex, Drugs, and Bible-Belt

Ayelet Fishbach, Ron Friedman und Arie Kruglanski argumentierten, dass manche Menschen unbewusst höhere Ziele aktivieren können, sobald sie in Versuchung geraten. Stellen wir uns einen Menschen vor, der alles, was mit Sex außerhalb der Ehe zu tun hat, ganz abscheulich findet, weil ihm ein Priester, ein Rabbi oder ein Mullah eingehämmert hat, dass man deswegen in der Hölle braten muss. Und zwar auf ewig.

Stellen Sie sich vor, dieser Mensch schaut eigentlich sehr gerne schweinische Bilder an, die per Internet schnell und gratis zu haben sind. Aber da er jemand mit einem hohen »moralischen« Anspruch ist, weiß er, dass er das nicht tun darf. Er würde Höllenqualen zu erleiden haben, wenn er nicht irgendwelche Strategien entwickelte, die den Willensakt wenigstens ein bisschen erleichterten. Denn auch dem Training der Selbstkontrolle sind natürlich Grenzen gesetzt.

Was also macht ein überzeugter Antisexist, um sich zu schützen? Er kann den Internetanschluss bei sich zu Hause ab- oder einen entsprechenden Filter anschaffen. Er kann Zeitschriftenkioske und Bahnhofsviertel meiden. Er kann sich für seine sündigen Gedanken bestrafen oder beichten gehen, genauso wie er sich belohnen kann, wenn er wieder einmal der Versuchung widerstanden hat. Und er kann die Konsequenzen des Sündenfalls schlimmer machen, als sie sind, ebenso wie er sich die langfristige Belohnung größer ausmalen kann. Die Religionsführer werden ihn dabei unterstützen, indem sie den Kontrast zwischen den zukünftigen Belohnungen (z.B. Paradies mit vielen Jungfrauen) und den zukünftigen (ewige Verdammnis,

Menschengrills, hässliche Teufel) oder jetzigen Bestrafungen (Schuldgefühle, zerrüttete Ehe, ...) besonders stark hervorheben.*

Mit diesen Techniken kommt man durchaus erfolgreich durchs Leben. Sie verändern die Wertestruktur der beiden im Widerstreit stehenden Ziele – wir haben ja in Prinzip 7 gesehen, dass der Autopilot in diesem Falle auf dasjenige Ziel zusteuert, dass den größten Wert besitzt. Aber Fishbach und Kollegen haben noch einen anderen, überaus wirksamen Mechanismus entdeckt. Unser Antisexist kann nämlich eine Gedankenverbindung von der Versuchung direkt zu seinem hehren Ziel legen. In dem Sinne: Sobald du an Sex denkst, denke an Gott. In Experimenten, die auf einer ähnlichen Logik beruhen wie die von Shah, fanden die Autoren exakt dies heraus: Menschen – in dem Fall amerikanische gläubige Christen – denken bei sexuellen Reizen automatisch an Gott, Bibel und Paradies. Dasselbe taten sie bei Drogen. Kaum steigt ihnen der Duft einer Haschzigarette an die Nüstern, haben sie die Bibel im Kopf. Dies ist natürlich ein wunderbarer Mechanismus, um sich ohne viel Mühen zu beherrschen. Allerdings bedarf es bestimmter Voraussetzungen dafür; in diesem Falle der, dass man tief gläubig ist und die gedankliche Routine: »Sex – denk stattdessen an Bibel«, entsprechend gut geübt hat. Bei nicht gläubigen Menschen funktionierte der Mechanismus entsprechend nicht.

Dieselben Prozesse wirken auch bei anderen Zielen, etwa bei Menschen, denen es sehr wichtig ist, ihr Gewicht zu halten. Sie denken bei Schokolade, Cola und Kuchen sofort, und ohne ihren Willen einschalten zu müssen, an Sport, Diät und Fitnessstudio. So auch die ehrgeizige Studentin, die, wenn sie länger fernsieht,

* Dasselbe gilt für andere Versuchungen wie zum Beispiel essen. Wenn ich der Versuchung Schokoladenkuchen erliege, kann ich mich bestrafen, indem ich zum Abendessen weniger esse. Wenn ich es schaffe, ihr zu widerstehen, dann kann ich mich belohnen (mit einer Kinokarte o.ä.). Ich kann aber auch versuchen, erst gar keine Schokolade im Hause zu haben.

telefoniert oder im Internet surft, schnell wieder an ihr Studium denkt.

Diese selbstregulatorische Pipeline, die gelegt werden kann, fließt aber nur in eine Richtung. Das heißt, tief gläubige Christen denken nicht an Sex, wenn sie an Gott denken, Figurbewusste denken nicht an Torte, wenn sie an Diät denken, und Streber denken nicht an Internet, wenn sie an Studium denken. Die übergeordneten Standards werden bei Menschen, denen hehre Ziele wichtig sind, gewissermaßen vom Gedächtnis selbst aktiviert, sobald die lispelnde Zunge der Versuchung hinterm Baum hervorlugt. Und es hemmt gleichzeitig Versuchungen, wenn man sich mit dem hehren Ziel intensiv beschäftigt. Selbstkontrolle wird also, zu einem gewissen Anteil, durch automatisch ablaufende Gedächtnisprozesse unterstützt. In diesem Falle übernimmt der Autopilot Aufgaben, die ihm noch vor Jahren kaum jemand zugetraut hätte; die Befunde zeigen, dass er bei manchen Menschen sogar teils äußerst komplexe Konflikte bewältigen kann. Der Willensakt wird also nach vorne verlagert: Erst muss man üben, üben, üben, und schließlich geht alles wie von selbst.

Zauber des Abstrakten

Was aber unterscheidet ein hehres Ziel, zum Beispiel »ewig weiterzuleben«, von einem konkreten, etwa einem vor uns hängenden, roten, saftig glänzenden Apfel? Distanz ist das eine, denn der Apfel hängt direkt vor uns, während die Ewigkeit, die uns versprochen wird, in einer unbestimmten Ferne liegt. Abstraktheit ist das andere, denn der Apfel hängt konkret vor uns, während ein Begriff wie Ewigkeit vieles umfasst, vieles bedeuten kann und wenig greifbar ist. Das, was im Hier und Jetzt konkret vor uns sitzt und mit einem Herz aus Marzipan schreit: »Iss mich, ich schmecke lecker!«, ist konkreter und körperlicher als die

Vorstellung, dass mir, wenn ich darauf verzichte, in einem Monat vielleicht mein neuer superenger Tanga passt.

Erweiterungen der Marshmallowstudien von Walter Mischel haben auf das Körperliche, Unmittelbare von Versuchungen aufmerksam gemacht. Mischels Team beobachtete nämlich diejenigen Kinder eingehender, die es erfolgreich 15 Minuten lang vor dem Süßkram ausgehalten hatten. Was hatten sie anders gemacht? Und welche Strategien haben Fünfjährige, die sich mit der Aufgabe schon sehr viel leichter taten? Sie hielten sich die Augen zu oder versteckten die Süßigkeiten vor sich selbst unter dem Tisch. Damit vergaßen sie die Süßigkeit zwar nicht, aber das Konkrete, das Saftige eines Stückchens Mäusespeck verblasste.

In anderen Untersuchungen wurden die Marshmallows durch Bilder von Marshmallows ersetzt. Und auch in diesem Fall wird das Objekt der Begierde abstrakter, es ist nur noch ein Symbol und wird dadurch kontrollierbar. Unter diesen Bedingungen waren die Kinder sogar bereit, doppelt so lange auf die Belohnung zu warten. Stellten sie sich den Süßkram möglichst abstrakt vor, also als runde Form oder Rechteck, hielten sie den Belohnungsaufschub viel besser aus, sogar noch besser als die Kinder, die sich durch Gesänge oder Gebrabbel ablenkten (was die häufigste Strategie bei Kindern dieses Alters ist). Wurden sie hingegen gebeten, sich den leckeren, süßen Geschmack, die appetitliche Farbe und die saftige Weichheit von Marshmallows konkret vorzustellen, sank ihre Willenskraft. Unter diesen Umständen war es für die Vierjährigen fast unmöglich zu widerstehen.

Was bei Kindern wirkt, sollte auch bei Erwachsenen verfangen. So dachten Kentaro Fujita und Kollegen und untersuchten die Folge von Abstrahierung bei studentischen Versuchspersonen. Dabei sollten sich einige von ihnen in einer ersten Phase des Experiments viele abstrakte Begriffe vorstellen, während andere an konkrete Dinge erinnert wurden. Anschließend sollten die Teilnehmer einen Handgriff so lange drücken, wie sie konnten, oder angeben, wie attraktiv sie bestimmte Verlockungen fanden, die einem Studium im Weg stehen. Hatten die Versuchspersonen vorher einen abstrakten Denkstil geübt, fanden sie Aktivitäten wie Fernsehen, Telefonieren und Party weniger attraktiv als diejenigen, die einen konkreten Denkstil aktiviert hatten. Abstrakter denkende Versuchsteilnehmer waren auch besser imstande, den Handgriff zu drücken, als die konkreter denkende Kontrollgruppe. Diese Befunde sprechen dafür, dass abstrakte Denkweisen hilfreich bei der Selbstkontrolle sind. Stelle ich mir einen leckeren Kuchen als »Nahrungsmittel« vor statt als »Schokoladentörtchen mit Himbeermark und Walnusskrokant«, verliert er an Attraktivität. Anders gesagt: Nimmt man das Konkrete, Sinnliche aus dem begehrten Objekt, wird es weniger verführerisch. Und nimmt man das Konkrete, Schmerzliche aus einer Handlung wie »Handgriff drücken«, hält man sie länger durch. Abstraktheit schafft Distanz, wie wir in Prinzip 6 gesehen haben, und sie erhöht den gefühlten Abstand zur Verführung.

Vermutlich lässt sich so auch der positive Effekt erklären, den Humor auf Selbstkontrolle hat. Er schafft ebenfalls Distanz. In dem Moment, wo man sich selbst nicht mehr so wichtig nimmt, werden konkrete Selbstdefinitionen wie »aber ich kann doch nicht ohne Kuchen leben« irgendwie lächerlich.

Kurz gefasst

Leider ist es inzwischen zu spät. Aber auf der Basis neuerer Erkenntnisse hätten wir heute einige Tipps für Eva parat, wie sie im Paradies dem Apfel widerstehen könnte. Wir würden ihr sagen, dass Selbstkontrolle wie ein Muskel funktioniert. Den sollte sie ein wenig trainieren. Der Haken am Paradies ist, dass die Bewohner ja sonst alles tun dürfen, was ihr Herz begehrt. Damit wäre der Muskel zwar frisch und unverbraucht, aber das fehlende Training wäre natürlich eine schlechte Basis für ein fittes, ausdauerndes Kontrollsystem. Sie hätte jedoch vielleicht versuchen können, Strategien zu entwickeln, wie die Kinder in Mischels Mäusespeck-Experimenten, die laut sangen, um sich nicht an dem Marshmallow zu vergreifen. Wie sie hätte sie die Augen vor dem Apfel schließen können. Sie hätte sich den Apfel abstrakt als Nahrungsmittel oder als Kugel vorstellen können statt rot und saftig. Sie hätte sich die Bestrafung für das Kosten des Apfels viel konkreter vor Augen führen sollen. Und sie hätte den Wert des unmittelbaren Genusses herunterspielen können: Was soll an so einem blöden Apfel schon toll sein?

Offensichtlich versagten bei Eva diejenigen Funktionen des Autopiloten, die uns Menschen nach dem Sündenfall bei der Zielerreichung helfen, jedenfalls dann, wenn uns ein Ziel wirklich wichtig ist. So ist unser Gedächtnissystem in der Lage, ablenkende Gedanken zu hemmen, und es kann uns automatisch an hehre Ziele erinnern, sobald wir einer Versuchung ausgesetzt sind. Jedoch sollten wir uns auf solche automatischen Prozesse nicht allzu sehr verlassen, denn sie funktionieren vor allem bei den Menschen, die Selbstkontrolle in einem Bereich jahrelang geübt haben, also bei erfolgreichen Diäthaltern, sehr ehrgeizigen Menschen oder solchen mit hohen moralischen Grundsätzen.* Deren Autopiloten liegt eine andere Software zugrunde, die nicht so leicht auf dem Markt zu haben ist. Um im Bild zu bleiben: Es ist ein Programm, das man sich durch jahrelanges Üben erst erarbeiten muss, wenn man es denn will. Und auch dann kann ein Autopilot nicht alle Probleme des Alltags lösen; dies zu hoffen, wäre vermessen. Konfliktsituationen sind und bleiben schwierig, und nicht umsonst setzen wir Menschen in Krisenzeiten und bei der Selbstkontrolle unsere Vernunft ein. Das Wechselspiel von unbewussten und bewussten Prozessen ist das Faszinierende, nicht das Wirken eines isolierten Systems.

* Selbstverständlich müssen diese Grundsätze nicht notwendigerweise religiös begründet sein.

Grundsätzlich haben wir die Selbstkontrolle selbst in der Hand und können dabei zu Experten werden: Menschen sind dazu gemacht, wichtige Dinge und Ziele anzugehen. Aber sie sind niemals dazu verdammt, etwas tun zu müssen. Sie müssen die Zigarette, die vor ihnen liegt, nicht rauchen, sie müssen ihren Teller nicht aufessen genauso wenig wie ihr Kind anschreien. Wenn Sie dennoch denken, Sie müssten bestimmte Dinge auf dieser Welt tun, dann schließen Sie für einen Moment die Augen und machen Sie sich klar, was für einen skurrilen Blödsinn Sie da denken. Gewinnen Sie ein wenig Abstand zu sich selbst und Ihren Verhaltensweisen. Versuchen Sie, sich vorzustellen, ein anderer würde es Ihnen sagen oder Sie sähen als 80-Jährige auf Ihr Leben zurück oder müssten einem Alien erklären, warum Sie dies und das tun mussten. Und hören unmittelbar mit Dingen auf, die Ihnen nicht gut tun. Niemand hat eine Persönlichkeit, zu der eine Zigarette dazugehört, niemand muss jeden Abend trinken, ja, selbst das tägliche Glas Milch oder der tägliche Kaffee sind nicht zwingend. Niemand muss müssen. Wir sind keine Tiere, wir können mehr als sie und sind letztlich frei zu entscheiden.

Manchen Versuchungen sollte man jedoch auch mal nachgeben. Wer weiß, ob sie wiederkommen. Zugegeben, das ist von Oscar Wilde.

PRINZIP 10

Psychologische Passung: Gleiten lernen, lernend gleiten

Was passt, passt, weil es eben passt. Oder es wird passend gemacht. Aber sehen Sie selbst. Denn hier geht es nur um Sie, den Gestalter. Und die anderen dürfen auch mitlesen, denn ohne die kommen Sie sowieso nicht aus.

Und was machen wir nun, nachdem Sie Seite um Seite gelesen haben und vielleicht dabei das ein oder andere über sich und die Psyche im Allgemeinen erfahren haben? Die Frage sei gestattet. Die Antwort lautet: *Wir* machen gar nix. *Sie* machen. Oder eben nicht. An dieser Stelle und anhand des letzten Prinzips will ich noch einmal zusammenfassen, was mir in Anbetracht des bisher Berichteten besonders wichtig erscheint. Ich will dabei, aus einem etwas anderen Blickwinkel heraus, versuchen, Teile, die ich bisher getrennt voneinander beschrieben habe, wieder zusammenzufügen. Ich werde mich in diesem Kapitel allein auf *Selbstregulation* konzentrieren. Hier geht es um uns und darum, dass wir lernen, das Beste aus unserem Leben zu machen, nämlich dass wir unsere Wünsche angehen und unsere Ziele erreichen. Dabei unterstützen uns die neun Prinzipien, die ich Ihnen bisher vorgestellt habe. Das zehnte Prinzip, psychologische Passung, fügt alles wieder zusammen.

Zwar habe ich bisher davon abgesehen, Sie mit Tipps zu überhäufen. Aber unsere Forschung zum menschlichen Handeln hat natürlich auch einen Nutzwert. Dieses Kapitel dreht sich, wenn Sie so wollen, also um Sie, obwohl ich Sie nicht kenne und obwohl diese Forschung darauf abzielt, die menschliche Psyche im Allgemeinen zu verstehen. Daher kann ich Ihnen keine konkreten Rezepte bieten, aber ich werde einige allgemeine Schlüsse aus der Selbstregulationsforschung ziehen. Und vielleicht gelingt es Ihnen, daraus für sich selbst Empfehlungen abzuleiten. Deshalb ist das Ihr Kapitel.

Was passt, ist gut

Psychologische Passung beschreibt den idealen Fall, dass Sie die Ziele verfolgen, die Sie tatsächlich selbst erreichen wollen. Dass Sie sich in eine Richtung verändern, die Sie selbst bestimmt haben und die auch machbar ist. Dass Sie zusammen mit einem Partner oder auch allein in einer Weise leben, die zu Ihnen passt, dass Sie an einer Arbeitsstelle sind, die Ihren Fähigkeiten und Zielvorstellungen entspricht, dass Sie, falls Sie gerade keinen Job haben, das Beste daraus machen und im Allgemeinen so an das Leben herangehen, wie Sie es am besten können. Und wie es gut und richtig für Sie ist. Dass Sie aus Ihrem Leben ein kleines Meisterwerk machen, persönlich, für sich. Dass Sie erkennen, welche Mittel und Möglichkeiten Ihnen tatsächlich zur Verfügung stehen. Und dass sie dabei Ihre Lieben nicht aus den Augen verlieren. Dass Sie sich wertvoll fühlen. Selbsterkenntnis ist ein großer Schatz, ich habe bereits davon berichtet, wie ungemein schwierig es ist, in jeder einzelnen Situation sofort zu erkennen, ob man selbst handelt, sich gerade selbst überlistet oder von anderen beeinflusst wird. Der Selbsterkenntnis sind klare Grenzen gesetzt. Nie werden wir alle unsere verborgenen Motive erfahren oder dahinterkommen, warum wir uns für etwas entschieden oder in einer Situation so oder so verhalten haben. Das ist auch gar nicht nötig, denn noch bedeutet »psychologische Passung« nicht, dass Sie sich wie ein gläserner Mensch vorkommen müssen. Wichtig ist herauszufinden, wie man sich selbst in Bezug auf die entscheidenden allgemeinen psychologischen Prinzipien des Handelns ortet.

Das Konzept der Psychologischen Passung* wurde kürzlich im Rahmen der regulatorischen Fokustheorie intensiv untersucht. Die Studien zeigten, dass sich Menschen in einem Promotion-Fokus gut und wertvoll fühlen, wenn sie eine Aufgabe so bearbeiten, wie es für diesen Motivationstypen typisch ist, nämlich eifrig, kreativ und das große Ganze im Blick habend. Dementsprechend gewinnen Handlungen für Menschen im Prevention-Fokus (in dem man auf die eigene Sicherheit, die Erfüllung seiner Pflichten und seine Verantwortlichkeiten achtet) an Wert, wenn sie vorsichtig, konkret und langsam ausgeführt werden. Kurz, die Herangehensweise muss zum Fokus *passen.* Etwas ist psychologisch unpassend, wenn man versucht, wie für den Promotion-Fokus üblich Ideale zu verfolgen, und dabei genau, vorsichtig und ordentlich vorgeht. Genauso unpassend wäre es, wenn man im Prevention-Fokus auf Sicherheit aus ist und dabei eifrig, schnell und kreativ zu Werke geht.

Tut man etwas *richtig*, das heißt auf korrekte Weise, dann entsteht eine psychologische Passung zwischen Tun und Ziel, die wir als wertvoll empfinden. Sie kennen das sicherlich von *moralisch richtigen* Vorgehensweisen. Haben wir eine Klausur bestanden, ohne zu spicken, also auf die korrekte Art, fühlen wir uns einfach wohler, als wenn wir auf »die krumme Tour« an unser Ziel gekommen wären. Die *Weise des Tuns* ist wichtig, sie ist mindestens genauso wichtig wie das Ergebnis. Psychologische Passung geht aber über Moral und Tugend hinaus. Wenn ich zum Beispiel langsam und sorgfältig arbeite, wenn ich in einem Prevention-Fokus bin, dann hat das nichts mit Moral zu tun, sondern mit der Art und Weise, eine Aufgabe zu lösen. Generell können wir uns wertvoll fühlen, wenn wir

* Ursprünglich »regulatorischer Fit«, der aber von mir in meiner Habilitation 2000 als »psychologische Passung« beschrieben wurde und ein allgemeineres Phänomen beschreibt.

den richtigen Modus finden, eine Aufgabe oder ein Problem anzugehen.

Wertvollsein ist keine Emotion, die notwendigerweise ins Euphorische geht. Es hat auch nichts mit dem tatsächlichen Erreichen des Endzustands zu tun. Wertvollsein bezieht sich auf den *Weg,* nicht auf das Ziel. Wenn wir ihn so gehen, wie er zu uns passt, dann tragen wir sogar im Falle eines Misserfolgs das Gefühl des Wertvollseins davon. Wertvoll sein kann man auch für andere – schließlich tun wir selten etwas, ohne dabei andere mit im Blick zu haben. Jedoch betrifft Wertvollsein zunächst uns selbst. Es ist ein intimes und leises Gefühl, das wir verspüren, wenn wir etwas richtig tun. Es ist ein Gefühl, das man *gesund* nennen kann. Man fühlt sich wohl, man tut sich selbst gut. Wie aber verhält sich das Wertvollsein zu den bisher angesprochenen Prinzipien?

Prinzip 1: Persönlichkeit ist Veränderung

Wie kein anderes Lebewesen sind wir dazu geschaffen, uns zu verändern. Veränderung ist Menschsein. Die Welt verändert sich, und die uns innewohnende Fähigkeit zur Veränderung ist eine Chance, sich den ständig wechselnden Gegebenheiten anzupassen. Sich zu verändern ist wertvoll. Veränderungen sollten wir insbesondere dann erwägen, wenn wir uns immer wieder vorstellen, wie viel besser alles sein könnte (also, wenn die Veränderung einen hohen Wert relativ zum Hier und Jetzt hat). Natürlich sollten wir nur dann ernstlich Veränderungen in Betracht ziehen, wenn wir mit einiger Wahrscheinlichkeit davon ausgehen können, dass wir wirklich zur Tat schreiten und die Aufgabe auch bewältigen werden. Die Bedenken, etwas nicht zu können, können schnell schwinden, nämlich dann, wenn wir einfach einmal versuchen, die Dinge anzupacken und die Erfahrung machen: »Geht ja!« Oftmals haben wir ein viel zu festes Bild von unseren Fähigkeiten und Schwächen, eine eher starre Idee von »Persönlichkeit« – ein Merkmal, das typisch für westliche Kulturen ist. Dabei übersehen wir gern: Übung macht den Meister. Übung – auch was den Umgang mit Veränderungen angeht – erhöht die Erfolgserwartung und die Selbstwirksamkeit.

Gehen Sie die Dinge so an, wie es richtig für Sie ist. Sind Sie der vorsichtige Typ, dann sollten Sie berücksichtigen, dass Sie eventuell langsamer zum Ziel kommen, als diejenigen, die eifrig drauf los stürmen. Zwar werden Sie schneller in die Gänge kommen, wenn Sie im Prevention-Fokus alle möglichen Aufgaben als Pflichten begreifen. Aber generell ist der eifrige Typ bei der Aufgabenbearbeitung schneller. Er hat jedoch wiederum häufig Probleme damit, sich zu entscheiden. Prioritäten zu setzen fällt ihm schwer. Begreift man, in welcher Phase der Zielverfolgung man mehr Zeit für sich einplanen muss, vermeidet man unliebsame Überraschungen – auch wenn man Veränderungen angeht.

Beim ersten Misserfolg die Flinte gleich ins Korn zu werfen, ist wenig zielführend. Zwar können wir selbst, genauso gut können aber andere, äußere Faktoren für das Scheitern verantwortlich sein. Das gilt übrigens auch für Erfolge. Und letztendlich ist jeder Misserfolg eine Lernerfahrung. Der Mist, in den man immer mal wieder im Leben tritt, sollte uns Dünger sein für neue, bessere Pläne. Wir sollten ihn sammeln, uns kurz darüber Gedanken machen und dann den fruchtbaren Garten Leben, der *vor* uns liegt, damit zum Blühen bringen. Veränderungen, im Kleinen wie im Großen sind *wertvoll*.*

* Manchmal ist es durchaus nützlich, Negativem ins Auge zu sehen. Julius Kuhls Forschung zeigt, dass eine gewisse Empfindlichkeit Negativem gegenüber durchaus von Vorteil sein kann. Allerdings nur dann, wenn man sich damit auseinandersetzt und Möglichkeiten entwickelt, wie man es schließlich aus dem Weg räumt.

Prinzip 2: Annähern und Vermeiden

Was ein persönlicher Erfolg und was ein Misserfolg oder Fehler ist, bestimmen wir selbst. Im Zweifelsfall kann das halbleere Glas immer halbvoll sein. Und selbst Schwächen können sich als Stärken erweisen. Ein Beispiel: Neigen Sie zur Schwermut, haben Sie manchmal Panikattacken? Dann sind sie auf jeden Fall empfindsamer als viele andere Menschen um Sie herum. Wollen Sie wirklich lieber ein empfindungsloser Holzklotz sein? Vermutlich nicht. Diese Empfindsamkeit kann in vielen Situationen des Lebens ja durchaus nützlich sein, zum Beispiel dann, wenn Ihre Emotionalität im sozialen Miteinander gefragt ist. Das zeigt, selbst ein »Defizit«, ein »Problem« oder eine »Durststrecke« können an Wert gewinnen, oder anders gesagt: Eine Schwäche kann zur Stärke werden.* Sich klar zu machen, dass fast alles im Leben sowohl Vor- als auch Nachteile hat, kann helfen, die Funktion eines Verhaltens zu erkennen. Häufig ist das, was in einer Situation eine Schwäche darstellt, in einer anderen, nämlich da wo es passt, eine Stärke. Man sollte Menschen und Situationen suchen, die zu einem passen, denn dann kann man von einer richtigen Verhaltensweise profitieren – um ein Beispiel zu geben: Sicherlich gibt es in vielen Bereichen des Lebens Bedarf an emotionalen Menschen, genauso existieren aber auch Bereiche, in denen sie weniger gefragt sind. Aber wenn es größtenteils nirgendwo passt, wenn man sich durchweg schlecht und in keiner Situation wertvoll fühlt, dann sollte man seinen Autopiloten umprogrammieren – notfalls mit Hilfe eines Therapeuten.

Die Situation, in der wir uns befinden, prägt uns. Sind wir unsicher, ängstlich und nervös, stellen wir Passung her, indem wir in einer Situation nicht zu viel erwarten. Es gilt dann, erst einmal

* Sie haben das alles nicht? Nicht gleich neidisch werden! Ihre Verfassung *passt* sicher zu ebenso vielen Situationen, wo man einen klaren Kopf bewahren muss.

die Grundbedürfnisse zu befriedigen, Sicherheit herzustellen. Erst wenn wir uns rundum sicher fühlen, bekommt unsere Fantasie Flügel, und wir sind zu unglaublichen Dingen fähig, werden risikofreudig, erfinderisch, kreativ. Wir sind Situationen jedoch nicht vollends ausgeliefert, häufig können wir sie zu unseren Gunsten verändern. Wir können unsere Partner, Freunde und Kollegen wissen lassen, wie wir uns selbst besser fühlen und Ihnen dadurch nutzen können. Benötigen wir zur Fertigstellung unserer kreativen Projekte positives Feedback und können zur Zeit keine Kritik vertragen, dann sollten wir das auch mitteilen. So können wir psychologische Passung für uns herstellen.

Prinzip 3: Zeit

Wir alle sind vergänglich. Allein der Gedanke daran ruft in uns das Bedürfnis nach Sicherheit wach. Und gleichzeitig verstellt die Angst vor dem Tod den Zugang zum Selbst. Die uns bis dahin verbleibende Zeit sollten wir nutzen. Das Zeitliche wird bedeutungslos, wenn wir *im Tun selbst* wertvoll werden. Das sind wir dann, wenn wir intrinsisch motiviert sind. Wenn wir nicht auf Ruhm, Geld, das, was andere sagen, aus sind, sondern uns die zielführende Handlung selbst einnimmt. Wie lange ist ein Marathonläufer unterwegs und wie schnell vergeht der Moment, wo ihm die Nationalhymne einen Schauer über den Rücken jagt? Nur derjenige ist ein Gewinner, der auch beim Laufen Spaß hatte. Derjenige, der sich *allein für den Moment* der Siegerehrung quält, hat das Wertvollste, was er hat, vertan: seine Zeit.

Das heißt nicht, dass man nicht auch Dinge im Leben tun muss, die einem gegen den Strich gehen, etwa einer Versuchung zu widerstehen. Das Leben ist kein Ponyhof. Aber selbst einen solchen Moment kann man als wertvoll empfinden. Schließlich ist es ja nicht so, dass wir es uns immer leicht machen wollen. Im Gegenteil: Wir haben gesehen, die Schwierigkeit einer Aufgabe oder einer Entscheidung *erhöht* ihren Wert. Keinen Spaß zu haben, heißt nicht, dass etwas nicht wertvoll ist.

Leben bedeutet, Erfahrungen zu sammeln. Leben ist Lernen. Lernen *an sich* ist wertvoll, selbst wenn man aus negativen Erfahrungen lernt. Lernen bedeutet im Allgemeinen, sich mit Neuem auseinanderzusetzen. Das Unbekannte ist jedoch immer problematischer als das Altbekannte, man muss möglicherweise Hürden und Ängste dabei überwinden oder sich unerwarteten Folgen stellen. Dabei ist Lernen ein Ziel an sich. Hat man gelernt, hat man sich einer Aufgabe gestellt, wird man Probleme in der Zukunft besser lösen können, sprich, man tut sich leichter mit dem Lernen. Es liegt in der Natur der Sache, dass wir stetig lernen müssen, ein Leben lang. Lernen ist unausweichlich. Deshalb ist Lernen eine Erfahrung, die wir unseren Kindern nicht als Mühsal und Pein vermitteln sollten, sondern als Geschenk. Eine wesentliche Aufgabe unserer Gesellschaft besteht darin, Lernen wieder als etwas Wertvolles zu verstehen. Lernen ist kein Zeitschlucker, im Gegenteil, es füllt Zeit mit Wertvollem, es ist nicht allein dazu da, um später einmal *dies und das* zu sein, sich allein auf das Resultat zu konzentrieren und das *Wie* darüber zu vergessen. Wer nur nach einem bestimmten Standard jagt, dem gehen die Freude und der Wert *an* der Sache verloren. Sind wir auf Standards fixiert, bleibt nichts als Unruhe und Stress. Erreichen wir unsere Ziele nicht, sind wir gestresst und frustriert, erreichen wir sie, setzen wir uns gleich das nächsthöhere und sind wiederum gestresst.

Und selbst wenn Sie derzeit an einem Tiefpunkt Ihres Lebens angekommen, arbeitslos oder krank sind oder um jemanden trauern, gilt es die Zeit zu nutzen. Die negativen Erfahrungen, die Sie in solchen und ähnlichen Situationen sammeln, machen Sie zu einer besonderen, wertvollen Persönlichkeit. Auch Rückschläge muss man als Erfahrungen begreifen. Aus der Forschung zu Krebspatienten habe ich gelernt: Glaube an die Diagnose, aber niemals an die Prognose. Das lässt sich auf alle schlechten

Zeiten übertragen. Es bedeutet: Nimm die Situation so an, wie sie ist. Aber sei optimistisch, denn niemand kann die Zukunft vorhersehen, und sieh zu, wie Du die Lage wertvoll für Dich nutzen kannst.

Wir verbringen zu viel Zeit unseres Lebens damit, über Unwichtiges zu entscheiden. Müssen wir wirklich immer die beste Entscheidung treffen? Ständig darüber zu wachen, dass man nicht betrogen wird oder unvernünftig handelt, ist zeitraubend, nervtötend und führt in vielen Situationen noch nicht einmal zu einem besseren Ergebnis. Da wir gewisse Faustregeln in unserem Gedächtnis abgespeichert haben, die in vielen Fällen gut funktionieren, führt uns unser Autopilot schnell zum Ziel und wir können unsere Energie für wichtige Entscheidungen und Veränderungen verwenden. Dieses Verhalten ist selbstregulativ. Ständig von der Vernunft Gebrauch zu machen ist unvernünftig.

Prinzip 4: Unbewusste und bewusste Zielerreichung

Unser Gedächtnis unterstützt uns beim Erreichen unserer Ziele. In dem Moment, wo wir uns etwas in den Kopf gesetzt haben, uns auf ein Ziel konzentrieren, es verfolgen und erreichen, laufen viele Prozesse unbewusst und automatisch ab. Denken wir an Ziele, kommen uns gleichzeitig die Mittel in den Sinn, die uns zur Erreichung dieses Ziels zur Verfügung stehen. Sind diese Mittel auch diejenigen, die zu uns passen – je nach regulatorischem Fokus eine vorsichtige oder eine eifrige Vorgehensweise –, dann vermittelt uns die automatische Aktivierung gleichzeitig ein Wohlgefühl.

Es kann jedoch passieren, dass man falsche Mittel eingeübt hat, nicht jeder Autopilot ist gut programmiert. Dann zieht man aufgrund einer schon festgelegten Struktur keine weiteren Möglichkeiten mehr in Betracht und tut alles – nur nicht das Richtige.

Genauso gut kann es sein, dass wir Ziele, die nicht zu uns passen, chronisch aktiviert haben. Ziele, die andere uns eingeimpft haben. Es gehört zur Selbstregulation, in sich hineinzuhören und zu überprüfen, welche Ziele man selbst für wertvoll hält und dies im Wandel einer sich ständig verändernden Umgebung. Waren Sie immer ein soziales Tier, das lieber Boot fuhr als lernte, und haben jetzt plötzlich Lust auf Leistung und Karriere? Wir können uns in alle Richtungen hin verändern. Soll uns unser Unbewusstes dabei helfen, müssen wir eine alte Zielstruktur durch eine neue ersetzen. Das aber kostet Zeit und Kraft – und dazu brauchen wir auch unseren Verstand. Veränderung bedeutet auch Anstrengung, eine Anstrengung, die man aber positiv bewerten sollte. So wie man beim Sport das Schwitzen als angenehm empfinden kann. Selbst eingefahrene Routinen können verändert werden, und dies *ausnahmslos*, man braucht allein Geduld und Beharrlichkeit dazu. Da unser Gedächtnis auf den Prinzipien Häufigkeit und Zeitnähe der Aktivierung aufgebaut ist, müssen wir neue Gedanken schon sehr oft durchdenken, damit sie unser Eigen werden und routiniertes Handeln ermöglichen; wir müssen uns mit neuen Zielen regelrecht *anfreunden*. Erst dann unterstützen sie uns bei einer schnellen Entscheidungsfindung. Wer seine Ziele und Verhaltensweisen für sich definiert und sie im Gedächtnis als Faustregeln gut verankert hat (z. B., »kaufe kein billiges Fleisch« oder »ab spätestens 19:00 Uhr muss ich Zeit für die Familie haben«), kann sich auf sein Unbewusstes verlassen. Allerdings gilt es, diese Faustregeln ab und zu daraufhin zu überprüfen, ob sie nach wie vor vernünftig sind bzw. auf einen zutreffen.

So entstehen Automatismen, und das Gedächtnis kann im Unbewussten zu unseren Gunsten arbeiten, indem es etwa Gedanken an andere, konfligierende Ziele, die uns ablenken würden, hemmt; mit der Nähe zum Ziel steigt dagegen die Aktivierung wichtiger, zielbezogener Gedanken. Auch dies geschieht ohne unser Zutun, und wir erleben, wenn wir das Ziel erreicht haben, eine angenehme Leere, nicht nur in unserem Körper, sondern auch in unserem Geist – ein Wohlfühlerlebnis, das allenfalls durch zu viel Grübeln oder blödes Geschwätz von Dritten getrübt werden kann. Diese Leere ist etwas sehr Wertvolles, Schützenwertes – unabhängig von äußeren Belohnungen.

Nach Lewin ist die motivationale Spannung vor der Zielerreichung *positiv*. Man ist eher *ge*spannt, als *ange*spannt. Man ist motiviert. Geistig gesehen beschreibt Entspannung nach Zielerreichung ein weißes Zimmer, das wir neu gestalten dürfen. Freiheit. Dieses weiße Zimmer sollten wir genießen. Wir haben ein Ziel erreicht. Wir haben den Job bekommen. Wir sind jetzt Mutter. Das Projekt ist abgeschlossen, wir haben dabei einigen Müll aus unserem Leben geschafft, Hindernisse beseitigt, Ängste besiegt. Aber dann wird das Zimmer oft zu schnell wieder vollgestellt mit dem alten Müll. »Wir sortieren uns neu«, heißt häufig: Der alte Müll wird »sortiert« statt weggeschmissen. Das weiße Zimmer ist eine Chance, sich wieder frei zu bewegen, sich neu zu definieren. Man muss es schützen, auch vor den Menschen, die einem Gutes wollen.

Aus der Forschung zur intrinsischen Motivation ist bekannt, dass selbst liebgemeinte Worte wie: »Schatz, ist das nicht ein wunderschöner Sonnenuntergang?«, das Glück trüben können. Manchmal ist das innere Empfinden, selbst das *eigene* Erleben eines *gemeinsamen* Moments eben schöner als alles, was in Worte gefasst oder irgendwie materialisiert oder veräußert werden kann. Die Entspannung nach Zielerreichung ist so ein Gefühl: Der Geist wird gereinigt und ist offen für neue Ziele, für Veränderungen.

Prinzip 5: Denken und Handeln

Selbstregulation erfordert eine gute Balance zwischen Überlegen und Tun, zwischen dem *Denker* und dem *Macher* in uns. Manche Entscheidungen sind zu wichtig, als dass man sie übers Knie brechen sollte. Wer sofort, unbedacht, ohne Vorbereitung und konkrete Planung einer neuen Idee nachjagt, kann Schiffbruch erleiden. Weil er mögliche Hindernisse und Schwierigkeiten nicht vorhersieht, die Erfolgschancen gar nicht oder falsch einschätzt, kurz, sich übernimmt und hinterher frustriert ist. Wer allerdings zu lange überlegt, riskiert, am Strand des Rubikons hängenzubleiben, ohne sich im Tun zu erleben und sein Ziel zu erreichen.

Wann mehr überlegt oder schneller gehandelt werden soll, hängt von den Zielen und von der Persönlichkeit des Einzelnen ab. Jemand, der gerne überlegt und gezwungen wird, sofort zu handeln, wird dadurch verunsichert. Jemand, der gerne spontan handelt, aber daran gehindert wird, wird ebenfalls frustriert sein. Generell kann man jedoch sagen: Geht es um kleinere, alltägliche Probleme, empfiehlt sich eher eine Machermentalität. Gehen wir die großen Aufgaben des Lebens an, also solche, die viel Veränderung, teils mit schwerwiegenden Folgen, bedeuten, sollten wir uns ruhig eine Phase des Abwägens gönnen. In solchen Fällen ist es gut, in der prädezisionalen Phase mögliche Hindernisse und Schwierigkeiten zu durchdenken. Haben wir die Entscheidung getroffen, hilft uns ein (gesundes) Scheuklappendenken, das Ziel zu erreichen. Wer bereits geplant hat und dabei ist, sein Vorhaben in die Tat umzusetzen, kann in dieser Phase keine nörglerische Abwägung von Vor- und Nachteilen gebrauchen – sein Autopilot läuft und will nicht dabei gestört werden.

Zugegeben, ich ergreife hier ein wenig Partei für die Macher. Weil ich viel zu viele Menschen kenne, die gute Ideen haben und sie nicht umsetzen. Und ich begegne ihnen häufiger in Deutschland als in den Niederlanden oder in den USA. So gut wir Deutschen darin sind abzuwägen (das *passt* ja auf uns), und so sehr wir mit den besten Kritikern der Welt aufwarten können, so sehr vermisse ich bei meinen Landsleuten die Tatkraft, das Anpackende, die Risikobereitschaft, Eigenschaften, die für Kreativität unabdingbar sind. Manche gute Idee, die es verdient hätte, das Tageslicht zu erblicken, bleibt so im Sand verscharrt liegen.

Im Sinne der Passung ist dieses Gebaren durchaus in Ordnung. Wer gerne analysiert, für den ist ein solches Verhalten wertvoll. In vielen Gebieten hat die deutsche Wissenschaft gerade wegen ihrer Fähigkeit zu kritisieren überlebt. Jedoch entsteht daraus selten etwas Neues, Eigenes – denn das traut man sich nicht. Verzagtheit aber ist kein Wert an sich. Zur Erinnerung: Forschung zeigt, dass analytisches Abwägen für Erfolg notwendig ist, allerdings *nur dann*, wenn man seine Pläne auch irgendwann in die Tat umsetzt. Es ist aber nun einmal das Wesen der Analyse, dass sie sich allein im Kopf abspielt.

Richtiggehend gefährlich werden die Sandsitzer, wenn sie diejenigen lähmen, die den Sprung ins kalte Wasser wagen wollen: »Du kannst Dich erkälten!«, höre ich sie rufen, und »Du kannst doch gar nicht schwimmen!« Und – wenn sie trotzdem springen wollen: »Verrückter!« oder »Kopflos!« Da jeder Mensch in der prädezisionalen Phase für solche negativen Informationen offen ist, kann das fatale Folgen haben. Es kann Macher, die bereit sind, etwas zu wagen, davon abhalten, ihre Idee umzusetzen. Diese Leute brauchen wir – und wenn es nur deshalb ist, um den Sandsitzern etwas zu präsentieren, was sie dann kritisieren können. Viele der vermeintlich »kopflosen« deutschen Akademiker entwickeln heute ihre Theorien im Ausland und nehmen die Kritik dafür von ihren in Deutschland gebliebenen Kollegen entgegen.*

Grübeln, Meckern und schlechte Stimmung versperren irgendwann den Zugang zum Selbst. Jemand, der dauernd über

* In den Niederlanden, in denen man ein wenig Angst vor Sandsitzern hat, bezeichnet man diese gerne als »Mopperkonten« – zu Deutsch »Nörgler« oder, wörtlich übersetzt, »Motzärsche«. Ich habe mir mittlerweile eine feine Gedächtnisspur zugelegt. Sobald mal wieder jemand schreit: »Kopflos« oder »Voreilig«, denke ich: »Mopperkont«.

anderer Leute Leben oder Arbeit nachdenkt, gibt sich letztendlich selbst auf. Er wird dann von den Produkten der anderen und deren Verhalten bestimmt. Das ist auf die Dauer nicht gesund, nicht wertvoll und *passt nicht* zu uns Menschen, die wir grundsätzlich Gestalter sind.

Prinzip 6: Abstrakt oder konkret

Während ich an diesem Buch schrieb, habe ich mir vieles von dem, was als Motivationstrainings-, Selbstfindungs-, Selbstmanagement- oder How-To-Improve-Yourself-Literatur gerade auf dem Markt ist, angesehen: Sie rät fast ausnahmslos, sich Ziele »so konkret wie möglich vorzustellen«. Wir sollen sie bildhaft vor uns erstehen lassen, sie quasi vor uns sehen, in greifbarer Nähe. Schön und gut, aber wie sinnvoll das wirklich ist, hängt im Grunde von der Persönlichkeit, der Situation und der Aufgabe ab. Auch das bedeutet Passung: »es hängt davon ab«.

Sind wir ein Promotion-Fokus-Typ, denken wir gerne an unsere Ideale – und die sind abstrakt, global und manchmal unbestimmt. Menschen im Promotion-Fokus sind jedoch mindestens genauso erfolgreich im Leben wie solche im Prevention-Fokus, die gern konkret denken. Das bedeutet, abstrakte Ziele können sehr wohl motivieren, es kommt nur darauf an, wen und wann.

Wir haben auch gesehen, dass wir uns ohne abstrakte Ziele, die wir häufig durch die rosarote Brille in der Ferne liegen sehen, wenig zutrauen würden. Besteigen wir den Kilimandscharo? Nicht morgen, aber in einem Jahr? Klar doch, packen wir's an! Sieht doch aus der Ferne und so abstrakt ganz schön aus! Wer aber zu kritisch und detailbesessen an solche Herausforderungen herangeht, wird sich ihnen letztlich nicht stellen. Konkrete Gedanken passen jedoch dann gut, wenn man Pläne schmiedet; sie werden wichtiger, je näher die Aufgabe heranrückt und unterstützen die Konzentration, wenn man bereits dabei oder sogar kurz vor dem Ziel ist. Alles zu seiner Zeit.

Globales Denken hilft bei kreativen Aufgaben oder wenn man nach Sinnzusammenhängen sucht. Eine abstraktere und breitere Denkweise erweitert Gedankenbereiche, aktiviert Gedanken, die in einer engen, fokussierten, konkreten Denkweise nicht möglich wären. Wer bei »Hauptgericht« nur an »Fleisch« denkt, wird mit dieser konkreten und engen Denkweise nicht über den Tellerrand hinausschauen können. Wenn er ein neues Gericht kreieren will, wird es eines mit Fleisch sein – was sonst? Dagegen wird jemand, der global denkt, auch zunächst Abwegiges in Betracht ziehen und schließlich auf neue Ideen kommen. Warum nicht mal fleischlos? Sind nicht einige Blumen essbar? Und wie kann ich die Physik so nutzen, dass völlig neue Konsistenzen entstehen? Eine globale Aktivierung von Gedanken ermöglicht Kreativität.

Sinnfindung, das heißt zum Beispiel, einen Zusammenhang herzustellen zwischen Meeresvulkanen und der Entwicklung des Wetters, geschieht ebenfalls im Abstrakten. Dass es zwischen beidem eine Verbindung gibt, erschließt sich jemandem, der nur Meeresvulkane oder nur Ozonlöcher studiert, erst einmal nicht. Zwar ist bekannt, dass auch Vulkane im Meer Methangas produzieren, aber erst kürzlich haben Forscherinnen einen Bezug zum Ozonloch hergestellt. Macht man sich bewusst, dass die Ozeanologie und die Meteorologie im Allgemeinen so wenig miteinander zu tun haben wie ein Pinguin und ein Becher Joghurt, dann wird klar, dass nur eine sehr breite, globale Aktivierung zweier völlig unterschiedlicher Gedankenfelder einen Sinnzusammenhang schaffen konnte, der uns im Nachhinein vollkommen einleuchtend erscheint. Anderes Beispiel: Eine lebenslustige Frau, die gerade einen riesigen Teller Nudeln in sich hineingeschlungen hat, gibt dem Kellner augenzwinkernd zu verstehen: »Das war ja widerlich!« Jemand, der nur diesen Satz zur Kenntnis nimmt, ohne die Gesamtsituation zu berücksichtigen, wird nicht verstehen, dass es sich hier um Ironie handelt. Er wird die Aussage der Frau völlig missverstehen, wenn er sie wortwörtlich nimmt. Abstraktes, globales Denken schafft Sinnzusammenhänge.

Das Detaildenken, ein fokussierter Blick auf das Konkrete dagegen ist wichtig, wenn man analytische Aufgaben bearbeitet. Wenn man nach kleinen Unterschieden sucht, wie das Experten häufig tun. Wenn man etwas im wahrsten Sinne des Wortes auseinandernehmen will – ein Auto, einen Text, einen Sachzusammenhang, ein Gespräch.

Abstraktere Ziele beinhalten mehr Mittel zum Zweck als konkrete. Wenn man ein Ideal wie »ein guter Mensch zu sein« verfolgt, führen viele Wege nach Rom. Komme ich diesbezüglich mit einem Mittel nicht weiter, greife ich auf ein anderes zurück. Habe ich wohltätigen Organisationen jahrelang viel Geld gespendet und bin gerade arbeitslos geworden, kann ich zukünftig stattdessen Freiwilligenarbeit leisten. Konkretere Ziele stellen dagegen weniger Mittel zur Verfügung. Das hat den Vorteil, dass ich mich nicht umständlich entscheiden muss: Helfe ich in der Stadtbücherei aus oder lieber dem Roten Kreuz beim Sammeln von Spenden? Wenn ich konkret weiß, dass mir nicht viel an Büchern liegt, fällt die Entscheidung leicht.

Sind also konkrete oder abstrakte Ziele besser? Es hängt davon ab. Von der Passung. Der Person, der Situation, der Aufgabe.

Prinzip 7: Wert

Man sollte vor allem das im Leben tun, *was man wirklich will*. Manche Menschen entfremden sich von ihren eigentlichen Zielen – mit verheerenden Folgen. Sie glauben, sie müssten mit jemandem zusammen sein (auch wenn der ihnen schadet), sie müssten Yoga machen (auch wenn sie das mehr stresst als entspannt) oder sie hätten sich den Hund selbst zugelegt (auch wenn eigentlich ihre Freundin sie dazu überredet hat). Andere wieder wissen gar nicht mehr, was sie selbst zu verantworten haben: Hat der Chef wirklich von ihnen verlangt, das Wochenende durchzuarbeiten, oder war es nicht so, dass sie sich selbst dazu bereiterklärt hatten? Und jetzt, über dem Berg von Briefen sitzend, *ihn* verfluchen? Sich zu lange mit Dingen zu beschäftigen, die man eigentlich nicht tun möchte oder kann, führt zu Unzufriedenheit, schlechter Laune und ist letztendlich ungesund.

Zudem ist es wichtig, den Zielen so nachzugehen, *wie es zum Einzelnen passt*. Das alles ist eine lebenslange Aufgabe. Denn: Unsere Interessen verändern sich, und oft halsen wir uns Dinge auf, die eigentlich nur die anderen von uns erwarten. Insofern ist es hilfreich, sich darüber klar zu werden, was man wirklich will im Leben. Wenn ich den Beruf, den ich anvisiere, nicht wertvoll finde, brauche ich gar nicht erst mit der Ausbildung zu beginnen. Wenn ich keinen Wert auf Urlaub lege, muss ich keinen machen, selbst wenn alle anderen um mich herum dauernd unterwegs sind. Fahre ich zu meiner Tante, weil mir doch etwas an ihr liegt, oder ist das nur eine nervtötende Angelegenheit, die letztendlich keinem von uns etwas bringt?

Natürlich muss man auch immer wieder Dinge im Leben tun, die einem keinen Spaß machen. Dann jedoch sollten sie *wichtig* sein. Wert setzt sich ja aus Spaß *und* Wichtigkeit zusammen. Kann sein, dass mir die Stippvisiten bei meiner dementen Tante auf den Senkel gehen, weil sie manchmal unkontrolliert aggressiv wird und dann dauernd auf mir rumhackt. Aber ich kann es als eine moralische Verpflichtung auffassen, sie ab und an zu besuchen: Sie hat ja sonst keinen, und wenn ich einmal alt bin, würde ich mich ebenfalls freuen, wenn ab und zu jemand vorbei käme.*

Wichtige, aber wenig vergnügliche Aktivitäten können wehtun. Den wenigsten macht es Spaß, Vokabeln zu pauken, Ton-

* Kant'sche Moral auf Ostwestfälisch: Was du nicht willst, dass man dir tu, das füg auch keinem anderen zu.

leitern auf dem Klavier zu üben, bis sie sitzen, die Batterien zum Spezialcontainer zu fahren oder mit einer Blechbüchse in der Hand für Amnesty International zu sammeln – obwohl alle diese Aktivitäten wichtig und zielführend sind. Wenn uns solche Verpflichtungen zu sehr quälen, sollte man sich geflissentlich ihrer entledigen. So wie man sich von einem Freund oder einem Partner trennen sollte, der einem einfach nicht gut tut. Der erste selbstregulatorische Schritt besteht darin, sich klarzumachen, ob es sich tatsächlich um eine Verpflichtung handelt – letztendlich sind es häufig wir selbst, die wir uns einreden, dass wir etwas tun »müssen«. Gehen wir solche Verpflichtungen dennoch ein, sollten wir uns vergegenwärtigen, dass wir dann in einem Prevention-Fokus sind. Allerdings sollte man nicht zu viel von ihnen erwarten: Erreichen wir ein Ziel im Prevention-Fokus, sind wir erleichtert, aber nicht himmelhochjauchzend. Da man in solchen Situationen kaum intrinsisch motiviert sein wird, kann man sich hinterher zum Beispiel mit einem schönen Bad oder einer angenehmen Massage dafür belohnen. Und man sollte etwa nach dem (wichtigen) Besuch bei der (nervigen) Tante stolz auf sich sein, statt an ihre blöden Sprüche zu denken oder daran, was man sonst in der Zeit hätte tun können.

Generell wäre es jedoch schön, weitgehend unabhängig von Belohnungen zu werden. Intrinsische Motivation macht ein Leben wertvoll, bedeutet, das Leben mit Leben, mit sinnvollem Tun zu füllen. Macht Ihnen Ihr Beruf nur deshalb Spaß, weil Sie gut verdienen? Ist Ihr Lohn tatsächlich nicht mehr als ein »Schmerzensgeld« oder ein »Trost«? Schlägt er Ihnen ansonsten auf den Magen und träumen Sie ständig davon, etwas anderes zu tun, und zwar im »nächsten Leben«? Dann erwägen Sie, ob Sie den Plunder, den Sie sich mit dem Geld aufgehäuft haben, wirklich brauchen. Natürlich ist es ab und zu ganz nett, shoppen zu gehen und nicht lange überlegen zu müssen, ob man sich dieses oder jenes auch leisten kann. Aber brauchen Sie diese Dinge wirklich? Wenn Sie einen Job haben, der Ihnen Spaß macht und einiges abwirft, herzlichen Glückwunsch! Wenn Sie sich aber leer fühlen, gibt es Alternativen. Immer mehr gut verdienende Menschen gehen neue Wege, sind bereit Abstriche zu machen, ihren aufwendigen, aber stressigen Lebensstil gegen ein (finanziell) bescheideneres und glücklicheres Leben zu tauschen.

Da die meisten von uns ohnehin mehr Zeit im Büro verbringen als zu Hause, ist es sinnvoll, diese Zeit, wenn es irgendwie geht, wertvoll zu machen. Sind Ihnen Geld oder das, was Sie als Sicherheit empfinden, wichtig, obwohl der Job eigentlich keinen Spaß macht, dann gilt wieder: Erwarten Sie nicht gleich das große Glück. Sehen Sie Ihr Leben als Verpflichtung und geben Ihre Wünsche nach Selbstverwirklichung auf oder suchen Ihre Ideale in Ihrer Freizeit. Sie brauchen das Geld, ansonsten ginge es Ihrer Familie schlecht? Sie sind eine Verpflichtung eingegangen, als Sie die Firma Ihrer Mutter übernommen haben? Sie müssen in dieser Stadt leben, weil der Vater Ihrer Partnerin krank ist und hier wohnt? Das ist alles in Ordnung; es ist richtig. In einer solchen Situation ist Zufriedenheit das Ziel, Glück ist allerdings nicht zu erwarten. Wenn Sie sich damit abfinden können, haben Sie eine Passung geschaffen, die für sich gesehen stimmt.

Ein solches Leben kann sehr wertvoll sein. Müssen wir denn alle Glücksritter sein? Warum reicht Zufriedenheit nicht mehr, warum wollen wir Glückseligkeit, jetzt, hier und für immer auf Wolke sieben schweben? Ich weiß nicht, woher diese Idee kommt, aber sie besteht vor allem in der westlichen Welt und wird einem dauernd vermittelt, vor allem von den Medien, die uns lächelnd entspannte Schöne zeigen, die mit einem coolen Cocktail* in der Hand das Leben genießen. Die (subjektive) Realität widerspricht

* Die Frage sei gestattet, warum sie den brauchen. Es ist nicht abwegig, unsere Idee vom Glück mit auf die Werbestrategien der Zigaretten-, Alkohol-, Spieleindustrie zurückzuführen. Das Schwebegefühl kann so wenigstens kurzzeitig hergestellt werden. Ernüchtert, nach dem Kater hilft nur eines, das verschwundene Gefühl wieder zu erleben: weitersaufen.

oft diesem Bild. Für manchen von uns besteht das Leben eben vor allem aus Verpflichtungen, die »nur« Zufriedenheit versprechen, ein Gefühl, das wir oft als farblose kleine Schwester des Glücks wahrnehmen.

Tory Higgins hat in seiner Forschung zur regulatorischen Passung gezeigt, dass Handlungen dann wertvoll werden, wenn man das *Richtige* tut. Wenn man im Promotion-Fokus Erfolg hat, wenn man also seine Ideale verwirklicht, kann man durchaus glücklich werden. Aber auch wer im Prevention-Fokus einer Verpflichtung erfolgreich nachgekommen ist, fühlt sich gut; er ist zufrieden. Seine Pflichten zu erfüllen ist wertvoll! *Glücks*momente erfordern Sicherheit als psychologische Basis und eine Unabhängigkeit von Verpflichtungen. Da das Verfolgen von Idealen häufig riskanter ist, als einer Pflicht nachzukommen, wird jemand im Prevention-Fokus sich wohl kaum auf die Aufforderung »Riskiere alles!« einlassen. Und wenn er es doch wagt, unter Umständen Angst bekommen. Lassen wir ihn doch einfach in Ruhe zufrieden sein. Glück wird überbewertet, Zufriedenheit ist ein wertvolles Ziel.

Wert und Erwartung werden von unseren Erfolgen und Misserfolgen mitbestimmt. Wieder gilt: Alles Ansichtssache. Raum für Interpretation ist immer. Menschen im Prevention-Fokus werden oft das sprichwörtlich halb*leere* Glas vor sich sehen. Das ist ihre (häufig unbewusste) Methode, sich weiter zu motivieren. Während Menschen im Promotion-Fokus das halb*volle* Glas, das sie vor sich haben, motiviert. Generell sollten wir uns jedoch vor Augen halten, dass Optimisten keine Tagträumer sind, die lediglich denken, dass alles gut wird, sondern dass ihre positive Einstellung der Grund dafür ist, dass sie so vieles versuchen und hinterher häufig besser und erfolgreicher sind als diejenigen, die sich nicht an Neues wagen. Glauben Sie, Sie trauen sich im Leben zu wenig zu? Glauben Sie, Sie könnten eigentlich mehr, aber sind zu schwach, sich zu verändern? Dann ist das vielleicht ein erster Schritt, sich klarzumachen, dass Sie sich selbst eine Geschichte über sich erzählen, die man sehr wohl auch anders erzählen könnte. Und die Konsequenzen daraus zu ziehen.

Ist es denn wirklich so furchtbar, in einer Klausur zu versagen? Und heißt das tatsächlich, dass ich blöd bin? Vielleicht habe ich einfach zu wenig getan. Vielleicht ist es ja – auf lange Sicht – sogar gut, dass ich noch einmal Gelegenheit dazu bekomme, den Stoff, den ich auch später noch beherrschen muss, zu wiederholen. Lassen Sie sich nicht ins Bockshorn jagen: Bevor Sie in einer unpassenden Situation verharren, setzen Sie sich lieber einmal der Gefahr aus, einen Fehler zu machen.

Vielleicht versuchen Sie einfach einmal, genau das Gegenteil der Person zu sein, die Sie zu sein glauben. Sind Sie ein Pessimist? Dann stellen Sie sich vor, wie ein Optimist über den heutigen Tag denken würde. Oder Sie spielen mal einen ganzen Tag hindurch Optimist. Wie würde er Ihren Tag wahrnehmen? Vielleicht müssen Sie dabei viel lachen, das ist doch schon was. Lachen schafft Distanz. Und vielleicht passt ja doch etwas von der Person, die Sie da gespielt haben, auf Sie? Manche Hose muss man erst einmal anziehen, bevor man sieht, ob sie einem steht. Und wenn man genau weiß, was man will, kann man den ersten Maßanzug in Auftrag geben.

Prinzip 8: Erwartung

Etwas zu beginnen, das keinen Erfolg verspricht, ist, ist natürlich Unsinn. Die Optimierung von Ressourcen ist im Prinzip E × W abgebildet. Wenn sowohl die Erwartung als auch der Wert steigen, sind wir hoch motiviert. Aber wie der Wert, so ist auch die Erwartung reine Ansichtssache. Kann ich etwas wirklich (nicht)? Oder wurde mir da etwas eingeredet? Habe ich vielleicht eine falsche Vorstellung von mir? Brauche ich dieses »Hach, ich kann echt keinen Nagel in die Wand hauen?« tatsächlich, um mich selbst zu definieren? Und wenn nicht, wie viel ist es mir dann wert, dass ich es einmal versuche?

Manchmal ist es entspannend, Dinge *nicht* zu können. Ich finde es gar nicht so schlimm, wenn meine Beziehungspartner denken, ich könne nicht Auto fahren. Allerdings lese ich auch nicht gerne Karten, und das, so wurde mir einmal eingeredet, könnte ich noch schlechter. Durch das Herstellen einiger brenzliger Situationen vor zwanzig Jahren habe ich zumindest glaubhaft machen können, dass mir nichts an der Unversehrtheit von Leitplanken und Wildschweinen liegt; und genieße seither mein Asyl auf dem Beifahrersitz. Und natürlich kann ich seitdem Kartenlesen. Gut sogar. Spaß macht mir das nicht, aber einer muss es ja machen.*

Ich bin davon überzeugt, dass alle Menschen grundsätzlich so beschaffen sind, dass sie die meisten Dinge, die im Alltag anstehen, bewältigen können. Kochen, Finanzen regeln, Rechnen, Musizieren, Fremdsprachen, Tanzen, Handwerken etc., alles eine Sache der Übung. Dementsprechend hoch sollten unsere Erwartungen diesbezüglich sein. Gut, es ist vorteilhaft, so viel wie möglich davon bereits in der Kindheit eingeübt zu haben. Aber gesetzt den Fall, Sie trauen sich etwas nicht zu und wollen es gerne versuchen, dann tun Sie's! So dramatisch ist das alles nicht, es bedeutet nur etwas Arbeit.

Ich meine damit im Übrigen auch Aktivitäten, die wir mit zunehmendem Alter tun *müssen***, etwa Sport treiben oder gesünder essen. Probieren Sie es einfach aus. Testen Sie, was zu

* Manche greifen dafür auf ihre Kinder zurück. Aber ich fand es dann doch etwas übertrieben, allein fürs Kartenlesen ein Kind zu adoptieren.

** Oder nicht doch lieber »dürfen«? Kalorien abbauen und Fitness trainieren könnte man ja auch auf dem Kartoffelacker oder im Bergbau … Also: Alles Ansichtssache! Unser Wohlstand ermöglicht es Ihnen, durch eine angenehme Sportart fit zu bleiben und die Kilos abzutrainieren, die Sie sich durch leckeres Essen angefuttert haben. Man kann sich Schrecklicheres vorstellen!

Ihnen passt. Das Angebot ist groß – zum Beispiel gab es niemals zuvor so viele Sportarten. Je mehr Übung Sie haben, desto mehr steigt die Erfolgserwartung und wie so häufig im Leben auch der Spaß.* Und irgendwann findet man immer etwas, was *passt*. Einer Freundin, der der ganze Fitnessboom auf die Nerven ging, riet ich, eine Stunde am Tag zu ihrer Lieblingsmusik zu tanzen (wir waren früher immer gerne tanzen gegangen, d.h. ich wusste, was sie prinzipiell gern tat). Sie nahm dadurch vier Kilo ab.

Lassen Sie sich bei Neuversuchen bloß nicht ins Bockshorn jagen. Geben Sie nicht auf, bevor Sie eine Sache nicht mehrmals versucht haben. Bewerten Sie sich und andere vor allem nicht in schlechter Stimmung, denn dann haben Sie keinen Zugang zu Ihrem Selbst. Wenn Sie schlecht drauf sind, tun Sie etwas Sinnvolles. Putzen Sie Ihre Wohnung, räumen Sie auf, löschen Sie überflüssige E-Mails, lesen Sie Korrektur, polieren Sie Ihre Nägel, schminken Sie Ihren Modehund oder machen Sie die Steuererklärung. Auch wenn man keinen Zugang zu seinem Selbst hat, das schafft man gerade noch und fühlt sich danach sogar besser.

Seine Selbstwirksamkeit zu erhöhen, also durch Übung Kontrolle über die Situation zu bekommen, ist außerordentlich wichtig. Erst dann sind geistige Höhenflüge möglich. Bedeutet: Basiskenntnisse sind ungemein wichtig. Sprachen sprechen, wenn man umzieht. Statistik lernen, wenn man naturwissenschaftlich forschen will. Intonation üben, wenn man singen will. Die *Technik* muss sitzen, in fast allen Bereichen. Danach erst beginnt die Kür. Investieren Sie am Anfang! Energie, Geld, Zeit. Es rentiert sich.

Manchmal haben wir auch viel zu hohe Erwartungen. Wir träumen uns in die Unsterblichkeit, und sind wir dem Olymp

* Dies sage ich, weil Wert und Erwartung grundsätzlich unabhängig voneinander sind, wie in Kapitel 7 beschrieben (das eine kann den Wert 0 haben, das andere den Wert 100). Im wirklichen Leben beeinflussen sich die beiden aber häufig gegenseitig.

dann tatsächlich einen Schritt näher gekommen, ist alles so normal und öde und ostwestfälisch. Tief fallen wir in ein schwarzes Loch, wo doch über uns ein weißes Zimmer glänzt, das wir neu beziehen könnten. Nach Premieren habe ich regelmäßig dieses Gefühl. Zum einen fehlt mir dann das Proben, das gemeinsame Arbeiten mit der Crew. Ein (eigentlich gutes) Zeichen dafür, dass es wohl der Weg war und nicht das Ziel, was mich motiviert hat. Zum anderen waren meine Träume wohl zu hochgegriffen. Was soll sich schon verändern, nur weil man den ersten Liederabend bravourös hinter sich gebracht hat? Sollen mir die unfreundlichen Amsterdamer Taxifahrer deshalb Lakritzschnecken schenken? Oder der Bürgermeister nackt auf einem stillgelegten Atomkraftwerk tanzen? Sollen Prinz Willem und seine Maxima aus Dank Butterbrote für meine Stofftiere schmieren? Natürlich nicht. Kein Grund sich zu besaufen. Lieber sollte man sich über den Trick der eigenen Psyche freuen: Wäre ich vorher nicht im siebten Himmel geschwebt, hätte ich mich gar nicht erst an das Unterfangen gewagt. Und so muss man sich langsam aus dem schwarzen Loch wieder hocharbeiten, um zum weißen Zimmer zu gelangen. Das kann man nur auf Augenhöhe genießen. Und dann gestalten.

Im Allgemeinen darf man nicht von jedem Tag eitel Sonnenschein erwarten. Aber alles, was passiert, bietet die Möglichkeit dazuzulernen. Gelassenheit ist eine Tugend; gut, wenn sie sich mit unseren hochfliegenden Träumen verträgt. Aber auch weniger Erfreuliches sollte man mit Gelassenheit hinnehmen. Und mit Humor. Ist es nicht lustig, dass die Sieger bei den Olympischen Spielen immer ins Gold beißen? Weil sie es nicht glauben können. Und vermutlich realisieren sie dann: Ist ja *lediglich* Gold. Gut, dass ich davon geträumt und das Unmögliche wahr gemacht habe. Und doch enttäuscht, weil der Glücksmoment nur so kurz ist. Wenn sie Glück haben, denken sie gelassen: Morgen trainiere ich wieder. Da habe ich Lust drauf. Oder mache eben was anderes.

Prinzip 9: Selbstkontrolle

Kaum habe ich Ihnen gesagt: Probieren Sie es doch, machen Sie, tun Sie, lassen Sie sich nicht von anderen reinreden, schon scheint es, als bremste ich Sie wieder aus. Sich selbst zu bremsen, ohne dass das Gummi dauernd dampft, will gelernt sein. Natürlich haben wir nicht nur Verantwortung für uns selbst, sondern auch für andere. Für die Umwelt. Für nachfolgende Generationen. Wertvoll zu sein, bedeutet auch, sich manchmal zurückzunehmen, nicht allein seinen Impulsen zu folgen. Ich entnehme der Forschung, dass impulsives Verhalten weder unser besseres, noch unser »eigentliches« Selbst widerspiegelt. Würde unser Autopilot allein auf das Einfache, vor uns Liegende, reagieren, wäre das ein relativ primitives Programm. Der Autopilot ist als eine Ansammlung von gut trainierten Routinen zu verstehen, und er übernimmt da, wo der Verstand nicht nötig oder ausgeschaltet ist. Was ja gerade bedeutet, dass wir ohne ihn nicht auskommen, und bei der Selbstkontrolle setzen wir ihn sicherlich häufig ein. Zudem ist unser Autopilot nicht nur auf Impulse fixiert, sondern seine Programme enthalten auch im sozialen Kontext erlernte Ziele, Gedankenroutinen, Faustregeln, Pläne, Werte, und Erfolgserwartungen sowie viele Hemmungsfunktionen, die uns bei der Konzentration und dem Verfolgen eines Zieles helfen. Viele dieser Routinen haben wir zunächst einmal bewusst einüben müssen, wie das Bremsen beim Autofahren, für das wir in der Fahrschule noch den geballten Einsatz aller unserer Ressourcen benötigten. So ist es auch bei der Selbstregulation. Wir erleben, dass eine Strategie uns hilft, unsere Ziele zu erreichen (z.B. Fleisch als Hauptgericht abzuwerten, wenn wir Vegetarier werden wollen) und wenn wir es lang genug getan haben, funktioniert das Ganze auch automatisch (irgendwann finden wir Fleisch automatisch eklig). Unser Verstand ist keinesfalls eine verbildete Form von uns. Wir sind Menschen, und wir leben mit anderen zusammen, wir befolgen und verändern Regeln, wir sind Verstandeswesen.

Beide Seiten unseres Selbsts sind wichtig, und es ist richtig, sich manchmal gehen zu lassen, alle fünf gerade sein zu lassen. Man sollte nicht zu streng mit sich sein. Andererseits führt das dauerhafte Ausleben von spontanen Wünschen nur zu kurzfristiger Befriedigung. Wenn wir ständig unseren Impulsen nachgeben, widerspricht dies langfristigen wichtigen Zielen. Und führt interessanterweise auch zur Abstumpfung. Zu einer unangenehmen Leere: Wer jeden Tag Pastete isst, der weiß nicht mehr, wann Sonntag ist.

Wer ständig soziale Normen verletzt, sich nicht benimmt und die Gefühle anderer nicht mitberücksichtigt, wird sich isolieren, und er wird sich nicht wertvoll fühlen. Dies trifft nicht nur auf jene zu, die Gesetze übertreten, etwa indem sie mogeln, stehlen oder betrügen, es trifft auf alle Egoisten zu. Deshalb halten sich die meisten Menschen im Großen und Ganzen an soziale Normen. Sie tun das, was gesellschaftlich *passt*. Glücklicherweise sind heutzutage leichte Normüberschreitungen relativ unproblematisch, eine wahre Errungenschaft der Moderne, die man sich öfter einmal bewusst machen sollte. Wir dürfen anziehen, was wir wollen, dürfen schlafen, mit wem wir wollen, es herrscht Gedankenfreiheit, der Supermarkt der Ziele steht uns offen.

Wer eine radikale gesellschaftliche oder persönliche Veränderung herbeiführen will, braucht Kraft und womöglich Freunde. Sich gegen Konventionen und andere zu stemmen, weil man glaubt, etwas verändern zu müssen, ist die extremste Art der Selbstkontrolle und erfordert das Äußerste an Energie, denn das Bedürfnis, gemocht und angenommen zu werden, ist dem Gruppentier Mensch tatsächlich angeboren. Diejenigen, die Neues geschaffen, die für unsere Freiheiten gekämpft, diejenigen, die bahnbrechende, riskante Ideen entwickelt, diejenigen, die sich gegen den Mainstream aufgelehnt haben, haben nicht nur ihre Lebenszeit und körperliche Kraft eingesetzt, sie haben vor allem auch viel *psychische* Energie aufgebracht.* Gegen den Impuls, gemocht zu werden, anzukämpfen, erfordert einen unbändigen Willen, Selbstkontrolle und eine gute psychische Verfassung. Bestenfalls arbeitet man gemeinschaftlich und bildet zu mehreren eine Gruppe, deren Regeln man befolgt. Jeder Normbruch bewirkt Stress, Freunde können ihn aber mildern.

Es ist interessant, vor diesem Hintergrund die Revolution von 1989 zu betrachten. Hier wurde vieles richtig gemacht. Die Bürger der DDR taten sich zusammen, diskutierten und protestierten auf friedliche Art und Weise. Wir Deutschen können auf kaum etwas so stolz sein wie auf diese gewaltige Leistung. Allerdings war die Revolte kräftezehrend, und sie hat Opfer gefordert, auch psychischer Natur, denn so mancher hat die Folgen der Stasi-Machenschaften noch immer nicht verarbeitet. So unausweichlich das ist, so wertvoll waren diese Opfer für das Gemeinwohl.

In letzter Zeit befremdet es mich häufig zu sehen, wie wenig viele Leute die Konsequenzen ihres Verhaltens berücksichtigen, gerade wenn sie sich nicht an die Regeln halten. Ich erlebe Studenten, die eine Leistung nicht erbracht haben und mich dann (manchmal recht penetrant) belästigen, in der Hoffnung, ich gäbe ihnen eine zweite Chance. Ich erlebe Kollegen, die überarbeitet sind und sich über Rückenschmerzen und das Gesundheitssystem beschweren. Ich erlebe Leute, die nicht verstehen, warum ihr Partner ihre feiste Lüge nach mehr als einem Jahr immer noch nicht vergessen hat. Das alles zeugt von unreifem Verhalten. Jeder von uns baut irgendwann einmal Mist, verausgabt sich oder lügt, wir alle haben eine Leiche im Keller, rauchen oder trinken zu viel, essen zu fett, sind mal pampig

* Dies wird tatsächlich in vielen Dokumentationen und Filmen übersehen. Häufig sehen wir die Helden und Heldinnen, wie sie ihre Ziele allen Schwierigkeiten zum Trotz erreichen – und erfahren selten, was das mit ihren Nerven anstellt.

etc. Sich aber nach dem Verzehr einer Tafel Aldi-Rahm-Mandel vor den Spiegel zu stellen und der Welt, den Menschen und vor allem Aldi höllenungut zu sein ist so, als ob das Kind in Mischels Mäusespeck-Experimenten den Speck aufisst und inständig hofft, der Versuchsleiter würde ihm doch ein zweites Stück geben. Mit anderen Worten: Wir wollen ALLES. Rauchen und 110 Jahre alt werden, Saufen und schlankbleiben, aufmüpfig sein, ohne dafür kritisiert zu werden, nichts tun und dabei Millionen verdienen*, unsere Sparlampen im Hausmüll entsorgen und unseren Kindern eine saubere Welt hinterlassen. Die Infantilisierung der Gesellschaft ist so weit fortgeschritten, dass wir gar nicht mehr merken, wie grotesk ein solches Verhalten ist. Es ist ja schön, wenn noch ein Kind in uns tobt, aber hin und wieder muss man es an die Hand nehmen. Und wenn man es doch loslässt, dann sollte man sich fragen, ob man auch bereit ist, unausweichliche Konsequenzen zu ertragen. Und sich diesen tatsächlich einmal stellen, statt sich wimmernd herauszureden oder andere mit fadenscheinigen Entschuldigungen zu langweilen. Zur Erinnerung: Der Mist, den man sich selbst eingesteht, ist der allerbeste Dünger für unseren Garten vor dem weißen Zimmer. Jammern, so habe ich aus der Forschung gelernt, ist immer ein Zeichen dafür, dass etwas nicht passt. Jammern bedeutet: Ich bin nicht dazu bereit, die Sache selbst in die Hand zu nehmen. Forschung zeigt, dass der Jammernde vor allem eines will: Aufmerksamkeit. Wenn ich nicht selbst dauernd jammern würde, würde ich jetzt ohne Probleme schreiben: »Hören Sie auf damit! Ändern Sie lieber was.« Okay, machen wir einen Deal: Bis zum nächsten Buch wissen wir gar nicht mehr, wie man Jammern schreibt. Abgemacht?

* Beispiele für diese Haltung sehen wir in den Traumkarrieren Topmodell oder Fußballer. Die Idee (ein Vorurteil), die dahinter steckt, ist: Spaß, nichts tun, immer sagen, was man will (also asozial sein), und dabei reich werden.

Auch Selbstkontrolle kann man automatisieren, wie wir gesehen haben. Man kann üben, Dinge so anzupacken, dass es nicht mehr weh tut. So wie ein Zimmermann lernt, die schweren Balken mit minimalem Kraftaufwand sicher zu halten, so können wir lernen, Versuchungen so anzupacken, dass sie ihre Wirkung auf uns verlieren. Auch hier gilt: Lassen Sie sich nicht zu sehr von Rückschlägen beeindrucken, die sind anfangs normal. Wer sein Leben lang keine Zurückhaltung beim Essen geübt hat (weil er es vielleicht bis zu einem bestimmten Alter auch gar nicht musste), der kann nicht erwarten, dass er von heute auf morgen völlig cool an einem Stück Frankfurter Kranz vorbeiläuft. Ein »Rückfall« ist dann ganz normal: Allerdings darf man ihn nicht so interpretieren, dass man kein Interesse mehr daran hätte, abzunehmen. Vielmehr sollte man sich sagen: »Das war Mist, ist aber menschlich!« Bedeutet: Erst einmal weiter versuchen, und wenn es wieder und wieder nicht glückt und Sie in ihrer Verzweiflung der Stadt Frankfurt einen Main-Tsunami nach dem anderen an den Hals wünschen, dann müssen andere Strategien her; ein Therapeut kann dabei helfen.*

Sich die Folgen eines unerwünschten Verhaltens konkret vorzustellen und die Versuchungen möglichst abstrakt, unterstützt die Selbstkontrolle. Ebenso Versuchungen möglichst aus der Distanz zu betrachten, und, wenn es geht, mit Humor. Ist doch lustig, wie die Konditoreien versuchen, uns mit ihren glänzenden, süßen Fettbergen zum Kauf zu animieren. Ist doch spaßig, dass auf den Gummibären »kein Fett« steht (Kalorien pro Tüte:

* Therapeuten sollte man sowieso häufiger mal in Anspruch nehmen. Was soll denn schon passieren, als dass man sich hinterher besser fühlt? Wer zum Arzt geht, um seinen Körper regelmäßig untersuchen zu lassen, sollte sich auch einmal einen Therapeuten gönnen. Manchmal bricht unser Immunsystem einfach zusammen, sowohl das körperliche als auch das geistige. In den Niederlanden gibt es zunehmend Gesundheitscoachs, die unsere Lehren an Patienten weitergeben. Mit etwas Glück gibt es sie bald auch in Deutschland.

800). Humor baut eine psychische Distanz auf. Nur wenn man sich die Folgen ausmalt, die es hat, wenn wir ständig süßen Versuchungen erliegen, dann sollte das fette Lachen ausbleiben.

Insgesamt hört sich Selbstkontrolle vor allem nach Stress an. Aber im Grunde ist die Fähigkeit zur Selbstkontrolle ein Geschenk und ein Bestandteil unseres täglichen Lebens. Um noch mal das biblische Bild des Paradieses zu bemühen: Viele kleine Akte der Disziplin ermöglichen uns einen erfolgreichen Verbleib im Garten vor unserem weißen Zimmer. Selbstkontrolle ermöglicht es uns, zu gestalten und nicht dauernd dem folgen zu müssen, was die Situation vorgibt. Sie ermöglicht es uns, uns wichtigeren Themen zu widmen. Sie ermöglicht es uns, gesund zu leben, zu lernen und friedlich miteinander umzugehen. Sie ermöglicht es uns, nach vorne zu sehen, wenn es uns gerade schlecht geht. Mit ihrer Hilfe können wir über unseren Schatten springen. Mit ihr können wir für andere da sein statt nur für uns selbst, mit ihr erweitern wir unseren Wirkungsbereich. Selbstkontrolle ermöglicht es uns, über uns selbst hinaus zu wachsen. Und so manchen missglückten Versuch sollten wir nicht überbewerten, sondern uns vielmehr die vielen Erfolge vor Augen halten. Auch eine übergewichtige Person kontrolliert sich ja fast ständig und erfolgreich, sie mag zum Beispiel ebenso gut lernen, ebenso wenig trinken oder genauso hehren Zielen folgen wie eine Hungerharke (die ihr Gewicht vor allem durch Rauchen hält). Die generelle Fähigkeit zur Selbstregulation wurde uns in die Wiege gelegt. Wenn wir in einem Bereich versagen, sollten wir uns vergegenwärtigen, dass jeder von uns die Fähigkeit zur Selbstregulation mitbringt, dies zeigt sich ja deutlich in den Bereichen, wo sie wirksam für uns wird. Allein diese Einsicht mag uns helfen, missglückte Versuche nicht als Zeichen mangelnder Kontrollmöglichkeiten zu begreifen. Generell stehen uns die Ressourcen zur Selbstkontrolle zur Verfügung; mit anderen Worten, wir können auch Bereiche angehen, die uns im Moment noch zu schaffen machen.

Menschen sind Gestalter. Wir gestalten uns selbst, unser Leben und schreiben unsere eigene Geschichte. Wir sollten uns eine schöne Geschichte zurechtlegen. Natürlich ist niemandem geholfen, wenn wir uns dabei allein als Märchenonkel betätigen. Allerdings ist das andere Extrem, der ständig nach Wahrheit suchende Journalist, auch keine gute Idee, denn letztendlich besteht ein Leben nicht allein aus Fakten, sondern auch aus dem, was wir aus den Fakten machen. Lieber sollten wir uns einem Software-Entwickler gleich, im Abgleich mit der Realität, das beste Programm für unsere individuellen Bedürfnissen entwerfen. Dieser Entwickler schaut sich analytisch die Realität an, löst sich aber auch wieder von ihr, um das Unmögliche möglich zu machen. Er wechselt zwischen analytischen und kreativen Denkphasen, mal spinnt er sich in schönere Welten, mal schaut er sehr genau hin, mit welchem Material er arbeiten kann und welches sich, bei näherer Betrachtung als Hirngespinst herausstellt.

Unsere Aufgabe ist das Leben, unser Leben ist unser Meisterwerk. Die besten Materialien sollten uns dafür gerade gut genug sein, wir sollten für dieses Meisterwerk die beste Präsentation bereithalten, und wir sollten uns nicht von anderen ins Bockshorn jagen lassen. Das soziale Miteinander ist sowohl Material für unser Meisterwerk, als auch Präsentations- und Wirkungsfläche. Niemand sollte in durch-was-und-wen-auch-immer beengten Verhältnissen leben, niemand sollte für sein Meisterwerk eine Umgebung suchen, die ihm den Raum zur Entfaltung verweigert. Entweder wir ändern diese Enge, oder wir machen einen Schritt nach vorn in die Weite.

Die Schwierigkeiten, denen wir nie vollends entkommen werden, sind Herausforderungen, sie sind keine Zumutung. Sie sind das Salz in der Suppe, sie verhindern, dass wir vor Langweile einschlafen, sie ermöglichen Lernen. Aus der Enge, aus Beschränkungen können wir genauso viel lernen wie aus der grenzenlosen Weite, die sich uns manchmal bietet. Eine Niedergeschlagenheit ist manchmal gut, um zur Ruhe zu kommen. Jammern ist manchmal gut, um in den Arm genommen zu werden. Kritisieren ist manchmal gut, um den Verstand zu schärfen.

Wertvollsein aber basiert auf Veränderung, Lernen und Gestalten. Wir sollten keine Angst davor haben. Wir müssen uns verändern. Veränderung ist Pflicht. Wir dürfen uns verändern. Veränderung ist Kür. Nichts anderes sollten wir uns vornehmen. Nichts anderes sollte unser Ziel sein. Nichts anderes sollten wir so schnell wie möglich und doch mit Bedacht in der uns passenden Weise angehen. Gehen wir unser Leben, unser Lernen mit Freude an! Unser Leben ist wertvoll. Lernen ist wertvoll. Wir sind wertvoll.

DANK

Ich danke Frank G. Hirschmann, Manfred Nussbaum und Kai Epstude für die Durchsicht, Gespräche, Anregungen und Kommentare und nicht zuletzt für die Aufmunterung während des Schreibens.

Fritz Strack danke ich für seinen unermüdlichen Einsatz für die Sozialpsychologie und die vielen anregenden Gespräche und leidenschaftlichen Auseinandersetzungen.

Tory Higgins, Nira Liberman und Ron Friedman sei gedankt für den Gedankenaustausch, die Ernsthaftigkeit, mit der sie meine Forschung zur Kenntnis nehmen, die Mitarbeit an vielen Projekten und ihre oft selbstlose Unterstützung. Mit Euch werden selbst Kongresse in fürchterlichen amerikanischen Städten schön.

Markus Denzler, Lottie Bullens, Laura Dannenberg, Marleen Gillebaart und Janina Marguc und der Abteilung Sozialpsychologie an der Universiteit van Amsterdam danke ich für Gespräche und Anregungen.

Ich danke Ostwestfalen-Lippe, einem Landstrich, der aufgrund seiner entspannenden, aber spektakulären Bedeutungslosigkeit großen Raum für die kreative Entwicklung biografischer Erinnerungen bietet.

Mama, Uli, Henk und dem Rest der Familie sei gedankt für die Unterstützung, auch während der harten Zeit, in der Papa für immer von uns ging.

Einen besonderen Dank möchte ich Christiane Naumann von der Deutschen Verlags-Anstalt aussprechen. Ohne sie wäre dieses Buch nicht zustande gekommen, und ohne sie wäre es nicht lesbar gewesen. Es hat Spaß gemacht, und ich habe so viel dazugelernt!

LITERATUR

Einleitung: Die Legende vom geklauten Igel

Vohs, K., & Baumeister, R. (2004). *Handbook of Self-Regulation, 2nd Ed.* New York: Guilford Press.

Carver, C. S., & Scheier, M. F. (1998). *On the Self-Regulation of Behavior*. New York: Cambridge University Press.

Forgas, J., Baumeister, R., & Tice, D. (2009). *The Psychology of Self-Regulation. The Sydney Symposium of Social Psychology.* London: Psychology Press.

Förster, J., & Denzler, M. (2009). A social-cognitive perspective on automatic self-regulation: The relevance of goals in the information-processing sequence. In: J. Forgas, & A. Kruglanski (Series Eds.), F. Strack & J. Förster (Vol. Eds.), *Frontiers of Social Psychology: Vol. 7. Social Cognition* (S. 245–268). Mahwah, NJ: Lawrence Erlbaum Associates.

Werth, L., & Mayer, J. (2008). *Sozialpsychologie.* Heidelberg: Spektrum Akademischer Verlag.

Lewin, K. (1963). *Feldtheorie in den Sozialwissenschaften*. Bern: Huber.

Förster, J. (2007). *Kleine Einführung in das Schubladendenken: Über Nutzen und Nachteil des Vorurteils*. München: DVA.

Prinzip 1: Stabilität und Veränderung

Simonton, D. (1997). *Genius and creativity*. New York: Ablex Publishing.

Förster, J. (2007). *Kleine Einführung in das Schubladendenken: Über Nutzen und Nachteil des Vorurteils*. München: DVA.

Kawakami, K., Dovidio, J. F., Moll, J., Hermsen, S., & Russin, A. (2000). Just say no (to stereotyping): Effects of training in the negation of stereotypic associations on stereotypic activation.

In: *Journal of Personality and Social Psychology, 78*, S. 871–888.

Bem, D. (1972). Self perception theory. In: L. Berkowitz (Ed.), *Advances in Experimental Social Psychology* (Vol. 6, S. 1–62). New York: Academic Press.

Kruglanski, A. W., & Fishman, S. (2009). Psychological factors in terrorism and counterterrorism: Individual, group, and organizational levels of analysis. *Social Issues and Policy Review, 3*, S. 1–44.

Schwarz, N. & Xu, J. (2011). Why don't we learn from poor choices? The consistency of expectation, choice, and memory clouds the lessons of experience. In: *Journal of Consumer Psychology, 21*, S. 142–145.

McClure, S.M., Li, J., Tomlin, D., Cypert, K.S., Montague, L.M., & Montague, P.R. (2004). Neural correlates of behavioral preference for culturally familiar drinks. In: *Neuron* 44, S. 379–387.

Birschel, A. (2011). *Mordsgouda: Als Deutsche unter Holländern.* Berlin: Ullstein.

Van Kleef, G. A., Homan, A. C., Finkenauer, C., Gündemir, S., & Stamkou, E. (2011). Breaking the rules to rise to power: How norm violators gain power in the eyes of others. In: *Social Psychological and Personality Science, 2*, S. 500–507.

Kruglanski, A. W., Shah, J. Y., Fishbach, A., Friedman, R., Chun, W., & Sleeth-Keppler, D. (2002). A theory of goal systems. In: M. P. Zanna (Ed.), *Advances in Experimental Social Psychology* (Vol. 34, S. 331–378). San Diego, CA: Academic Press.

Prinzip 2: Annähern und Vermeiden

Taylor, S. E., & Brown, J. D. (1988). Illusions and well-being: A social psychological perspective in mental health. In: *Psychological Bulletin, 103*, S. 193–201.

Swann, W. B., Jr., Bosson, J. K., & Pelham, B. W. (2002). Different partners, different selves: The verification of circumscribed identities. In: *Personality and Social Psychology Bulletin, 28*, S. 1215–1228.

Murray, S. L., Holmes, J. G., & Griffin, D. W. (1996b). The self-fulfilling nature of positive illusions in romantic relationships: Love is not blind, but prescient. In: *Journal of Personality and Social Psychology, 71*, S. 1155–1180.

Miller, D. T. (1976). Ego involvement and attributions for success and failure. In: *Journal of Personality and Social Psychology, 34*, S. 901–906.

Higgins, E. T. (1997). Beyond pleasure and pain. In: *American Psychologist, 52*, S. 1280–1300.

Förster, J., & Werth, L. (2009). Regulatory focus: Classic findings and new directions. In: Moskowitz, G., & Grant, H. (Eds.), *The Psychology of Goals*, S. 392–420. New York: Guilford.

Förster, J., Higgins, E. T., & Taylor Bianco, A. (2003). Speed/accuracy in task performance: Build-in trade-off or separate strategic concerns? In: *Organizational Behavior and Human Decision Processes, 90*, S. 148–164.

Förster, J., Higgins, E. T., & Idson, L. C. (1998). Approach and avoidance strength during goal attainment: Regulatory focus and the »goal looms larger« effect. In: *Journal of Personality and Social Psychology, 75*, S. 1115–1131.

Förster, J., Grant, H., Idson, L.C., & Higgins, E.T. (2001). Success/failure feedback, expectancies, and approach/avoidance motivation: How regulatory focus moderates classic relations. In: *Journal of Experimental Social Psychology, 37*, S. 253–260.

Friedman, R. S., & Förster, J. (2001). The effects of promotion and prevention cues on creativity. In: *Journal of Personality and Social Psychology, 81*, S. 1001–1013.

Amabile, T. M. (1996). *Creativity in context*. Boulder, CO: Westview Press.

Strauman, T.J., & Higgins, E.T. (1988). Self-discrepancies as predictors of vulnerability to different syndromes of chronic emotional distress. In: *Journal of Personality, 56*, S. 685–707.

Werth, L., & Förster, J. (2007). How regulatory focus influences consumer behavior. In: *European Journal of Social Psychology,* 37, S. 33–51.

Prinzip 3: Zeit

Sansone, C. & Harackiewicz, J.M. (Eds.). (2000). *Intrinsic and extrinsic motivation: The search for optimal motivation and performance.* San Diego, CA: Academic Press.

Csikszentmihalyi, Mihaly (2000): *Das Flow-Erlebnis. Jenseits von Angst und Langeweile im Tun aufgehen.* Stuttgart: Klett.

Freitas, A.L., Liberman, N., Salovey, P., & Higgins, E.T. (2001). When to begin? Regulatory focus and action initiation. In: *Personality and Social Psychology Bulletin, 28,* S. 121–130.

Freitas, A.L., Liberman, N., & Higgins, E.T. (2002). Regulatory fit and resisting temptation during goal pursuit. In: *Journal of Experimental Social Psychology, 38,* S. 291–298.

Liberman, N., & Förster, J. (2009). Distancing from experienced self: How global versus local perception affects estimation of psychological distance. In: *Journal of Personality and Social Psychology,* 97, S. 203–216.

Kruglanski, A. W., & Webster, D. M. (1996). Motivated closing of the mind: »Seizing« and »freezing.« In: *Psychological Review,* 103, S. 263–283.

Strack, F. & Deutsch, R. (2004). Reflective and impulsive determinants of social behavior. In: *Personality and Social Psychology Review, 8, S.* 220–247.

Bargh, J. A. (1994). The four horsemen of automaticity: Awareness, intention, efficiency, and control in social cognition. In: R. S. Wyer & T. K. Srull (Eds.), *Handbook of Social Cognition* (S. 1–40). Hillsdale, NJ: Lawrence Erlbaum Associates.

Pyszczynski, T., Greenberg, J., & Solomon, S. (1999). A dual process model of defense against conscious and unconscious death-related thoughts: An extension of terror management theory. In: *Psychological Review, 106,* S. 835–845.

Deutsch, R., Gawronski, B., & Strack, F. (2006). At the boundaries of automaticity: Negation as reflective operation. In: *Journal of Personality and Social Psychology,*17, S.166–172.

Prinzip 4: Unbewusste und bewusste Zielerreichung

Nisbett, R. E., & Wilson, T. D. (1977). Telling more than we can know: Verbal reports on mental processes. In: *Psychological Review,* 84, S.231-259.

Bullens , L. , van Harreveld , F. , & Förster , J. (2011). Keeping ones' options open: The detrimental consequences of decision reversibility. In: *Journal of Experimental Social Psychology,* 47, S.800–805.

Förster, J., & Liberman, N. (2007). Knowledge activation. In: A. W. Kruglanski & E. T. Higgins (Eds.), *Social Psychology: Handbook of Basic Principles* (2nd ed.). New York: Guilford Press.

Prinz, W. (1997). Perception and action planning. In: *European Journal of Cognitive Psychology,* 9, S.129–154.

Bargh, J. A. (1997). The automaticity of everyday life. In: R. S.Wyer (Ed.), *Advances of social cognition* (S.1–61). Mahwah, NJ: Lawrence Erlbaum Associates.

Dijksterhuis, A., & Bargh, J. A. (2001). The perception-behavior expressway: Automatic effects of social perception on social behavior. In: M. Zanna (Ed.), *Advances in Experimental Social Psychology* (Vol. 33, S.1–40). San Diego, CA: Academic Press.

Shah, J. Y. (2003). The motivational looking glass: How significant others implicitly affect goal appraisals. In: *Journal of Personality and Social Psychology*, 85, S.424–439.

Lewin, K. *siehe* Einleitung.

Marrow A.J. (2002). *Kurt Lewin. Leben und Werk*. Weinberg: Beltz.

Zeigarnik, B. (1927). Das Behalten erledigter und unerledigter Handlungen. In: *Psychologische Forschung* 9, S.1–85.

Förster, J., Liberman, N., & Higgins, E.T. (2005). Accessibility from active and fulfilled goals. In: *Journal of Experimental Social Psychology, 41*, S. 220–239.

Goschke, T., & Kuhl, J. (1993). Representation of intentions: Persisting activation in memory. In: *Journal of Experimental Psychology: Learning, Memory, and Cognition, 19*, S. 1211–1226.

Förster, J. (2009). Knowing your customer better: The strengths of a self-regulatory value approach. In: *Journal of Consumer Psychology, 19*, S. 124–128.

Gollwitzer, P. M., Sheeran, P., Michalski, V., & Seifert, A. E. (2009). When intentions go public: Does social reality widen the intention-behavior gap? In: *Psychological Science, 20*, S. 612–618.

Prinzip 5: Denken und Handeln

Gollwitzer, P. M. (1990). Action phases and mind-sets. In: E. T. Higgins & R. M. Sorrentino (Eds.), *The Handbook of Motivation and Cognition: Foundations of Social Behavior* (Vol. 2, S. 53–92). New York: Guilford Press.

Heckhausen, H. (1980). *Motivation und Handeln. Lehrbuch der Motivationspsychologie*. Berlin: Springer (4., überarb. und erw. Aufl. von Jutta Heckhausen (2010), Berlin & Heidelberg: Springer).

Gollwitzer, P. M., & Brandstaetter, V. (1997). Implementation intentions and effective goal pursuit. In: *Journal of Personality and Social Psychology, 73*, S. 186–199.

Oettingen, G., Stephens, E. J., Mayer, D., & Brinkmann, B. (2010). Mental contrasting and the self-regulation of helping relations. In: *Social Cognition, 28*, S. 490–508.

Higgins, E. T., Kruglanski, A. W., Pierro, A. (2003). Regulatory mode: Locomotion and assessment as distinct orientations. In: M. P. Zanna (Ed.), *Advances in Experimental Social Psychology* (Vol. 35, S. 293–344). New York: Academic Press.

Jostmann, N. B., & Koole, S.L. (2007). On the regulation of cognitive control: Action orientation moderates the impact of high demands in Stroop interference tasks. In: *Journal of Experimental Psychology: General*, *136*, S. 593–609.

Kuhl, J. (2001). *Motivation und Persönlichkeit. Interaktionen psychischer Systeme*. Göttingen: Hogrefe.

Prinzip 6: Abstrakt und konkret

Fitzsimons, G. M., & Finkel, E. J. (2010). Interpersonal influences on self-regulation. In: *Current Directions in Psychological Science, 19*, S. 101–105.

Liberman, N. & Trope, Y. (1998). The role of feasibility and desirability considerations in near and distant future decisions: A test of temporal construal theory. In: *Journal of Personality and Social Psychology, 75*, S. 5–18.

Trope, Y., & Liberman, N. (2010). Construal level theory of psychological distance. In: *Psychological Review, 117*, S. 440–463.

Gollwitzer, P. M., & Oettingen, G. (2011). Planning promotes goal striving. In: K. D. Vohs & R. F. Baumeister (Eds.), *Handbook of Self-Regulation: Research, Theory, and Applications* (2nd edition). New York: Guilford Press.

Lewin, K. *siehe* Einleitung

Linville, P.W. (1987). Self-complexity as a cognitive buffer against stress-related illness and depression. In: *Journal of Personality and Social Psychology, 52*, S. 663–669.

Kruglanski et al. (2002) *siehe* Kapitel 1

Friedman, R., & Förster, J. (2005). The influence of approach and avoidance cues on attentional flexibility. In: *Motivation and Emotion, 29*, S. 69–81.

Pennington, G. L., & Roese, N. J. (2003). Counterfactual thinking and regulatory focus. In: Spencer, S. J., Fein, S., Zanna, M. P., & Olson, J. M. (Eds.). *Motivated Social Perception: The Ontario Symposium* (Vol. 9, S. 277–298). Mahwah, NJ: Lawrence Erlbaum Associates.

Prinzip 7: Wert

Deci, E. L. & Ryan, R. M. (2006). *The Handbook of Self-Determination Research* (Eds.). Rochester, NY: University of Rochester Press.

Schwarz, N., & Clore, G.L. (1983). Mood, misattribution, and judgments of well-being: Informative and directive functions of affective states. In: *Journal of Personality & Social Psychology*, 45, S. 513–523.

Custers, R., & Aarts, H. (2005). Positive affect as implicit motivator: On the nonconscious operation of behavioral goals. In: *Journal of Personality and Social Psychology, 89*, S. 129–142.

Brehm, S.S., & Brehm, J. W. (1981). *Psychological Reactance: A Theory of Freedom and Control*. New York: Academic Press.

Higgins, E. T. (2000). Making a good decision: Value from fit. In: *American Psychologist*, 55, S. 1217–1230.

Liberman, N., & Förster, J. (2006). Inferences from decision difficulty. In: *Journal of Experimental Social Psychology*, 42, S. 290–302.

Fishbach, A., Eyal, T., & Finkelstein, S.R. (2010). How positive and negative feedback motivate goal pursuit. In: *Social and Personality Psychology Compass*, 4, S. 517–530.

Crocker, J., Voelkl, K., Testa, M., & Major, B. (1991). Social stigma: Affective consequences of attributional ambiguity. In: *Journal of Personality and Social Psychology*, 60, S. 218–228.

Festinger, L. (1957). *A Theory of Cognitive Dissonance*. Stanford, CA: Stanford University.

Förster, J., & Liberman, N. (2009). Goal gradients: Challenges to a basic principle of motivation. In: J. Forgas, R. Baumeister, & D. Tice, *The Psychology of Self-Regulation*. The Sydney Symposium of Social Psychology.

Prinzip 8: Erwartung

Roese, N. & Sherman, J.W. (2007). Expectancy. In: A.W. Kruglanski & E.T. Higgins (Eds.), *Social Psychology: A Handbook of Basic Principles*, Vol. 2, S. 91–115. New York: Guilford Press.

Steele, C. M., & Aronson, J. (1995). Stereotype threat and the intellectual test performance of African Americans. In: *Journal of Personality and Social Psychology, 69*, S. 797–811.

Seibt, B., & Förster, J. (2004). Stereotype threat and performance: How self-stereotypes influence processing by inducing regulatory foci. In: *Journal of Personality and Social Psychology, 87*, S. 38–56.

Kray, L., Reb, J., Galinsky, A. & Thompson, L. (2004). Stereotype reactance at the bargaining table: The effect of stereotype activation and power on claiming and creating value. In: *Personality and Social Psychology Bulletin, 30*, S. 399–411.

Bandura, A. (1997). *Self-efficacy: The Exercise of Control.* New York: Worth Publishers.

Weiner, B. (1986). *An Attributional Theory of Motivation and Emotion.* New York: Springer.

Liberman, N., & Förster, J. (2008). Expectancy, value and psychological distance: A new look at goal gradients. In: *Social Cognition, 26*, S. 515–533.

Maddux, W. W., & Galinsky, A. D. (2009). Cultural borders and mental barriers: The relationship between living abroad and creativity. In: *Journal of Personality and Social Psychology, 96*, S. 1047–1061.

Carver, C. S., & Scheier, M. F. (2001). Optimism, pessimism, and self-regulation. In: E. C. Chang (Ed.), *Optimism and Pessimism: Implications for Theory, Research, and Practice* (S. 31–51). Washington, DC: American Psychological Association.

Norem, J. K. & Cantor, N. (1986). Defensive pessimism: Harnessing anxiety and motivation. In: *Journal of Personality and Social Psychology, 51*, S. 1208–1217.

Stroebe M., & Schut H. (1999). The dual process model of coping with bereavement: rationale and description. In: *Death studies, 23*, S. 197–224.

Prinzip 9: Selbstkontrolle

Mischel, W., Shoda, Y., & Rodriguez, M. L. (1989). Delay of gratification in children. In: *Science*, 244, S. 933–938.

Förster, J. , & Jostmann , N. (unter Begutachtung). What is Automatic in Self-Regulation and Self-Control? In: *Journal of Psychology*. Special Issue on self-regulation and self-control in social contexts; guest editor: Kai Sassenberg.

Baumeister, R. F., Vohs, K. D., & Tice, D. M. (2007). The strength model of self-control. In: *Current Directions in Psychological Science, 16*, S. 396–403.

Gailliot, M. T., & Baumeister, R. F. (2007). The physiology of willpower: Linking blood glucose to self-control. In: *Personality and Social Psychology Review, 11*, S. 303–327.

Wiersema, D. (2009). *Taking it personally: Self-esteem and the protection of self-related attitudes*. Dissertation, Universiteit van Amsterdam.

Muraven, M.R., & Baumeister, R.F. (2000). Self-regulation and depletion of limited resources: Does self-control resemble a muscle? In: *Psychological Bulletin, 126*, S. 247–259.

Denzler, M., Förster, J., & Liberman, N. (2010). Aggressive, funny and thirsty: A motivational inference model approach to behavioral rebound. In: *Personality and Social Psychology Bulletin, 36*, S. 1385–1396.

Shah, J. Y., Friedman, R., & Kruglanski, A. W. (2002). Forgetting all else: On the antecedents and consequences of goal shielding. In: *Journal of Personality and Social Psychology, 83*, S. 1261–1280.

Fishbach, A., Friedman, R. S., & Kruglanski, A. W. (2003). Leading us not into temptation: Momentary allurements elicit overriding goal activation. In: *Journal of Personality and Social Psychology, 84*, S. 296–309.

Fishbach, A., & Converse, B. A. (im Druck). Identifying and battling temptation. In: Vohs, K.D., & Baumeister, R.F., *Handbook of Self-Regulation: Research, Theory and Applications*. New York: Guilford Press.

Fujita, K., Trope, Y., Liberman, N., & Levin-Sagi, M. (2006). Construal levels and self-control. In: *Journal of Personality and Social Psychology, 90*, S. 351–367.

Tice, D. M., Baumeister, R. F., Shmueli, D., & Muraven, M. (2007). Restoring the self: Positive affect helps improve self-regulation following ego depletion. In: *Journal of Experimental Social Psychology* 43, S. 379–384.

Prinzip 10: Psychologische Passung

Higgins, E. T. (2007). Value. In: A. W. Kruglanski & E. T. Higgins (Eds.), *Social Psychology: Handbook of Basic Principles (Second Edition)*. New York: Guilford Press.

Förster, J. (2000). *Psychologische Passung*. Habilitation, Universität Würzburg.

Kuhl, J. & Kazén, M. (1994). Self-discrimination and memory: State-orientation and false self-ascriptions of assigned activities. In: *Journal of Personality and Social Psychology, 66*, S. 1103–115.

Higgins, E.T. (2006). Value from hedonic experience and engagement. In: *Psychological Review, 113*, S. 439–460.

Förster, J., Higgins, E.T., & Idson, L.C. (1998) *siehe* Kapitel 2